Une boussole
pour choisir
son chemin

# Elsa Punset

# Une boussole pour choisir son chemin

MARABOUT

# Sommaire

*Pour Alex et Tici, qui me transmettent avec enthousiasme*
*les trois clés du bonheur : l'amour, la gratitude*
*et savoir vivre au présent, avec joie et curiosité.*
*Ne me laissez jamais reposer en paix !*

« J'ai découvert qu'on pouvait apprendre beaucoup sur une personne en l'observant face à ces trois situations : perdre ses bagages, un jour de pluie et une guirlande de Noël emmêlée. »

*Maya Angelou*

# Prologue

J'ai passé mon week-end à ranger mon bureau – une vraie catharsis. Une expérience intense que j'ai partagée avec ma fille de neuf ans. Elle a décidé que, quand elle serait plus grande, si possible, elle voudrait avoir une entreprise de nettoyage. Comme je suis une mère ouverte, j'ai essayé d'accompagner avec tact cette vocation soudaine et inattendue : je lui ai suggéré qu'elle pourrait s'occuper du contrôle qualité. « Le contrôle qualité, ça veut dire que j'irai de maison en maison pour vérifier que le travail est bien fait ? », m'a-t-elle demandé avec enthousiasme. Il ne faut pas trop compter sur la constance de ses projets, car pour le moment tout l'intéresse – elle serait même partante pour aller faire la guerre. La semaine dernière, par exemple, elle voulait remplacer Pablo Motos à la tête d'El Hormiguero[1]. « Comment ça, qu'est-ce que tu veux dire ? El Hormiguero n'existera plus quand je serai grande ? », s'exclamat-elle incrédule comme je lui suggérais cette éventualité. Je la soupçonne de ne pas m'avoir tout à fait crue.

En langue de bois diplomatique, cette histoire d'entreprise de nettoyage a juste été un dommage collatéral ; notre objectif, ce jour-là, n'était pas de faire le ménage mais de retrouver un dossier perdu. Il nous a fallu ouvrir de vieux cartons poussiéreux pleins de documents, de photos et de dissertations universitaires aussi obsolètes qu'inutiles. J'ai montré à Alex les visages de mes anciens amis, les rues et les maisons dans lesquelles j'ai vécu. Je n'en étais d'abord pas vraiment sûre, mais j'ai pris plaisir à partager avec ma fille des pans de vie qu'elle n'imaginait même pas. Nous avons ri ensemble

---

1. « La Fourmilière ». Cette émission de télévision à laquelle Elsa Punset collabore connaît des records d'audience en Espagne.

au récit de certaines anecdotes et ce qui m'avait paru tellement grave à l'époque est devenu plus léger à porter. Nous avons ensuite transvasé tous ces souvenirs dans de grands sacs poubelle et nous nous en sommes gaiement débarrassées. C'était la première fois que je me sentais capable de faire un ménage aussi radical dans mon passé sans succomber à la nostalgie – ce qui ne m'a pas empêchée d'avoir le cœur un peu serré en retrouvant certaines photos ou lettres, sur lesquelles j'ai quand même réussi à souffler tout doucement, comme on fait pour éteindre la flamme d'une bougie.

Mais qu'est-ce qui a bien pu changer ? Je crois que c'est moi. Oui, c'est bien moi qui ai changé. En fait, je ne pense pas que la Elsa d'il y a vingt ans pourrait reconnaître celle d'aujourd'hui. Celle-là se laissait prendre au piège des émotions – les siennes et celles des autres ; elle en restait longtemps prisonnière, angoissée, se débattant à l'aveuglette pour s'en dépêtrer. Avant, quand une émotion ou une expérience m'étaient désagréables, je me braquais et je m'embarquais dans un monologue interminable et épuisant pour essayer de changer les choses ou de les nier, jusqu'à en perdre le souffle. Je n'arrivais pas à tourner la page, je ne me faisais pas confiance, je ne m'autorisais pas non plus à chercher un refuge plus sûr. Je n'apprenais rien de mes erreurs, d'ailleurs je ne me les pardonnais pas. Quand je n'en pouvais plus, qu'il n'y avait plus d'espoir, je fourrais les lettres et les photos dans une boîte, comme un tribut au passé ou à ce qui ne serait jamais plus. C'était un cordon ombilical qui me rattachait à ce passé. À bien y réfléchir, on aurait dit un petit cimetière que je gardais chez moi.

Le cerveau adulte est très doué pour vivre dans l'obsession du passé ou de l'avenir, il excelle à se souvenir et à prévoir. Des études ont pourtant montré que savoir vivre au présent, jusque dans les gestes les plus simples comme éplucher une pomme ou marcher, apporte un surcroît de bonheur. Les enfants, dont le cerveau est encore en construction, y parviennent instinctivement.

Vivre au présent exige de ne plus s'agripper à tout un fatras d'expériences passées et de réalités tristes ou caduques. Quand on renonce à ce que l'on connaît, aux petites habitudes et aux ruminations, on commence par se sentir très seul. Il est difficile de croire sans réserve que quelque chose de nouveau peut arriver, qui redonnera vie à notre corps et notre âme. Le plus drôle, c'est que seul celui qui fait un nettoyage par le vide et se montre confiant peut encore espérer faire de belles rencontres. Si nous ne changeons rien, rien ne change.

Le XXe siècle nous a appris à survivre aux menaces extérieures. Ce siècle-ci, avec son avalanche de pathologies mentales et affectives qui nous guettent, nous oblige à relever un nouveau défi : apprendre les gestes à faire pour survivre de l'intérieur. En attendant, nous avançons en âge, toujours à la merci d'un ensemble complexe et tout-puissant d'émotions qui nous envahissent et nous entraînent, jusqu'au moment où nous les qualifions d'aveugles. En l'occurrence, c'est nous qui sommes aveugles, car nous n'avons pas appris à décrypter leur pouvoir immense et nous nous laissons trop souvent déborder par leurs diktats.

Comment expliquer à un enfant tout ce qui nous bouleverse ? Imaginons que la nuée d'oiseaux migrateurs qui a emporté le Petit Prince hors de sa planète le laisse tomber à nos pieds… Comment pourrions-nous l'aider ? La vie est bien compliquée sur terre : au lieu d'avoir affaire à une rose et trois volcans, nous devons affronter plus de six milliards de générateurs d'émotions combinées de toute les manières possibles, d'intérêts opposés qui nous blessent et nous dépassent. Comment manœuvrer efficacement au milieu des réseaux humains pour réussir à communiquer, gagner sa vie, aimer, se faire des amis, trouver un sens à sa vie ? Exception faite des méthodes enseignant le renoncement, la répression ou la résignation, il n'existe pas de manuel abordable qui nous expliquerait ce que nous ressentons. Heureusement, la vie est moins compliquée qu'il n'y paraît et nous pouvons tout à fait apprendre les grandes règles d'une sorte de météorologie des émotions, qui nous aidera à naviguer plus facilement. Comme les orages et les anticyclones, l'être humain est très prévisible. Il est facile de nous lire et de nous interpréter : nous ne sommes pas ce que nous disons, mais ce que nous faisons. La vie est faite de mots, de regards et de petits gestes avec lesquels nous tissons jour après jour le voile qui nous enveloppe. Il suffit d'apprendre à identifier et à comprendre les mécanismes cachés qui nous animent, les gestes et les émotions qui nous trahissent.

Pour transformer nos vies, il faut moins de moyens qu'il n'y paraît : tout ce qui nous aide à comprendre et à gérer la réalité qui nous entoure tient dans un petit sac à dos. Même si nous hésitons à le reconnaître, nous sommes tous des psychologues en puissance, puisque la vie nous a tous pourvus d'un cerveau, siège d'une connaissance intuitive de nos besoins vitaux.

Je me suis aperçue qu'il était possible de parler sans pédanterie de la vie et des émotions qui la gouvernent, à la télévision, à la radio et dans la presse écrite, avec des mots clairs. J'ai donc conçu ce livre sur cette base ; simple et concret, il offre plusieurs promenades à travers la géographie des émotions humaines. Il aide à mieux comprendre ce qui nous entoure, à mesurer l'importance des affects dans notre relation aux autres, à découvrir que ce qui nous unit est plus important que ce qui nous sépare ; il propose des recettes efficaces pour communiquer, gérer la relation entre notre corps et notre esprit, faire prospérer le capital de joie dont nous disposons, nous fixer des objectifs et les mener à bien, aider notre cerveau à vaincre sa tendance à survivre dans la peur et la méfiance. J'ai voulu offrir au lecteur ce talisman qui lui permettra de grandir en optimisme, en autonomie, en intelligence et en créativité. Puissent ces pages l'accompagner avec humour, amour et allégresse, dans le voyage obligé et merveilleux de la vie.

# 1

# « Je t'aime mais je ne suis pas amoureux de toi »

*Des clés pour naviguer sur les affects humains*

Une de mes amies vient de se séparer de son conjoint. Si ça continue, surtout après les vacances d'été – il semble que la période soit propice aux ruptures –, il ne me restera plus qu'une poignée de copines vivant encore en couple. Certaines font preuve d'une résignation plus ou moins stoïque, d'autres vivent carrément mal ce moment. Parfois, lorsqu'elles ont à peu près réussi à surmonter l'angoisse de la séparation, elles viennent me raconter qu'elles sont de nouveau amoureuses. Et je m'écrie, sans tact ni à-propos: «Encore? Mais tu en es sûre?» Car cela me rend perplexe. On parle parfois de «monogamie successive», mais cela peut revenir à trébucher plusieurs fois sur la même pierre. Quoi qu'il en soit, comme tout courant sociologique qui se respecte, la monogamie successive possède ses propres bibles. Comme le livre d'Elizabeth Gilbert, *Mange, prie, aime* – un texte franchement drôle dont je recommande la lecture, même si on est heureux en ménage. Son auteur est une femme qui a littéralement voulu mourir après avoir été quittée, au point d'avoir dû disséquer ce qu'elle endurait jour après jour pour trouver de nouvelles raisons de vivre. Elle est alors partie parcourir l'Italie, l'Inde et l'Indonésie, en quête de saveurs, d'odeurs et de sensations capables de combler son vide intérieur. Que l'on soit marié ou séparé, nous devons vivre intensément, avec passion ; pour moi, c'est une évidence. Sinon, on risque de sombrer dans le malheur de mourir à vingt ans et d'attendre qu'on nous enterre à quatre-vingt dix ans.

Si vous voulez mon avis, Elizabeth a su intuitivement que, pour survivre, elle devait concentrer ses efforts sur trois activités : manger, prier et aimer. Je m'incline devant le bon sens de cette femme. Elle a résumé en trois mots des siècles de sagesse.

Même l'ordre qu'elle attribue à cette triade du bien-vivre me semble pertinent : pour commencer, prendre soin de son enveloppe physique, s'incarner, se nourrir, *manger*. Ensuite *prier*, au sens le plus large du terme, c'est-à-dire capter, puis *rêver* ; trouver ainsi ce qui donne son sens à chaque vie – ce que le physicien Stephen Hawking, dont l'esprit brille de tout son éclat à l'intérieur d'un corps qui ne peut se déplacer qu'en fauteuil roulant, exprime admirablement : « Nous ne sommes qu'une race de singes évolués… mais nous sommes capables de comprendre l'univers. » Enfin, une fois notre corps et notre esprit rassasiés, nous pouvons enfin *aimer*, c'est-à-dire communiquer avec les autres et nous unir au monde.

Voyons à quel stade de cette quête vitale mon cher lecteur est parvenu. Que les inappétents et ceux qui sont revenus de tout, cachés derrière leur solitude ou protégés par leur cynisme, ne viennent pas me raconter que tout cela ne fait partie de leur vocabulaire. Qu'ils n'essaient pas non plus de nous faire croire qu'ils vivent ; ils doivent plutôt admettre qu'ils survivent : car même si nous n'employons jamais ces mots, la moindre parcelle de notre personne les réclame à cor et à cris. Nous avons autant besoin de manger, de rêver et d'aimer que de l'air que nous respirons. De là provient le souffle qui nous anime – ce qui distingue indiscutablement les vivants des morts.

Je vous invite donc à écrire – sur le sable, sur une feuille ou dans un coin de votre tête – à quoi ressemblerait votre existence si vous pouviez – et *vous le pouvez* – décrire la vie idéale. Où seriez-vous à cette heure? Quel travail, quelle tâche ou quelle mission seriez-vous en train d'accomplir? Qui serait à vos côtés, de quelles autres personnes seriez-vous entourés? Ce scénario de vie idéale devrait se rapprocher le plus possible de la vie réelle. Comme les sculpteurs qui cisèlent patiemment, passionnément, une forme rêvée dans un bloc de granit, chaque personne doit se battre pendant son passage sur terre pour transformer en réalité l'essentiel de son être. La traversée du quotidien nous semblerait interminable si nous perdions en chemin la profonde sagesse du bien manger, du bien rêver et du bien aimer.

## PREMIÈRE PROMENADE
## COMPRENDRE NOTRE BESOIN D'AMOUR

### Une étreinte de six secondes[1]

La clé de voûte de cet ouvrage, son point de départ et sa source d'inspiration, c'est l'amour. Aucune vie ne se construit sans référence constante à l'amour. Aucun sentiment n'est plus essentiel dans nos existences, aucun n'a plus d'impact sur notre aptitude au bonheur, n'explique mieux les réseaux sociaux, les responsabilités,

---

1. Il s'agit du titre d'un des épisodes les plus suivis d'El Hormiguero. Ce soir-là, j'avais rappelé aux téléspectateurs que si nous ne prenons pas le temps de nous observer et de nous comprendre nous-mêmes, nous ne pouvons ni exprimer ni recevoir de l'amour. Cette remarque sur la nécessité d'embrasser en conscience et d'accorder du temps aux marques d'affection a provoqué de nombreux témoignages spontanés de fiancés, de parents, de petits-enfants, sans parler des inconnus qui me réclament une accolade en souvenir de cette soirée radieuse.

les utopies et les désirs qui nous animent de notre naissance à notre mort. L'amour nous guide, il nous fait espérer, nous blesse et nous fait avancer plus que toute autre chose.

Sur tous les continents et dans toutes les cultures, l'amour peut se définir comme la vie en quête de plus de vie, de créativité, de soutien, de plaisir, de tendresse, de protection, de sécurité. Ce mélange de besoins contradictoires débouche sur un combat intérieur entre autonomie et intimité. Car nous n'avons pas toujours besoin du même amour, ni que son intensité soit constante. Mais au bout du compte, cet amour, quelles que soient ses nuances, a besoin d'un exutoire, d'un mode d'expression, d'un sol pour s'enraciner.

Les chemins qui parcourent notre besoin d'amour sont les voies royales de nos existences, de larges artères sillonnant notre géographie intérieure ; à nous de les garder ouvertes, dégagées, praticables, accessibles au reste de l'humanité. Arrangeons-nous pour que circulent l'eau et l'oxygène par ces chemins, que des fleurs et des plantes y éclosent, qu'on y trouve des abris pour se réfugier en cas d'orage. Nous ne savons pas gérer ni transformer ce que nous ne comprenons pas. C'est pourquoi j'ai voulu exposer, dans ces quelques pages consacrées à l'amour, certains de ses mécanismes les plus courants ; les lecteurs pourront ainsi se mouvoir avec plus d'aisance à l'intérieur de ce sentiment insaisissable, volatil et pourtant indispensable.

Avant de poursuivre, quelques mots sur l'empathie, qui est le socle de l'amour. J'ai animé pas mal d'émissions d'El Hormiguero et je crois avoir réussi à ne jamais prononcer le mot «empathie». Mais j'y ai souvent fait allusion, car c'est une des bases de l'amour sous toutes ses formes. Un des mécanismes qui sous-tendent notre extraordinaire capacité d'empathie – qui nous permettent de nous mettre à la place des autres, de sentir comme eux – se trouve dans les neurones miroir. Quand vous bâillez, quand vous buvez de l'eau, quand vous vous penchez pour ramasser votre chaussure, vos neurones – les cellules de votre cerveau – s'allument et se connectent. Mais les neurones miroir font quelque chose de plus extraordinaire encore : ils s'allument dès que nous voyons les autres faire quelque chose et ils nous permettent de ressentir ce que ces autres éprouvent. C'est de là que proviennent non seulement notre capacité d'empathie, mais aussi notre sympathie, notre compassion, notre conscience, notre désir de collaborer, notre mauvaise conscience et notre culpabilité… Le regard des autres et les sentiment qu'ils éprouvent sont donc susceptibles de nous allumer et de nous connecter. Nous ne sommes pas conçus pour être seuls, nous sommes conçus pour être connectés.

L'empathie est un phénomène paradoxal, car nous avons tendance à en éprouver plus facilement envers ceux qui nous ressemblent. Les ressemblances et la vie en société renforcent l'empathie. Un des signes de la sophistication morale d'un groupe et de sa capacité de compassion réside sans doute dans son aptitude à élargir ses cercles d'empathie. Aimer en dehors du clan, respecter et se mettre à la place de personnes de culture, de sexe, d'âge ou de croyances différents demande une plus grande capacité d'empathie qu'aimer ou respecter quelqu'un de sa tribu.

L'histoire montre que nous luttons depuis des siècles pour ouvrir nos cercles d'empathie à ceux de notre espèce. Au cours des prochaines décennies, nous parviendrons sans doute à faire preuve d'une plus grande empathie et de davantage de respect envers d'autres espèces, que nous traitons aujourd'hui avec cruauté.

Examinons maintenant un exemple de ce besoin d'affection partagé par tant d'espèces.

### ➤ Les expériences du docteur Harlow

Dès la naissance, tous les primates, humains ou non, touchent leur mère de diverses manières. Une série d'expériences conduites dans les années 1960 ont mis en évidence notre besoin de nous sentir protégés et en sécurité, c'est-à-dire avant tout connectés aux autres. L'instigateur de ces expériences, le psychologue américain Harry Harlow, ne manquait pas de cruauté, puisqu'il retirait des bébés singes à leur mère pour les mettre en cage avec des mères « mécaniques[1] ». Il y avait dans ces cages une mère en tissu et une mère en fil de fer. Les deux étaient également repoussantes, mais celle en fil de fer était munie d'un dispositif permettant que les bébés singes puissent téter du lait. Effrayés et perdus, ces derniers préféraient pourtant passer vingt-deux heures sur vingt-quatre auprès de la mère en tissu, n'approchant la mère en fil de fer que pour se nourrir. Le protocole obligeait certains bébés singes à vivre exclusivement avec la mère en fil de fer : ils digéraient plus mal le lait et leur système immunologique était plus fragile. Ces résultats ont fait grand bruit à l'époque, alors qu'il était fréquent d'affirmer que les contacts physiques entre bébés et adultes étaient une erreur et pouvaient nuire à l'enfant ; on était également persuadés que les émotions étaient moins importantes que la satisfaction des besoins physiologiques. Nous savons à présent qu'au-delà de la stricte survie, nous ne pouvons nous épanouir que si nos besoins émotionnels, notamment de protection et d'affection, sont satisfaits.

### ➤ *Nous avons tous besoin d'être connectés aux autres*

Quarante millions d'années d'évolution ont montré que nous avons besoin de nous toucher mutuellement. Nous éprouvons le désir, jamais assez reconnu ni accueilli, de nous sentir physiquement. Nous toucher, nous regarder est profondément inscrit en nous, mais il faut du temps et de la motivation pour se connecter aux autres. Il me semble que beaucoup de gens n'ont pas l'habitude de toucher ni d'être touchés ; pourtant, cela nous est nécessaire si nous voulons ressentir physiquement et émotionnellement ceux

---

1. Plusieurs vidéos de ces expériences sont visibles sur You Tube.

que nous aimons. Les autres primates passent beaucoup de temps à se bichonner mutuellement et à se toucher. L'espèce humaine, pour sa part, a tendance à limiter les contacts physiques au domaine sexuel.

Voici un exercice tout simple qui peut nous aider à retrouver le bien-être apporté par des contacts tout simples : pendant vingt secondes, les yeux fermés, comme des primates, palpons-nous le visage et les mains. Cet exercice peut se faire tout seul ou à plusieurs.

➤ *Comment savoir quand on réussit à être vraiment connecté aux autres ?*
Quand cette connexion est établie, on devient capable de s'observer, de se comprendre et d'apprendre grâce à cette observation. Se connecter revient à s'imprégner partiellement de l'autre, et cela exige d'être particulièrement attentif.

➤ *Quels sont les sens les plus importants pour se connecter aux autres ?*
Les sens les plus utiles dans ce domaine sont la vue, le toucher et l'ouïe : voir, toucher et écouter, dans cet ordre précis. L'organe principal du toucher est la peau. Suivi par les mains, puis par les lèvres et la langue. La peau des mains est particulièrement sensible parce qu'elle est pourvue de terminaisons nerveuses capables de détecter la douleur, la texture et la température.

Pourquoi le toucher est-il si important pour sentir l'autre ? Lorsqu'on nous touche (avec bienveillance, bien sûr), nous nous détendons et notre taux de cortisol – l'hormone du stress – diminue. C'est sans doute la raison pour laquelle nous les humains, nous pouvons donner de l'argent pour bénéficier de massages et de soins corporels, même s'ils sont dispensés par de parfaits étrangers.

➤ *Et les réseaux sociaux ? Servent-ils à se connecter ?*
Cela dépend. Il faut du temps, et du temps de qualité, pour communiquer et se connecter à quelqu'un d'autre. Il est difficile de se connecter sans se toucher ni se regarder. C'est pourquoi

certaines utilisations des réseaux sociaux ne suffisent pas à satisfaire notre profond besoin de contacts physiques et émotionnels avec les personnes.

➤ *Qu'est-ce qui fait obstacle à notre connexion avec les autres?*

Indépendamment du contact physique, ce qui peut nous empêcher de nous connecter aux autres est le manque d'attention. Il suffit d'interrompre la connexion pour bloquer notre extraordinaire capacité d'empathie, qui permet de se mettre dans la peau de l'autre et de ressentir comme lui. L'indifférence ou le manque de temps sapent généralement les relations interpersonnelles. Je donnerai comme exemple une expérience bien connue menée à l'université de Princeton.

L'étude portait sur quarante séminaristes en période d'examens; une des épreuves consistait à écrire un prêche sur la parabole du bon Samaritain[1]. Ensuite, ils devaient rejoindre la salle d'examen. Au moment de les laisser partir, l'expérimentateur introduisait un facteur temporel : il disait à certains qu'ils étaient en retard, aux autres qu'il avaient encore un peu de temps. Les séminaristes devaient traverser un patio dans lequel se trouvait un homme à terre, gémissant et visiblement désespéré. Cet homme était un acteur, mais les séminaristes l'ignoraient. Seuls vingt-quatre séminaristes se sont arrêtés pour lui porter secours. C'étaient ceux qui étaient le moins pressés. Autrement dit, il faut être disponible pour se connecter! Le manque de temps est une plaie qui nous affecte en permanence.

---

1. Extraite de l'Évangile selon saint Luc, la parabole du bon Samaritain raconte comment un homme qui avait été attaqué et blessé par des bandits fut secouru par un simple passant alors que deux religieux avaient passé leur chemin sans l'aider.

➤ *Pourquoi est-il important de prendre le temps d'entrer en relation ?*
Nous sommes biologiquement programmés pour percevoir les autres, donc pour vouloir les aider. Mais quand nous nous hâtons dans la rue d'une grande ville ou quand nous nous connectons en vitesse sur Internet, il nous est pratiquement impossible d'éprouver de l'empathie. Sur certaines grandes artères, les personnes qui sont témoins d'une agression sont, de fait, capables de passer leur chemin. Pourquoi manifestons-nous brusquement tant d'indifférence ? Parce que, pour se connecter, il faut regarder et sentir l'autre, lui faire don de son temps. Si vous passez rapidement, votre cerveau n'a pas le temps de s'impliquer. Ce mécanisme nous aide à ne pas porter sur nos épaules tous les malheurs de l'humanité ; mais cela peut malheureusement dégénérer et nous permettre de côtoyer des injustices criantes sans lever le petit doigt, simplement parce que nous sommes déconnectés des autres.

➤ *Combien de temps mettons-nous à nous connecter, à laisser parler les émotions qui nous relient aux autres ?*
Il faut quelques dixièmes de seconde à peine pour réagir à des stimuli forts, comme le fait d'être témoin d'un accident. Mais il nous faut beaucoup plus de temps (entre 6 et 8 secondes) pour éprouver certaines émotions envers autrui, par exemple de l'admiration. Nous avons également besoin de temps pour prendre une décision d'ordre moral, en lien avec une valeur comme la justice ou le devoir.

➤ *Quid des journaux télévisés ?*
Le temps consacré à chaque information est très bref. Il nous est donc difficile de nous mettre dans la peau de l'autre, de nous connecter à l'information et d'y réfléchir. Les émotions, les sentiments, servent à se connecter à l'autre, à s'exprimer, à se mettre en relation. Si on ne prend pas le temps d'accorder à un sentiment toute sa valeur, pour le percevoir pleinement, il perd tout son sens.

Pour ressentir l'autre, pour donner une chance à ses émotions, à ses problèmes et à ses joies, et pour que tout cela nous touche, nous devons lui accorder du temps et, si possible, utiliser nos sens. J'aimerais suggérer un geste, facile à faire à tout moment, pour se connecter aux autres ; il apporte d'ailleurs un profond bien-être : entraînons-nous à nous prendre mutuellement dans nos bras, dans une de ces étreintes véritables qui améliorent la santé physique et mentale des petits comme des grands.

➤ *Combien de temps doit prendre une étreinte ?*
Une bonne étreinte doit durer au moins 6 secondes pour que le processus chimique déclenché dans le cerveau puisse se consolider. On peut prendre l'autre dans ses bras en lui faisant face ou seulement le serrer contre soi en restant à ses côtés. L'étreinte permet de sentir qu'il n'y a pas de danger, ce qui donne toute son importance au geste. Avant une étreinte, il faut se regarder et se connecter. Bien entendu, ne forcez jamais quelqu'un qui refuse ce contact…

Se connecter sans émotion revient à ne pas être connecté. L'étreinte permet de se sentir bien, elle console de la solitude, elle aide à surmonter la peur… Et n'oublions pas que ceux qui ont l'habitude de serrer les autres dans leurs bras vieillissent plus lentement. À la maison, en voiture, dans la rue, avec un ami, avec vos enfants, vos parents, vos grands-parents, des voisins… Souvenez-vous qu'une embrassade authentique d'au moins 6 secondes chaque jour constitue une thérapie efficace pour tout le monde.

## De combien d'amis avons-nous besoin pour nous sentir bien ?

➤ *Est-il vrai que les réseaux sociaux des êtres humains sont plus étoffés que ceux des autres espèces ?*
Oui. Il a été vérifié qu'il existe un rapport entre la taille du cerveau et le comportement social (et alimentaire !). Le cerveau humain

consomme beaucoup d'énergie – 20% de la consommation totale de notre organisme –, ce qui semble être en rapport avec notre besoin de gérer des relations nombreuses et complexes : amants, familles, amis, collègues… Nous sommes très entourés dans notre vie.

➤ *Existe-t-il une limite au nombre de personnes avec lesquelles nous pouvons être en relation ?*

Le nombre maximum de relations que notre cerveau est capable d'entretenir simultanément est de 150 ; c'est ce que l'on appelle le « nombre de Dunbar », en hommage à l'anthropologue et biologiste de l'évolution Robin Dunbar. Parmi ces 150 relations se trouve un noyau dur de 5 à 12 personnes, correspondant à celles qui nous sont les plus proches. Le reste du groupe se compose des individus avec lesquels nous parlons en moyenne une fois par an.

➤ *Pouvons-nous appeler « amis » les centaines ou les milliers de contacts que nous avons via les communautés virtuelles d'Internet ?*

Selon Dunbar, on ne peut considérer comme amis les contacts virtuels, car au-delà de 50 personnes il est pratiquement impossible de savoir quelque chose sur les autres. Facebook utilise d'ailleurs le terme d'« ami » dans un sens très large : il s'agit d'un fourre-tout qui désigne aussi bien les proches que les personnes avec qui l'on se trouve en affinité, les amis des amis, les vieux ennemis, les frennemis[1] (par exemple, le garçon qui vous martyrisait à l'école et qui veut aujourd'hui être votre « ami » sur Internet)… Facebook aurait aussi bien pu utiliser le mot « contact » : cela aurait d'ailleurs été plus juste, même si ça évoque quelque chose de moins valorisant – comme quand on emploie le mot « amour » en voulant parler du sexe. Nous embellissons ainsi le phénomène pour le rendre plus

---

1. Néologisme issu de la contraction des mots *friend* (ami) et *enemy*.

attrayant. Qui refuserait d'avoir 1 300 amis? N'oublions pas que ce que les gens veulent par-dessus tout, c'est de l'affection et de l'amour.

Je crois d'ailleurs que l'emploi du mot « ami » reflète une tendance actuelle, positive à mes yeux, à vouloir être plus ouverts, à se montrer moins exclusifs en rencontrant de nouvelles personnes. C'est la marque d'une société diversifiée, plus cordiale.

➤ *Comment devient-on l'ami de quelqu'un ?*

Cela vous sera sans doute plus difficile qu'aux enfants. Voyez comme il leur est facile de se faire des amis : ils utilisent une méthode simple mais radicale, qui consiste à être ouverts aux autres et à demander de la compagnie sans fausse pudeur. Ils n'établissent pas autant de défenses que les grandes personnes. Nous les adultes passons notre vie à attendre que les autres fassent le premier pas, ce qui engendre beaucoup de solitude.

La manière des enfants, qui disent ouvertement : « Je veux être ton ami », est sans doute efficace, mais il ne suffit pas de désirer avoir un ami, encore faut-il une connexion émotionnelle. Il ne s'agit pas d'une proximité physique, mais de l'impression d'être émotionnellement connecté à lui : vous connaissez l'autre, vous savez qui il est vraiment, ce qui compte pour lui, ce qui le rend heureux. L'admiration ou le désir ne suffisent pas : un certain degré d'intimité est nécessaire pour tisser des liens d'amitié.

➤ *Est-ce que nous nous sentons tous seuls au monde ?*

Il s'agit d'un sentiment universel, c'est pourquoi nous cherchons du réconfort et de l'affection auprès des autres. Plusieurs études ont démontré que la plupart des personnes se sentent seules 48 jours par an en moyenne et que chaque ami que nous avons réduit de 2 jours par an ce sentiment de solitude.

➤ *Vaut-il mieux toucher le gros lot ou avoir un ami heureux?*

Des chercheurs ont montré que si vous disposez 13 000 € de plus par an environ, votre bonheur s'accroît de 2 %. Comparez ce chiffre avec les 15 % de bonheur que vous apporte un ami heureux. Le pouvoir de l'amitié et de l'amour est immense. Il a été prouvé que, dans un couple, lorsque l'un des deux meurt, celui qui reste risque de mourir peu après. Et cet impact des autres sur nous ne se réduit pas à la sphère intime : des expériences ont montré que si un ami grossit, vous aussi vous grossissez. Si cette personne arrête de fumer, vous aurez plus de chance de le faire aussi. Ce phénomène de mimétisme, vérifié par les statistiques, a été appelé «règle de l'influence des trois degrés». Pensez-y : une personne a 15 % de chances de plus d'être heureuse si elle est en contact direct avec une personne heureuse. À l'inverse, elle a 7 % de risque supplémentaire d'être malheureuse si elle a un ami malheureux dans son entourage proche.

➤ *Combien d'amis nous faut-il pour nous sentir bien?*

Nous nous sentons plus heureux si nous avons entre 5 et 12 amis ou connaissances proches. Ce qui correspond à peu près à notre cercle intime. Malheureusement, ce cercle a tendance à se réduire, car nous perdons des êtres aimés tout au long de notre existence. Il faudrait faire un effort conscient pour que ce cercle ne se rétrécisse pas. Ceux que nous perdons sont certes irremplaçables, mais nous pouvons rester ouverts à davantage de relations d'affection et d'amitié, comme le font les enfants, au lieu de nous enfermer dans de petits groupes affectifs étanches, qui finissent par diminuer et nous laissent une impression de vide, de dépendance et de solitude.

➤ *Comment agrandir notre cercle intime et se faire plus d'amis sans dépendre exclusivement d'Internet?*

Une solution consiste à diversifier votre vie sociale et affective pour ne pas être tributaire d'une source d'affection unique. Élargissez vos centres d'intérêt et équilibrez vos relations virtuelles en retrouvant d'anciens camarades de classe, par exemple ; ou bien rendez-vous à des conférences et à des causeries ; inscrivez-vous dans des groupes de loisirs, de voyages ou d'activités sportives ; faites du bénévolat ou toute autre activité qui vous donne plus de goût à vivre et crée des opportunités de rencontres. Soyez actifs, retrouvez votre regard d'enfant et ne refusez pas la possibilité d'élargir votre cercle. Beaucoup de personnes qui se trouvent à l'extérieur de ce cercle, mais pas trop éloignées non plus, ont exactement les mêmes envies que vous, même si elles n'osent pas franchir le pas. Ne vous laissez pas enfermer dans la solitude par la faute de votre anxiété ou de votre timidité. Courage !

➤ *Pourquoi aimons-nous tellement être pendus à nos contacts et à nos amis à travers Internet ?*

Des recherches montrent que le fait de lire ses messages sur Twitter ou sur Facebook et d'y répondre crée une dépendance plus forte que l'alcool ou le tabac. Cette addiction se produit d'autant plus facilement qu'elle ne coûte rien et qu'elle n'a pas d'effets secondaires visibles, alors même qu'elle répond à notre besoin d'appartenir à un groupe et d'engranger de l'information. Comme nous le verrons plus loin, la tentation de savoir ce qui se passe autour de nous est un besoin atavique auquel il est difficile de résister.

## Avantages et dangers du commérage

Les êtres humains passent les deux tiers de leur vie à s'intéresser aux potins, ce qui revient à dire qu'ils y consacrent plus de temps qu'à dormir ou à manger… Pour expliquer ce phénomène, une seule image est plus parlante que mille mots : voyez la façon dont les singes s'épouillent. Peut-être le font-ils parce qu'ils ne peuvent pas s'exprimer aussi facilement que nous. Robin Dunbar pensent que nous pratiquons le bavardage parce que nos groupes sociaux sont plus étendus que ceux des singes ; il nous a donc fallu développer un système efficace pour rester en contact avec le reste du monde. Notre réponse d'humains est la parole.

> *Comment apprenons-nous à parler ?*

Nous acquérons 13 000 mots au cours des six premières années de notre vie et nous finissons par en posséder 60 000 à l'âge adulte – en moyenne. C'est ce que l'on appelle l'« instinct de langage ». Nous utilisons le langage comme un moyen rapide de répandre et de recueillir de l'information. C'est pourquoi des outils comme Twitter, qui sont une sorte de forum interplanétaire de commérages, répondent à notre besoin de rester en contact et d'être informés.

> *Pourquoi nous semble-t-il tellement important de savoir ce que savent et pensent les autres ?*

C'est inscrit dans nos gènes. Nous croyons avoir besoin des autres pour qu'ils nous protègent, qu'ils nous aiment, pour être au fait des dangers et des opportunités à saisir ; dans ce sens, le bavardage nous aide à nous sentir acceptés et informés. Et si notre salut dépendait de l'information ? Que fait-on lorsqu'on veut exclure quelqu'un d'un groupe – au travail, par exemple ? On l'écarte des pauses café. C'est très douloureux pour les exclus, puisque toutes nos alarmes internes se déclenchent quand on se sent ostracisé et rejeté. On ne sait plus où se cache le danger ni quelle occasion on va rater… C'est le traitement le plus cruel que l'on puisse infliger à une personne.

> *Mais les ragots ont aussi une face obscure, non ?*

Évidemment, car ils sont tout-puissants. Vous pouvez vous en servir pour asseoir votre appartenance à un groupe et vous forger des alliances stratégiques : tu me donnes une information et je t'en donne une autre en échange. Qui est la maîtresse du patron ? Quelles actions vont monter en bourse ? Où trouve-t-on les tomates les moins chères? On peut échanger des renseignements utiles par le biais des ragots, mais on peut aussi exploiter l'information ou en inventer une pour nuire à une personne – quelqu'un qui pourrait être un rival ou que l'on jalouse...

Heureusement, les êtres humains ont des antennes qui les mettent en garde contre ceux ceux qui dénigrent les autres: si quelqu'un est médisant et qu'il utilise une information de façon malveillante, cela peut se retourner contre lui. À force de vous entendre dire du mal des autres, les gens finissent par vous attribuer ces défauts que vous dénoncez. Une autre bonne raison d'éviter de discréditer les autres, c'est que la plupart des gens qui propagent des ragots pour nuire sont en fait de grands anxieux; ils deviennent facilement impopulaires, car on ne peut pas leur faire confiance.

Au fond, la méchanceté coûte cher, puisque nous sommes programmés pour aimer, pour partager et comprendre. Donc, il vaut mieux remplacer un propos médisant par un geste d'amabilité ou de tendresse. L'anxiété et le besoin d'appartenance que nous portons en nous se trouvent ainsi mieux apaisés.

## DEUXIÈME PROMENADE
## LES GESTES QUI EXPRIMENT ET RENFORCENT L'AMOUR

Bien des consultations chez le psychologue sont liées à des expériences sentimentales douloureuses, mais on pourrait parfois en faire l'économie avec un peu de maturité affective et de compréhension. L'amour est un des archétypes qui gouvernent nos vies et conditionnent des aspects aussi fondamentaux que notre aptitude à nous mettre en relation avec les autres et l'image que nous avons de nous-mêmes. Cet archétype prend forme au cours des premières années de la vie, quand nous dépendons encore des autres pour qu'ils nous disent de quel amour nous sommes dignes et comment nous devons aimer. Nous apprenons à aimer par mimétisme, en observant les adultes qui nous entourent, en enregistrant leur discours et leur vécu en matière d'amour, en sentant comment ils nous aiment, comment ils nous repoussent, ce qu'ils désapprouvent et ce qu'ils attendent de nous.

Que nous a-t-on dit sur l'amour ? Il faudrait répondre à cette question de façon objective, puisqu'elle concerne ce « sac à dos affectif » que chacun d'entre nous trimbale avec lui depuis l'enfance.

C'est pour toutes ces raisons que l'amour est bien plus qu'une simple émotion : c'est un système de motivation puissant et complexe, qui nous guide et nous pousse en avant dans la vie de tous les jours. Nous dépendons parfois tellement des bienfaits de l'amour, de la sécurité qu'il nous apporte, que nous le dénaturons en emprisonnant nos proches dans un contrat implacable, asservissant et étouffant pour ceux qui en font l'objet.

Mais nous pouvons transformer cet archétype affectif par notre réflexion et par nos efforts. Le jeu en vaut sûrement la chandelle : ce que nous modifions ainsi est essentiel, et notre façon d'être en lien avec les autres en sera améliorée.

Mais remettre en question notre façon d'aimer n'est pas facile, car personne ne nous apprend, ni à l'école ni à la maison, à comprendre le pouvoir de l'amour, les ravages provoqués par son absence, comment l'exprimer, de quoi il se nourrit, combien il nous en faut ou quels sacrifices il demande – si tant est qu'il en demande... Nous ne maîtrisons pas le lexique prodigieusement riche de l'amour, ni ses nuances, ses loyautés, ses absences, ses épines, ses pièges, ses dépendances. L'amour est le moteur de la vie des personnes en bonne santé psychique, mais nous n'apprenons pas à le comprendre ni à l'apprivoiser, à différencier ses étapes, à décoder son alchimie. Car l'amour n'est pas aveugle, il se compose d'étapes très précises.

### Les étapes de l'amour

Selon le psychiatre Andrew Marshall, le mariage a longtemps été, du moins en Occident, la clé de voûte d'une société qui comptait sur tous ses membres pour maintenir à tout prix le tissu social. Aujourd'hui, la donne est différente : on considère désormais que les adultes peuvent vivre tout au long de leur vie des expériences affectives enrichissantes. Le problème, pour Marshall, c'est que le marqueur dont nous disposons pour mesurer la vitalité de notre couple n'est plus la tendresse ou l'amour, mais l'état amoureux. Il précise d'ailleurs que le cri de guerre qu'il a le plus souvent l'occasion d'entendre dans son cabinet est : « Je t'aime... mais je ne suis plus amoureux de toi ». Et que peut-on répondre à une telle déclaration ?

#### ➤ *Est-il vrai que l'état amoureux ressemble à un trouble compulsif ?*

Pour ma part, la simple idée d'être amoureuse comme au premier jour m'épuise, littéralement parlant. Des études très poussées ont montré que le coup de foudre ressemble, par ses propriétés chimiques et sa symptomatologie, à une compulsion. Je crois que la seule raison pour laquelle on n'a pas encore catalogué le coup de foudre parmi les troubles psychiques reconnus est qu'il est impossible de nous enfermer tous !

#### ➤ *À quoi sert de tomber amoureux ?*

Le coup de foudre est un processus souvent bouleversant, mais qui peut malgré tout être utile pour transformer la personne qui le vit. C'est le moment – l'un des rares sans doute – où l'on accepte de devenir vulnérable, donc ouvert au changement. Cela peut nous coûter très cher, car la nature se fiche éperdument que l'on souffre ou pas : contre tout sens commun, elle veut bêtement s'assurer que deux individus bâtiront un nid où ils pourront élever des exemplaires de l'espèce humaine. Et nous tombons presque tous dans ce piège, sans réaliser que l'amour est fait d'étapes qui pourraient toutes être passionnantes, même si cela semble difficile à croire.

➤ *Quelle est la première étape de l'état amoureux ?*

La première peau de banane sur laquelle nous dérapons au moment du coup de foudre s'appelle la *limerence*[1]. On se sent soudain libre comme l'air, au moment précis où l'on se met la corde au cou. Au cours de ces premiers mois, vous vous pomponnez, vous êtes obsédé, vous fantasmez et vous éprouvez un désir compulsif de vous fondre dans l'autre. Je suppose qu'il s'agit là d'un processus universel, qui répond à notre première demande de nouveau-nés : « J'ai peur, je ne veux pas être seul, je veux être aimé. »

➤ *Que se passe-t-il après le coup de foudre ?*

Une fois cette phase pathologique dépassée, le bon sens reprend le dessus, ce que Marshall appelle la constitution du lien amoureux. La différence entre la *limerence* et le lien amoureux est simple : la première fonctionne d'elle-même, puisqu'il s'agit d'une stratégie mise en œuvre par la nature. Il n'y a rien à faire de particulier, seulement se laisser porter par les promesses d'un amour éternel. En revanche, le lien amoureux nécessite des soins et des efforts renouvelés. Or il arrive que les soucis et la fatigue du quotidien nous empoisonnent la vie au point de nous rendre négligents… Le lien amoureux se transforme alors tout simplement en affection. C'est à ce moment-là que surviennent les problèmes, car l'affection convient parfaitement aux enfants et aux amis, mais elle ne suffit pas au couple. Celui-ci a besoin que nous gardions vivant le lien amoureux.

---

1. Néologisme anglo-saxon qui désigne un état d'amour obsessionnel où l'on pare l'être aimé de toutes les vertus, avec un besoin de réciprocité très fort accompagné d'une peur aiguë de perdre cet amour. (NdT.)

➤ *Comment faire pour maintenir le lien amoureux ?*
Il s'agit avant tout de retrouver la connexion émotionnelle et le contact charnel. Vous souvenez-vous comme on baignait dans l'euphorie au temps de la *limerence* ? On pouvait passer des heures à regarder, à toucher, à respirer l'autre, sans plus. *Voilà* ce qui nourrit l'amour durable.

➤ *Y a-t-il des recettes pour rétablir cette connexion ?*
Oui, bien sûr. En voici quelques-unes : pour commencer, écoutez à nouveau votre compagnon (compagne) pour qu'il (elle) se sente *écouté (e)*, pas seulement *entendu (e)* ; cela implique de prendre le temps de s'intéresser à fond à l'autre. Soyez généreux pour les grands et les petits détails, comme lorsque vous vouliez tout partager avec lui (elle). Ravivez le plaisir simple du contact physique : caresses, regards, étreintes… N'oubliez pas de manier l'humour sans compter, car le rire et le sourire sont sources de gaieté complice, quelque chose de fantastique et qui ne coûte rien.

Pour les plus audacieux, Marshall suggère un exercice qui pourra laisser perplexe votre partenaire mais qui s'avère très efficace : il faut regarder l'autre dans les yeux, sans rien dire, pendant quelques minutes, et le faire tous les jours. Nous commençons ainsi à nous reconnecter, ce qui est le fondement indispensable du lien amoureux.

➤ *Quel est votre style amoureux ?*
Nous avons tendance à attendre que les autres nous aiment d'une certaine façon, en accord avec notre style amoureux. Même quand nous changeons d'amoureux, nous conservons cette façon de donner et de recevoir de la tendresse.

La théorie des styles amoureux a été formulée voici plus de trente ans par le sociologue canadien John Lee, qui les déclinait en « couleurs de l'amour ». Nous allons nous intéresser ici à trois des principaux styles : l'érotique, le tendre et le joueur. Les psychologues américains Clyde et Susan Hendrick ont mis au point un questionnaire qui permet à chacun de découvrir son propre style amoureux. Comptez un point par réponse positive (plus on a de points dans un style donné, plus on en est proche).

### Les érotiques : beauté et passion

Répondez par oui ou par non à chaque proposition.

*— Je me suis senti attiré(e) par mon compagnon (ma compagne) quelques instants à peine après l'avoir rencontré.*

*— En matière de relations amoureuses, j'ai du goût pour un certain type de personnes et mon partenaire correspond à cet idéal. »*

*— Mon partenaire et moi sentons que nous sommes nés l'un pour l'autre.*

Les érotiques ont des idées très arrêtées sur les caractéristiques physiques et psychologiques qu'ils recherchent chez un partenaire. Ils tombent amoureux au premier regard.

*Avantage :* pendant un certain temps, les érotiques ressentent des émotions intenses et il leur semble vivre passionnément.

*Problème :* les érotiques tissent des relations affectives fortes, mais la relation est difficilement durable, car ils ont du mal à accepter les changements et l'usure de certaines émotions. Ils idéalisent l'autre, et lorsqu'ils découvrent ses défauts, ils ont du mal à les accepter.

### Les tendres : paix et loyauté

Répondez par oui ou par non à chaque proposition.

*—Je valorise les relations amoureuses qui commencent par une relation de profonde amitié.*

*— Je ne sais pas au juste comment je suis tombé amoureux; cela s'est fait sur un temps assez long.*

*— L'amour n'a rien de mystérieux, il est une forme extrême de la tendresse et de l'amitié.*

Pour ces amoureux, la confiance a plus de prix que le désir. Ils ne recherchent pas tant la passion et le sexe que la personne avec laquelle ils pourront partager leurs centres d'intérêt et leurs passions. Ils s'engagent progressivement dans la relation et leurs sentiments grandissent au fil du temps. Quelquefois, le tendre évolue tellement lentement qu'il est difficile de saisir quel type de relation il a noué. Ces amoureux attendent que la tendresse se transforme au fil du temps en engagement et en amour. Ils connaissent peu de relations romantiques et ont tendance à être altruistes et confiants ; ils sont souvent issus de familles nombreuses, ce qui leur permet de ne pas se sentir mal à l'aise à l'idée d'une dépendance affective.

*Avantage :* les tendres font preuve d'une grande fidélité et de stabilité. Ce sont des compagnons fiables.

*Problème :* ils peuvent tomber dans la routine et survaloriser la fidélité, qu'ils assimilent à de la loyauté.

### Les joueurs : divertissement et émotion

Répondez par oui ou par non à chaque proposition.

*—Mon partenaire n'aimerait pas être au courant de certaines choses qu'il m'arrive de faire.*

*— J'aime l'idée de pouvoir sortir avec beaucoup de personnes différentes.*

*— D'habitude, je me remets assez facilement d'un échec amoureux.*

Pour cette catégorie, l'amour est un jeu. Ces amoureux n'ont aucun idéal, c'est la variété qui leur plaît. C'est elle qu'ils recherchent, avec l'émotion ; ils se sentent mal à l'aise à l'idée de s'engager et ils enchaînent rapidement des relations de courte durée. La chasse à la rencontre amoureuse les émoustille.

*Avantage :* les joueurs sont drôles, il est difficile de s'ennuyer en leur compagnie, ils aiment le risque et se remettent facilement d'une rupture.

*Problème :* s'ils sont en couple, les joueurs ont une certaine propension à l'infidélité. Ce style amoureux provient parfois d'une peur d'être abandonné – c'est pourquoi ils évitent l'intimité avec l'autre – ou d'une difficulté à s'intéresser aux sentiments des autres.

➤ *Y a-t-il des styles « meilleurs » que d'autres?*
Pas du tout. Nous faisons partie d'un vaste écosystème affectif qui tire sa substance des différents types de tempéraments et de styles. Notre style amoureux dépend de ce que nous avons appris petits et de notre personnalité.

Avoir différentes façons d'aimer et d'être aimés contribue sans aucun doute à notre survie en tant qu'espèce. On a pourtant constaté que les relations de couple fondées sur des styles amoureux semblables ont tendance à durer plus longtemps. Les gens cherchent souvent un compagnon de même style amoureux qu'eux, car il est réconfortant de sentir que l'autre vous ressemble. Ce sentiment procure de la sécurité et un supplément de confiance en soi. À présent que vous connaissez votre style affectif, il vous sera peut-être plus facile d'affronter la prochaine rencontre.

## Clés pour séduire au cours d'une première rencontre

Même si, à une écrasante majorité, les gens attachent plus d'importance à l'amour qu'au sexe, les relations de couple impliquent des gestes de séduction. À propos, comment distingue-t-on l'amour du simple désir physique? Il suffit d'observer certains détails...

➤ *Indices indiquant que vous intéressez quelqu'un.*
Si vous l'intéressez en tant que personne, l'autre se penchera vers vous quand vous parlez, il (ou elle, bien sûr!) sourira et hochera la tête. S'il ne s'agit que de désir physique, il ne fera rien de tout cela... Examinons cela dans les détails.

➤ *Les cinq phases d'un flirt*

Le flirt comporte cinq phases, toutes importantes. Mais commençons par regarder ce qui distingue ceux qui flirtent de ceux qui s'en abstiennent : les premiers ont une grande pratique et ils ont su tirer parti de leurs erreurs.

L'important dans la première phase, c'est que l'autre vous remarque – car la concurrence est rude. Il faut donc persévérer, aller jusqu'à s'exhiber un peu, puisque ce que vous voulez exprimer dans cette phase, c'est : « Regarde-moi, je suis unique… » Ceux qui en sont à ce stade – il s'agit surtout des hommes, pour des raisons d'évolution de l'espèce – ont tendance à gesticuler, à rouler des mécaniques, à s'étirer, à se balancer d'avant en arrière, à hausser le ton, à se palper, à mettre en valeur un talent particulier… Ensuite, ils regardent la fille pour voir s'ils l'ont impressionnée.

Si on ne vous a pas tourné le dos, vous pouvez passer à l'étape suivante. Il s'agit d'une phase de séduction héritée des autres animaux, basée sur l'intérêt et sur la fuite : on regarde, on sourit, on détourne les yeux, on sourit encore une fois. Si elle vous rend votre regard, c'est le signe que vous pouvez aborder la troisième phase en échangeant quelques mots. Vous pouvez vous présenter et aborder un sujet neutre, mais n'oubliez pas que votre message doit être : « Je suis inoffensif. » Souriez légèrement, et si vous vous sentez à l'aise, passez à la quatrième phase, où vous changerez de langage : les mots vont vous servir maintenant à exprimer la séduction. Mais tous ne se valent pas. Par exemple, quel mot parmi cette liste vous séduirait le plus ?

|         |           |           |
|---------|-----------|-----------|
| miel    | glucose   | beau-père |
| sourire | fraise    | beefsteak |
| banane  | abricot   | ânerie    |
| vaseline| téléphone | sauvage   |

Les mots qui plaisent ont des sonorités plutôt douces et ils évoquent des choses plus sensuelles et attrayantes. Le ton doit être également plus caressant, plus lent, on peut utiliser des diminutifs, faire traîner les voyelles, se servir éventuellement de termes affectueux et faire des jeux de mots un peu enfantins. Si le flirt se précise, on utilisera des termes qui rapprochent, tels que «ensemble», ou «nous», car on commence à vouloir partager certaines choses… Un garçon aura tendance tourner autour d'une fille en prenant n'importe quel prétexte et essaiera de toucher des objets qui lui appartiennent, comme son sac … C'est un comportement atavique, inné.

Si la fille est intéressée, elle passera à la cinquième phase, au cours de laquelle elle réagira par des gestes montrant son désir. Observez si elle penche sa tête vers la gauche, si elle hausse les sourcils, si elle sourit, si elle rit, si sa bouche est ouverte, si elle tient ses mains paumes ouvertes vers le haut… Les sens prennent à présent beaucoup d'importance, car la partie émotionnelle du cerveau commence à l'emporter sur la partie rationnelle ; du coup, il est normal que l'on regarde, sans en être conscients, les lèvres de l'autre ou d'autres parties du corps à connotation sexuelle.

➤ *Le premier rendez-vous…*

Plusieurs études ont montré qu'une expérience forte que l'on partage crée des liens romantiques avec une autre personne. Il faut que l'expérience provoque une montée d'adrénaline mais qu'elle finisse bien, dont vous pourrez vous souvenir avec émotion et avec le sentiment que tout ce que vous vivez avec l'autre s'achève de façon positive. Une excursion dans le tunnel de la mort d'un parc d'attractions paraît une idée acceptable ; une autre alternative, pour les plus casse-cous, consiste à sauter ensemble en parachute – par exemple pour fêter son anniversaire.

➤ *…et le premier baiser*

Vous rappelez-vous votre premier baiser ? C'est une expérience inoubliable pour la plupart des gens, plus encore que la première relation sexuelle. Nous sommes presque tous capables de nous souvenir de notre premier baiser, qu'il remonte à cinquante ans ou à quelques mois seulement.

➤ *Pourquoi échangeons-nous des baisers et pourquoi cela nous fait-il tant d'effet ?*

Il est possible que le baiser se soit développé, au cours de l'évolution, à partir du comportement des primates, qui nourrissent leurs petits en leur faisant du bouche-à-bouche ; ce serait devenu une stratégie pour réconforter les petits affamés lorsqu'il n'y avait rien à manger, puis une façon d'exprimer son affection. Seule 10 % de la population mondiale ne s'embrasse pas sur les lèvres.

➤ *Qu'est-ce qui se passe quand un baiser « fonctionne » ?*

Un baiser qui « fonctionne » agit comme une drogue, car il stimule un cocktail d'hormones et de neurotransmetteurs. Ce que l'on nomme l'hormone de l'amour – l'ocytocine – augmente. Or cette hormone est impliquée dans la création de liens à moyen et à long terme. Le taux de dopamine monte lui aussi, notamment au cours des premiers baisers, faisant naître le désir – ce sentiment qui fait qu'on ne supporte pas l'attente avant de retrouver la personne dont on est tombé amoureux. La sérotonine, neurotransmetteur impliqué dans la régulation des états émotionnels, augmente également.

➤ *Et si le baiser est raté ?*

Un baiser raté vous plonge, hélas, dans un petit maelström chimique qui stimule l'hormone du stress – le cortisol – et met un coup de frein à la relation. En fait, selon le psychologue Gordon Gallup, de l'université d'Albany, aux États-Unis, plus de la moitié des gens mettent terme à une relation amoureuse parce que le premier baiser n'a pas marché.

Mais si le baiser est raté, n'allez surtout pas vous venger en mordant votre amoureux, comme dans *Twilight*. La morsure de l'homme est plus dangereuse que celle d'un rat ou d'un chien. Par contre, si ce point vous inquiète, sachez que l'échange des germes contenus dans la salive ne comporte aucun risque : certes, 2 millions de bactéries et quelque 40 000 micro-organismes changent de porteur à la suite d'un baiser, mais nous sécrétons aussi des neuropeptides qui nous aident à lutter contre les infections.

➤ *À quoi sert un baiser, en dehors du bien-être qu'il procure ?*

Les lèvres sont une des zones du corps les plus riches en neurones sensoriels. Elles sont cent fois plus sensibles que le bout des doigts… La zone génitale est même moins sensible que les lèvres. Quand on s'embrasse, ces neurones, avec ceux qui se trouvent sur la langue et dans la bouche, envoient des messages pressants au cerveau, qui répond par des émotions intenses, des sensations agréables et des réactions physiologiques. Un baiser donne aussi l'occasion d'échanger beaucoup d'informations – olfactives, tactiles, posturales – qui renseignent amplement l'autre sur qui vous êtes et sur votre compatibilité – génétique entre autres.

➤ *Comment donner un baiser ?*

Il semble que plus le baiser est donné avec enthousiasme, plus la relation est prometteuse ; les femmes, surtout, ont cette perception. Par conséquent, si vous tenez à quelqu'un, embrassez-le à pleine bouche. Les scientifiques, comme les sexologues et autres spécialistes du genre, conseillent de n'embrasser que si on le désire vraiment, jamais en manifestant de la lassitude ou de l'indifférence ; sinon, les conséquences émotionnelles pourraient être extrêmement préjudiciables.

➤ *On s'éloigne du sujet… Nous disions donc que c'était votre premier rendez-vous ! Avant de l'embrasser, de quoi pouvez-vous lui parler ?*

Vous aviez discrètement donné dans le romantisme pour obtenir un rendez-vous, vous avez eu peur ensemble, et maintenant… De quoi lui parler? Dès ce premier rendez-vous, la conversation doit devenir intime. Si vous lui parlez un peu de vous et que vous lui demandez d'en faire autant, par exemple au cours d'un dîner, votre intimité grandira d'un cran. «Raconte-moi quelque chose que tu as toujours rêvé de faire…», «Parle-moi du jour le plus heureux de ta vie.» L'autre aura clairement l'impression de compter à vos yeux. Cela vous rapprochera et vous partagerez quelque chose d'intime.

➤ *Pourquoi parler de choses intimes peut améliorer les relations*
Nous parlons trop souvent pour ne rien dire, même avec des personnes qui comptent vraiment pour nous… La chercheuse Brené Brown, qui travaille depuis des années sur ce qui caractérise les personnes qui éprouvent des émotions positives intenses et sont profondément heureuses, prétend que les gens passionnés et authentiques laissent tomber le masque et renoncent à se protéger, qu'ils prennent le risque de montrer leur personnalité et ce qui leur tient à cœur. Les autres – et je crains que cela concerne une grande majorité des individus – ont peur et préfèrent se cacher.

Bon, je ne vous encourage pas à vous lancer dans des confidences intimes dès la première rencontre, mais à laisser voir un peu de votre vulnérabilité, à faire preuve d'un peu de transparence. C'est un attrait en soi, car seuls les gens courageux et qui s'acceptent tels qu'ils sont, avec tous leurs défauts, y consentent. Et n'oubliez pas, après ce premier rendez-vous, que toute relation demande des soins constants pour ne pas tomber dans la routine et dans l'ennui. Voici quelques pistes.

## Pourquoi crève-t-on d'ennui dans certains couples?

Si l'on gratte un peu et que l'on demande à la plupart des couples formés depuis un certain temps comment ils se sentent, on découvre souvent qu'ils s'ennuient… On peut être tellement habitué à s'ennuyer avec son conjoint qu'on renonce aux émotions intenses en se réfugiant dans la routine et la sécurité. Or, pour faire durer une relation, il faut lui insuffler régulièrement un peu de nouveauté et d'émotion. Ce qui explique, en partie au moins, que nous aimions autant les grands voyages avec notre partenaire : on y vit de nouvelles expériences qui stimulent la sécrétion de dopamine ; on peut aussi découvrir de nouveaux aspects chez l'autre. C'est un peu comme quand on s'achète de nouveaux habits ou une voiture.

Selon le neurologue Norman Doidge, connaître les mécanismes et les besoins de notre cerveau est indispensable si nous voulons vivre en bonne intelligence avec lui. Et tout comme notre le cerveau a besoin d'apprendre pour se sentir bien, il faut aussi que le couple apprenne à vivre de nouvelles choses s'il veut éviter que la relation ne se dégrade.

Un autre élément indispensable au couple, déjà signalé plus haut, est la connexion à tous les niveaux, physique, psychologique et émotionnel. Se connecter et communiquer demande du temps et de l'attention. Cela consiste à faire attention à des détails auxquels on n'accorde généralement pas assez d'importance, par exemple à faire des gestes tendres qui prouvent à l'autre que nous tenons à lui (à elle).

➤ *Quelles sont les petites attentions qui peuvent plaire le plus à mon conjoint ?*

Le psychologue britannique Richard Wiseman a voulu le découvrir en faisant une étude auprès de 1 500 personnes en Grande-Bretagne et aux États-Unis. Avec d'autres confrères, il a cherché à comprendre ce qui semblait romantique aux gens. Ils ont tout de suite remarqué que beaucoup d'hommes n'attachent pas d'importance à ces petits détails. Pas par paresse, mais parce que cela leur semble insignifiant.

➤ *Quels sont les gestes qui remettent de la sève et de l'émotion dans le couple.*

Quand certaines personnes se plaignent de la monogamie comme d'un état ennuyeux, ce n'est pas parce que leur conjoint les ennuie, mais parce que les relations monogames génèrent forcément une certaine routine. Les poussées de dopamine que l'on ressent quand on vient de tomber amoureux ressemblent assez à une intoxication chimique; si vous stagnez dans la routine, rien ne vient activer le processus chimique de la dopamine.

On ne sera donc pas surpris de constater que la liste établie par l'équipe de Wiseman donne la vedette aux moments d'évasion et de surprise, véritables stimulants de la dopamine. Les choses amusantes et inattendues que l'on peut faire ensemble sont des valeurs sûres. Les gestes les plus appréciés de la liste sont : lui bander les yeux et lui offrir un cadeau (40 %) et l'emmener en week-end (40 %).

➤ *Quelles sont les initiatives que les femmes ont préférées ?*

Elles ont d'abord primé le fait qu'on leur dise qu'elle est la femme « la plus merveilleuse au monde ». Les hommes, de leur côté, n'ont pas trouvé l'idée vraiment intéressante… D'après certaines études, la grande majorité des mots gentils et positifs que les hommes entendent viennent de leurs compagnes. Les femmes, elles, reçoivent des compliments et des mots gentils aussi bien de leur famille que de leurs amies. Les hommes n'ont pas l'habitude de procéder ainsi entre eux. Il est donc important qu'ils aient des compagnes qui leur fassent des compliments.

➤ *Que peut-on faire d'autre ?*

Écrivez-lui un poème ou une chanson d'amour (28 %) ou préparez-lui un bain moussant quand elle rentre fatiguée du travail (25 %). Ce sont là des marques toutes simples de considération pour l'autre. Vous lui prouvez qu'elle vous est chère, que vous voulez qu'elle se sente bien, que vous ne rechignez pas à lui faire plaisir… Lui porter son petit déjeuner au lit compte pour 22 %, tout comme envoyer un mail ou un courrier romantique, lui laisser un petit mot en quittant la maison. La couvrir avec votre manteau si elle a froid obtient un score de 18 % ; c'est moins coûteux et cela rapporte davantage que de lui envoyer au bureau un bouquet de fleurs ou des bonbons (16 %).

L'écriture est un autre geste utile pour renforcer votre couple. Cette technique peut accroître de 20 % vos chances d'avoir un couple stable. Elle consiste à écrire chaque semaine les réflexions et les sentiments que vous inspire votre couple. Cela s'appelle l'« écriture expressive » – elle permet de penser et de parler de votre couple de façon plus positive.

➤ *Et les cadeaux ?*
Pour penser que l'on est quelqu'un de merveilleux ou nous sentir assuré que l'autre tient à nous, on a tous besoin de gestes qui le prouvent… On peut s'offrir une fantaisie de temps en temps, et notre partenaire peut en faire autant. Mais s'il faut choisir parmi les initiatives capables de toucher l'autre, optez sans hésiter pour le divertissement et l'expression des sentiments, nettement plus efficaces qu'un cadeau concret. Ils atteignent toujours leur but.

## Des cadeaux toujours bien choisis

Pourquoi faisons-nous des cadeaux aux autres ? Que voulons-nous exprimer par ce geste ? Que souhaitons-nous transmettre ? Nous dépensons en effet énormément d'argent en cadeaux chaque année, pour Noël bien sûr mais aussi pour bien d'autres occasions.

Si vous voulez manifester de l'affection, de l'intérêt ou de la reconnaissance en offrant quelque chose, attention que ce cadeau ne se retourne pas contre vous – si l'autre est déçu ou fâché par votre choix. Voici quelques clés pour vous aider à tomber juste.

► *Pourquoi attachons-nous tant d'importance aux cadeaux?*

Nous désirons tous que quelqu'un nous comprenne vraiment. Les études montrent que nous tombons généralement amoureux de gens qui nous ressemblent d'une façon ou d'une autre, cela nous donne l'impression que nous serons compris. Lorsque ces personnes nous offrent quelque chose qui nous plaît, nous éprouvons de manière concrète une sécurité psychologique gratifiante : quelqu'un dans ce vaste monde nous comprend vraiment. Donc, ne choisissez pas vos cadeaux à la légère. Quand vous offrez quelque chose, il n'y a pas que l'intention qui compte.

► *Qu'est-ce qui se passe quand on reçoit un cadeau qui ne convient pas?*

Selon certaines études, lorsqu'un de nos proches nous fait un cadeau que nous trouvons «inapproprié», cela nous amène à remettre en question la relation avec cette personne, car nous découvrons qu'elle ne nous connaît pas si bien que ça ou que nous lui sommes indifférents – ce qui jette un froid ou nous incite à prendre nos distances. Alors gare au cadeau mal choisi !

► *Est-ce que tout le monde est déçu de recevoir un mauvais cadeau?*

Une étude de l'université Columbia indique que les hommes et les femmes réagissent différemment dans ce cas. Voilà la tendance : les hommes qui ont reçu des cadeaux «inappropriés» ont plus facilement tendance à dénigrer leur partenaire et à penser que leur relation sera de courte durée. Ils font cet amalgame : «Je n'aime ni le cadeau ni la donatrice.» Les femmes, elles, ont tendance à défendre leur relation affective face à l'adversité : quand elles reçoivent un présent inapproprié, elles s'efforcent de faire prévaloir la relation sur le cadeau. Autrement dit, elles veulent croire à tout prix que leurs hommes sont sensibles, honnêtes, inventifs, qu'ils les soutiennent, qu'ils les aiment, qu'ils pensent que rien n'est assez bon pour elles... malgré les cadeaux reçus. Les hommes sont probablement plus lucides.

➤ *Est-ce que cela signifie qu'on peut offrir n'importe quoi aux femmes puisque, de toute façon, elles en seront ravies?*

Absolument pas. Environ 65 % des cadeaux faits par les hommes à leur compagne pour un anniversaire, une fête ou une autre occasion, sont échangés ou restent inemployés. Un bon cadeau donne à comprendre que vous tenez à l'autre, qu'il mérite que vous lui consacriez du temps et des efforts; le mauvais cadeau exprime le contraire, et nous en sommes tous exaspérés. Si votre compagne continue à vous aimer après avoir reçu un mauvais cadeau, imaginez ce que ce serait si vous lui aviez offert ce qui lui plaît… Le résultat pourrait vous bluffer!

➤ *Vu les risques, est-ce que cela vaut vraiment la peine d'offrir un cadeau?*

Assurément. Toutes les études montrent que cela vaut le coup de dépenser de l'argent pour un cadeau: ceux qui en offrent éprouvent plus de bonheur que ceux qui dépensent leur argent pour eux-mêmes.

➤ *Et se faire un cadeau à soi-même?*

Il semblerait que lorsque nous nous offrons quelque chose, nous dépensons 20 % de plus que si nous offrons le même article à quelqu'un d'autre.

➤ *L'art et la manière de faire des cadeaux*

Pour offrir des cadeaux à bon escient, je vous propose ce petit guide, à utiliser en faisant preuve de bon sens et en adaptant ces conseils aux circonstances.

*Principe n° 1. Offrir de l'argent pourrait signifier une certaine froideur ou un sentiment de supériorité.* Même si certaines personnes aimeraient que vous leur donniez de l'argent, plusieurs études indiquent que, sauf avec ses enfants, un cadeau en argent inhibe le sentiment d'intimité et souligne la différence de statut social.

*Principe n° 2. Comment savoir si je vais tomber juste?* Assurez-vous que vous êtes fier de ce que vous offrez. Si vous avez honte en imaginant son expression, c'est que vous faites fausse route. Résultat garanti.

*Principe n° 3. Une promesse ne constitue pas un cadeau en soi.* Ce n'est qu'une promesse, quelque chose qui reste encore à faire.

*Principe n° 4. Avant de faire un cadeau, réfléchissez au lieu de demander à l'autre ce qu'il veut.* Si vous l'interrogez, il peut se vexer, car cela donne à croire que vous ne vous donnez pas la peine de chercher à le surprendre.

*Principe n° 5. Si on vous demande ce que vous voulez et que vous acceptez de répondre, soyez franc.* Si l'autre se montre gêné par vos demandes, il avait qu'à ne pas vous poser la question.

*Principe n° 6. Réfléchissez bien avant d'offrir quelque chose qui pourrait laisser croire que l'autre n'est pas parfait à vos yeux.* Des petits gadgets pour faire de l'exercice à la maison, une pince pour les poils du nez, des crèmes antirides, des guides pratiques comme *Comment cesser d'être désagréable en trois semaines…*, tous ces cadeaux ne sont pas sans risques pour l'harmonie du couple.

*Principe n° 7. Réfléchissez bien pour ne pas offrir un cadeau dont vous profiterez plus que votre compagne.* Est-ce un hasard, ou bien est-ce que vous vous faites ce cadeau à vous-même?

*Principe n° 8. Un cadeau n'est pas forcément un objet. Ça peut être un moment qui laisse de bons souvenirs.* Par exemple, une excursion, visiter un endroit que l'autre a envie de découvrir, faire un voyage, organiser une fête surprise… Offrir de bons moments est un excellent cadeau, l'un des meilleurs qui soient, car il nous laisse à jamais de délicieux souvenirs qui nous aideront à affronter les mauvais moments à venir.

## TROISIÈME PROMENADE
## LES VALLÉES DU DÉSAMOUR ET DES DEUILS

### Les étapes du désamour et des deuils

Dans l'émission d'El Hormiguero sur le premier rendez-vous, j'ai été surprise par le nombre de téléspectateurs qui m'ont demandé de parler de ce qui arrive quand l'amour se tarit. Il faut dire qu'il s'agit d'une expérience universelle. On a observé que 99 % des individus la vivent au moins une fois dans leur vie. Je suppose que le 1 % restant est passé à côté en se barricadant chez soi, sans même un chat auquel il aurait pu finir par s'attacher...

➤ *Pourquoi le désamour est-il inévitable ? Et pourquoi faut-il absolument en souffrir ?*

Cela peut paraître irrationnel, mais on sait que lorsque nous sommes amoureux fous, les zones du cerveau stimulées sont les mêmes que lorsque l'on gagne beaucoup d'argent ou que l'on prend de la cocaïne. Autrement dit, l'état amoureux ressemble à s'y tromper à une addiction : on sécrète une belle dose de norépinéphrine, de dopamine, de sérotonine ; et de testostérone aussi, puisque le désir vient s'y mêler... C'est la chimie du bien-être. Et nous savons que lorsque le cerveau se sent bien, il cesse de se montrer raisonnable et qu'il en redemande chaque fois plus...

➤ *Ce qui veut dire que l'amour est une drogue et que rien ne va plus quand on en est soudain privé ?*

C'est plus ou moins ça. Se retrouver sans amour provoque des effets secondaires pouvant aller jusqu'à un trop-plein de stress émotionnel, voire à une dépression. Certains de ces effets ne sont pas trop méchants, ce sont les mêmes qu'au moment du coup de foudre ; dans les deux cas vous perdez un peu l'appétit, symptôme banal au début et à la fin d'une relation.

➤ *Quels sont les autres symptômes ?*

Certains sont réellement éprouvants. Le désamour peut induire par exemple une douleur physique. C'est une réaction du corps face aux problèmes venant de l'extérieur, un signal d'alarme qui se déclenche à chaque menace physique ou psychique. En réalité, c'est la même zone du cerveau qui enregistre la douleur physique et la douleur affective, et elle réagit de la même façon dans les deux cas. Les zones concernées par la douleur physique – celles qui font que l'on sursaute en recevant un coup de pied ou un coup de poing – réagissent de la même manière en cas de dépression.

La perte d'un amour fait littéralement mal. Pire encore : renoncer à cet amour ressemble à une cure de désintoxication. Certains travaux menés à partir d'IRM montrent que les régions du cerveau activées par la perte d'un amour fonctionnent de manière identique chez les patients qui essayent de se désaccoutumer de la cocaïne ou des opiacés.

➤ *Autrement dit, la douleur affective est un danger pour la santé…*

Saviez-vous que l'on associe le désamour à un raccourcissement de l'espérance de vie ? Certaines études ont montré que les individus malheureux dans leur couple ont 50 % de plus de risques d'avoir une infarctus ou de souffrir de pathologies chroniques comme la migraine… Mais ces mêmes études ont aussi prouvé que plus les individus montrent d'aptitude à surmonter les obstacles, plus ils ont de chances de vivre heureux et longtemps.

➤ *Alors, il vaudrait mieux ne pas tomber amoureux, non ?*

C'est un processus qui perturbe, certes, mais il est aussi très utile dans l'évolution et l'apprentissage personnels. C'est sans doute un des rares moments où l'on consent à devenir vulnérable, donc ouvert au changement. Selon le neurologue Norman Doidge, le cerveau devient plus malléable, plus accessible à l'évolution.

Comment refuser un tel cadeau ? Il vaut mieux apprendre à gérer la situation plutôt que de l'éviter.

### ➤ *Comment gérer les symptômes du désamour ?*

Vous pouvez déjà éviter de tomber dans l'obsession. On sait qu'il est très difficile de surmonter la fin d'une histoire d'amour si l'on a été obsédé par l'autre. Après un abandon survient un curieux phénomène, appelé par les psychologues « l'attrait de la frustration » : la personne en souffrance éprouve à nouveau une passion pour son ex qu'elle ne ressentait plus à la fin de la relation amoureuse. Il faut donc s'entraîner à se détacher progressivement de cette obsession, par une sorte de gymnastique émotionnelle. Votre addiction cérébrale se modifiera et vous pourrez « guérir ».

### ➤ *Combien de temps faut-il compter ? Cela semble un travail difficile...*

C'est compliqué de parler en termes de durée, même si certains spécialistes évoquent une période allant de trois mois à trois ans. La bonne nouvelle, c'est que si la perte d'un amour fait peur à beaucoup de monde, elle est rarement aussi douloureuse et aussi longue qu'on le redoute – ce que prouvent plusieurs études. Et quand la période de la rupture sera derrière vous, offrez-vous un beau cadeau pour fêter votre capacité de résilience. Vous êtes à présent une version améliorée de vous-même : vous voilà devenu plus fort et plus sage.

### ➤ *Les phases classiques du désamour et des deuils affectifs*

Même si chacun les affronte à sa manière et à son rythme, il existe un certain nombre de stades caractéristiques.

*Le premier stade est le déni.* Vous niez avoir été quitté, vous n'acceptez pas cette issue. C'est une façon de se protéger contre la douleur. Vous êtes comme en état de choc, vous pouvez même vous sentir vaguement euphorique, comme si la réalité ne vous concernait pas.

*Le deuxième stade est celui de la colère.* Vous réagissez et vous vous fâchez. Vous vendriez votre âme au diable pour qu'il ou elle vous revienne, mais vous êtes aussi en colère. Une étude prouve que les gens récupèrent plus vite s'ils acceptent de passer par cette phase d'exaspération. Débarrassez-vous des souvenirs, aidez votre cerveau à sortir de l'obsession, à se tourner vers l'avenir. Bazardez ses photos, son courrier, ses tee-shirts, sa brosse à dents…

*Le troisième stade est celui de la négociation.* Vous êtes envahi par la douleur et par la culpabilité. Vous commencez à vous reprocher d'avoir mal agi, vous regrettez tout ce que vous n'avez pas pu faire ensemble… Le mieux est de parler de ce que vous éprouvez, de mettre des mots, une forme, sur ce qui vous arrive, même si ça fait mal. Se crisper sur sa douleur l'aggrave. Pleurez, parlez avec des amis, faites du sport… Rappelez-vous que vous traversez les étapes normales d'une perte et que vous irez mieux si vous l'affrontez.

*Le quatrième stade est celui de la dépression.* Vous commencez à accepter l'idée que vous vivez une perte réelle. Cela pompe toute votre énergie, vous êtes vidé et vous vous isolez souvent, car rien ne vous intéresse. Si possible, demandez l'aide d'un professionnel. Ce sont les personnes qui parviennent à comprendre ce qui leur arrive et à tirer une leçon de leur malheur qui s'en sortent le mieux. Pour assimiler ce qui s'est passé et pouvoir tourner la page, il faut d'abord comprendre.

Vous n'êtes pas seulement triste, vous sentez aussi que vous allez devoir assumer malgré vous tout ce que l'autre faisait avant à votre place… Si vous sentez parfois que vous ne saurez pas faire ce dont l'autre se chargeait auparavant, souvenez-vous que faire des choses dont nous ne nous croyons pas capables, par exemple changer une roue de voiture, augmente l'estime de soi. Nous sommes plus aptes que nous ne le croyons à survivre seuls. Vous voilà devenu votre propre héros.

*Prudence au cours de la cinquième et dernière phase, elle est capitale : résignation ou acceptation ?* Le risque serait de se dire : « C'est dégueulasse, la vie est nulle, mais c'est bien fait pour moi… » Ce serait de la résignation, le pire qui puisse vous arriver. Nous devons réussir à comprendre ce qui s'est passé, l'accepter et en tirer parti. Ce n'est pas facile, il y aura des moments de nostalgie, et le bonheur ne revient pas d'un coup, mais ce qui compte, c'est de sentir que vous avancez enfin, avec un peu d'espoir.

➤ *Un conseil pour cette étape ?*

Selon le neuroscientifique Antonio Damasio, une émotion négative intense peut se surmonter par une émotion d'intensité égale et de signe contraire. Alors recherchez activement ces émotions positives fortes. Si vous avez changé quelque chose à votre façon de vous habiller ou à votre coiffure, c'est déjà bon signe… Commencez une activité que vous avez toujours rêvé de pratiquer, des cours de cuisine japonaise, de salsa… N'importe quoi qui vous fasse rire et vous rende votre appétit de vivre. Faites-en votre objectif ! L'amour nous rend vulnérables, mais c'est un cadeau de la vie qui nous permet d'apprendre et d'évoluer. Le désamour, si on le surmonte intelligemment, peut vous rendre plus indépendant, plus conscient de vos nouveaux besoins. La prochaine personne que vous aimerez aura beaucoup de chance…

Paradoxalement, le XXIᵉ siècle nous connecte aux autres comme jamais auparavant, mais il secoue aussi les institutions familiales les plus solides, celles qui ont traditionnellement répondu à nos besoins de relation et d'amour. Sans aucun doute, aimer à l'extérieur du clan, agrandir les cercles familiers de l'empathie que nos aspirations affectives comblaient jusqu'à présent et trouver de nouvelles formes de relations satisfaisantes sont autant de défis que nous devrons relever dans les prochaines décennies.

# 2

## Esclaves sans le savoir

*Comprendre les mécanismes qui nous gouvernent*

L'univers de ma fille Tici est rempli de petites cases. C'est sa manière à elle de comprendre le monde qui l'entoure. Si vous vous tenez bien droit en marchant et que votre peau est douce, vous appartenez à son espèce. Si vous êtes tout courbé et que les difficultés de la vie ont laissé des rides sur votre visage, elle vous classe dans une mystérieuse catégorie. « Le grand-père de Paula se tient très droit et il bouge beaucoup. On ne dirait pas un grand-père », m'a-t-elle dit l'autre jour. « À quoi te fait-il penser alors ? » lui ai-je demandé avec curiosité. « On dirait un être humain », a très doctement décrété mon petit lutin.

Je comprends Tici, car sans recul la vie peut nous sembler confuse et nos comportements imprévisibles. On passe sa vie à essayer de savoir dans quelles niches mentales on pourrait caser les gens, les choses et les expériences accumulés, pour la bonne raison que personne ne nous a proposé de système plus pertinent. Malheureusement, ce procédé aléatoire nous fait arriver à l'âge adulte avec ces petites cases dans lesquelles s'entasse sans doute tout un fouillis de gens et de comportements contradictoires. Au point que nous ne sommes totalement déconcertés. Pour affronter ce chaos mental et émotionnel, nous adoptons parfois des préjugés issus d'expériences plus ou moins positives, d'adages confortés par les opinions de nos

parents, qui eux-mêmes n'ont jamais acquis de méthode de classi-
fication de leurs propres petits compartiments.

Pour survivre dans un monde complexe et violent, nous avons dû
nous laisser guider pendant des siècles par des réponses toutes faites
qui nous simplifiaient la vie et garantissaient la soumission de l'individu ou du groupe. Mais il en ira autrement à l'avenir. Malgré
la méfiance que suscitent parfois l'introspection et la compréhension de soi, il faudra bien affronter le nombre croissant de maladies
mentales par une politique de prévention qui permettra d'éviter des
comportements toxiques et des émotions mal gérées ou destruc-
trices. Ce changement se fait déjà sentir, même si les mécanismes
sociaux et éducatifs n'en tiennent pas suffisamment compte. Dans
les prochaines décennies, nous devrions tous pouvoir, par chance,
avoir accès à la maîtrise de notre vie intérieure.

Un indice peut déjà nous aider à comprendre les réactions de
notre entourage : nous autres humains oscillons sans cesse entre
l'amour et la peur et nous optons chaque jour pour un côté de
cette balance. Toutes les réactions qui la font pencher du côté
de la peur sont supposées nous aider à survivre dans un monde
dont nous nous méfions : il s'agit des renoncements, des refus, des
marques de mépris, de la cupidité, des attaques, de l'agressivité,
de la méfiance, des paroles blessantes, du manque d'initiative, des
fuites et des reproches. Nous y reviendrons dans ce chapitre, car ces
réactions nous entraînent vers des comportements, des pensées et
des paroles dont l'impact peut être terriblement destructeur. Nous
devons donc apprendre à gérer la peur, mais nous devons aussi
l'enseigner à nos enfants.

Le plateau de la balance incitant à faire preuve d'affection, de
compassion et de curiosité renvoie tout au contraire à des émotions
qui convergent vers la confiance et la collaboration. Nous en parle-
rons à la fin de ce livre.

La place que les personnes choisissent d'occuper dans cet équilibre entre l'amour et la peur en dit long sur leurs craintes, leurs désirs ou leurs méconnaissances. Lorsque nous empruntons les chemins des émotions négatives – la colère, le mépris, la jalousie ou la vengeance –, le terrain devient glissant et accidenté, propre à nous faire perdre l'équilibre. Il est nécessaire d'apprendre à regarder où nous posons les pieds en nous aventurant dans des parages où domine l'esprit le plus instinctif. En identifiant et en décryptant comment se manifestent ces forces qui nous entraînent, nous cessons d'en être esclaves. Ce n'est pas une utopie. Lisez la suite et vous serez convaincus.

## QUATRIÈME PROMENADE
## LES LABYRINTHES DE L'ESPRIT

### Nous ne voyons que ce que nous voulons bien voir

➤ *Pourquoi je vois le monde d'un point de vue subjectif?*
Vous êtes-vous jamais demandé comment une fourmi perçoit le monde[1]? Comme tous les êtres vivants, elle dépend de ses sens pour appréhender ce qui l'entoure. Les fourmis ne voient pas bien et leurs antennes leur servent à humer. Si une fourmi est tout près d'une autre fourmi, elle peut la voir. Mais elle ne pourra pas voir un être humain parce qu'il est bien trop grand pour elle. Pour une fourmi, un être humain situé à une courte distance n'existe tout simplement pas.

---

1. Dans son roman *L'Homme terminal*, Michael Crichton écrit que le meilleur ordinateur possédait en 1972 le même nombre de circuits que le cerveau d'une fourmi. La fabrication d'un ordinateur ayant les capacités d'un cerveau humain demanderait la taille d'un gratte-ciel et consommerait l'énergie d'une ville de 500 000 habitants.

Nous voyons tout à notre échelle

➤ *Enfermés dans la boîte noire du cerveau*

L'information provenant du monde extérieur parvient au cerveau à travers les sens. C'est comme si nous étions enfermés dans une boîte noire percée de cinq ouvertures, correspondant à nos cinq sens. Le cerveau fait de son mieux, avec les moyens dont il dispose, mais c'est une structure physique, donc limitée. Prenons l'exemple du nerf optique : il compte un million de fibres allant de la rétine au thalamus, mais ce million de fibres, nombre pourtant impressionnant, est infime, comparé au nombre de pixels que détient l'appareil photo de notre téléphone portable. Pourtant, notre perception de la réalité est nettement plus détaillée et précise que celle de cet appareil photo.

➤ *Comment obtenons-nous autant avec si peu de moyens ?*

Cela s'explique par la façon dont nous interprétons la réalité. Le cerveau traite l'information reçue à sa manière : quand la rétine fixe un objet, elle n'enregistre pas tous les détails ; c'est le cerveau qui trie ce qui est le plus important. C'est pourquoi nous ne voyons que ce qui intéresse notre cerveau : les contours des objets auront plus d'importance que leur partie intérieure, les angles compteront davantage que les lignes droites, car ils contiennent plus d'informations. Partant de ce principe, le cerveau construit la réalité et comble au mieux le vide de l'information manquante en imaginant par approximations ce qui pourrait s'y trouver.

Cela nous arrive sans cesse. Des centaines d'exemples prouvent d'ailleurs à quel point notre cerveau peut nous tromper : par exemple, vos yeux voient en deux dimensions, de gauche à droite et de haut en bas, comme s'ils étaient collés sur une feuille de papier. Si vous fermez alternativement un œil, puis l'autre, vous verrez l'image se déplacer de gauche à droite ou inversement. C'est ce déplacement qu'utilise le cerveau pour construire la troisième dimension. Quand vous regardez la lune, le cerveau préfère ajuster sa taille sur celle des autres objets de la terre, comme les sommets des montagnes, pour que cette lune ne vous paraisse pas disproportionnée. C'est pourquoi la lune nous paraît plus grande quand elle est sur l'horizon alors que celle qui brille dans le ciel nous semble plus lointaine.

D'autre part, vous êtes-vous déjà demandé pourquoi, alors que la terre se déplace à une vitesse de 30 km/seconde autour du soleil, nous ne sentons pas cette vitesse ? C'est parce que nous n'avons pas d'organe capable de ressentir la vitesse absolue : nous ne détectons que la vitesse relative, c'est-à-dire quand nous accélérons ou quand nous nous déplaçons par rapport à un objet.

Le cerveau doit donc interpréter et compléter le monde qui nous entoure, car il reconstruit la réalité avec très peu de moyens. Nous ne sommes pas capables de percevoir l'infiniment grand ni l'infiniment petit. Nous ne pouvons pas entendre les bruits du cosmos. Nous n'arrivons même pas à humer ce que sent un chien, ni à écouter ce qu'entend un hibou. Si bien que ce que nous ne pouvons pas voir ou percevoir n'existe pas pour nous ; exactement comme pour les fourmis…

➤ *Y a-t-il un sens dont je doive me méfier ?*
La capacité de notre cerveau à inventer la réalité ou à en arrondir les angles est un raccourci pour simplifier notre quotidien. Ceci concerne tous nos sens, la vue en tout premier lieu.

➤*À quel moment surviennent les illusions d'optique ou les illusions cognitives ?*
S'il arrive qu'il y ait discordance entre la réalité et ce que vous attendez d'elle, le cerveau vous fera sans doute voir ce que vous avez prévu, au lieu de vous montrer la réalité telle qu'elle est. Le cerveau va au plus court, il veut obtenir toute l'information le plus rapidement possible, au cas où… Il fonctionne ainsi parce que l'être humain est programmé pour détecter au plus vite une menace éventuelle : il en va de notre survie.

➤ *Quelques exemples concrets de falsifications visuelles*

## «Et vive la bonne vie[1]»

Lisez ce panneau. Vous ne vous êtes sans doute pas aperçus qu'il y a un mot de trop. C'est logique : quand il manque quelque chose dans un schéma familier, le cerveau prend l'initiative de rectifier le tir. Nous pensons selon des schémas préconçus, c'est une façon pratique et rapide qui nous permet d'économiser du temps et des efforts. De ce fait, lorsque le cerveau reconnaît un schéma, il le

---

1. L'émission d'El Hormiguero dans laquelle j'ai abordé les illusions d'optique a frappé les esprits car l'invitée de la soirée, la chanteuse Ana Torroja, n'avait pas remarqué l'erreur sur l'immense pancarte où on pouvait lire : «Et vive la la bonne vie». Pas plus, d'ailleurs, que le public ou les téléspectateurs. Elle avait lu sans s'apercevoir que son cerveau corrigeait de lui-même. Pablo Motos et moi-même avons donné ce même soir une autre illustration du caractère tendancieux de notre cerveau : nous avions reconstitué sur le plateau une salle de musée avec ses tableaux. C'est la célèbre expérience du gorille mise au point par Daniel Simons et Cristopher Chabris qui nous en avait donné l'idée (à voir sur You Tube en tapant «selective attention test gorilla»). Cette expérience montre à quel point notre attention est sélective, puisque des détails significatifs peuvent nous échapper quand nous nous concentrons sur une action cognitive précise. Dans le cas du musée, nous avions demandé aux spectateurs de chercher un tableau «intrus» tandis que Pablo et moi-même «visitions» l'espace : nous avions modifié plusieurs éléments bien visibles, mais le spectateur ne s'en apercevait généralement pas, car il était concentré sur sa recherche d'un tableau (à voir sur You Tube en tapant «Elsa Punset el museu»).

complète d'emblée ; mais s'il s'y trouve un mot de trop, comme dans le cas présent, il l'élimine tout bonnement. Ce n'est pas grave dans l'exemple qui nous occupe, la correction établie par le cerveau n'entraînant pas de conséquences majeures ; mais cette tendance existera toujours, or elle implique parfois que nous ne voyons pas ce que nous n'avons pas prévu de voir ou ce qui ne nous intéresse pas... Dans ce cas, nous déformons la réalité.

## L'effet trompeur des « écrous impossibles » de Jerry Andrus[1]

Comment faire entrer une tige dans deux écrous qui semblent se trouver dans deux angles opposés ? C'est faisable si ce que nous sommes en train de voir est une illusion d'optique. Notre cerveau nous a trompés une fois encore. Grâce à la perspective, le cerveau a tenu pour acquis que nous étions en train de voir la partie extérieure des écrous. Impossible de ne pas se laisser piéger, le cerveau a simplement interprété de travers les stimuli reçus.

➤ *Qu'est-ce que je peux faire pour que mon cerveau soit plus agile et plus malin ?*
Pour améliorer votre agilité mentale et votre mémoire à court terme, faites des neurobics ! Le neurologue Lawrence Katz, de l'université Duke, recommande cette gymnastique intellectuelle pour accroître les connexions entre les cellules cérébrales. Pensez à votre vie de tous les jours : même si nous sommes toujours débordés, la plupart d'entre nous avons tendance à reconduire les mêmes routines ; ce

---

1. Prestidigateur américain, Jerry Andrus (1920-2007) a inventé des tours de passe-passe et des illusions d'optique destinés à abuser le cerveau humain. Si vous tapez sur « Nut and Bolt Jerry Andrus » sur You Tube, vous pourrez regarder une vidéo montrant l'effet obtenu avec les « écrous impossibles » de Andrus.

qui veut dire que nous nous servons toujours des mêmes chemins neuronaux dans notre cerveau. Pour en créer de nouveaux, faites faire de la gymnastique à vos neurones : étirez-les, prenez-les par surprise, sortez-les de leur routine et présentez-leur des activités amusantes qui mobilisent tous vos sens. Nous avons tendance à dépendre de deux sens précis, la vue et l'ouïe ; renforcez votre toucher, votre odorat et votre goût.

Voici quelques suggestions.

– Habillez-vous ou douchez-vous les yeux fermés (vos mains découvriront ainsi des textures auxquelles vous n'avez jamais prêté attention).

– Faites l'amour d'une autre façon, en fermant les yeux ou en vous concentrant sur un des sens dont vous vous servez le moins.

– Servez-vous de votre main non dominante pour des gestes simples, comme se brosser les dents.

– Mangez en vous couvrant les yeux.

– Lisez à voix haute.

– Changez d'itinéraire pour vous rendre dans des endroits habituels.

– Modifiez chaque routine, déplacez par exemple quelques objets, comme la corbeille à papier.

➤ *Entraînez votre cerveau à penser en positif.*
Le cerveau est programmé pour survivre, pour identifier chaque menace. Il peut donc se laisser obséder par des situations négatives et devenir incapable de percevoir les éléments positifs qui l'entourent. Mais il est possible d'apprendre à tempérer cette fichue manie de la persécution dont est doté notre cerveau : au début ou à la fin de la journée, pensez à dix bonnes choses qui vous sont arrivées et auxquelles vous n'avez pas fait attention. Cette pratique est très efficace pour entraîner son cerveau à penser en positif. Si vous

**Testez-vous**

Tout ce que le cerveau peut faire à nos sens, il peut le faire à notre façon de percevoir la vie, à notre capacité d'optimisme ou de pessimisme. Ce qu'illustre l'exemple qui suit. Comptez rapidement le nombre d'objets noirs présents sur cette photo.

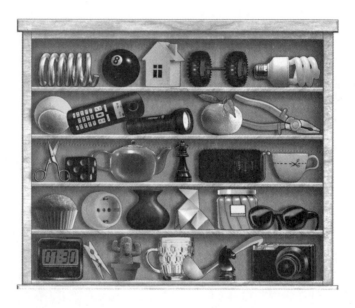

Combien d'objets blancs avez-vous repérés ? Vous y avez probablement à peine fait attention. C'est la même chose pour la tristesse, puisque nous ne voyons qu'une partie de la réalité quand nous sommes tristes... Pourtant, le reste existe aussi.

Autre exemple amusant : si nous plaçons sur une table beaucoup d'images représentant des choses différentes, nous repérons plus vite la photo d'un serpent que celles représentant des fleurs ou des grenouilles (c'est logique, puisqu'il a toujours été plus utile de reconnaître un serpent qu'une grenouille pour survivre).

remarquez qu'il a tendance à s'enfoncer dans la déprime, obligez-vous à recommencer l'exercice.

Nous vivons dans un rêve taillé à notre mesure. Et nous n'y voyons que ce que nous voulons bien y voir. C'est comme si on vivait, pensait et ressentait à l'intérieur d'un tunnel, sans pouvoir changer de direction. Il est bon de s'extraire du tunnel des évidences, des opinions toutes faites, les nôtres comme celles des autres. Il faut à tout prix savoir rester ouvert à ce qui est inhabituel, à l'inattendu ! Ne perdons pas notre capacité d'émerveillement, qui nous permettra de découvrir une réalité complexe et passionnante. Comment y parvenir? Comment se libérer? Voyons quelques-uns des principaux réflexes qui nous retiennent dans leur filet. L'un des plus significatifs est incontestablement la peur.

## On ne peut pas vivre dans la peur

La peur est une émotion primitive et puissante qui nous conditionne à l'extrême : elle agit en effet sur la partie la plus émotionnelle de notre cerveau. Celui-ci nous informe d'un éventuel danger, il nous sert de garde du corps et nous maintient en vie. Mais si nous ne voulons pas vivre prisonniers de peurs inutiles ou excessives, nous devons apprendre à reconnaître la peur et à la gérer.

La peur appelle deux réponses distinctes : la réaction physique et la réaction émotionnelle. La réponse est physique quand nous nous mettons à transpirer, que notre cœur s'accélère, que le taux d'adrénaline augmente et que le sang engorge nos muscles. Lorsque nous avons peur, notre corps «crie» : «Enfuis-toi ou bien attaque!», et il se prépare effectivement à s'enfuir ou à attaquer. Il s'agit d'un réflexe indispensable à la survie. Cette réponse du corps est irrépressible, elle est plus forte que la raison. Mais si la réaction biochimique du corps est une réponse universelle et automatique, la réaction émotionnelle devant la peur est, pour sa part, individuelle – elle dépend de chacun.

➤ *Pourquoi certaines personnes ont-elles peur et d'autres pas ?*
En réalité, tout le monde a peur et cherche à éviter des situations à risque avérées. Nous craignons souvent ce qui nous surprend, ce que nous ne connaissons pas, nous avons même quelquefois peur de choses absurdes[1]. Mais la plupart d'entre nous prenons plaisir à avoir peur dans un environnement sûr, dans le tunnel de la peur des parcs d'attractions, devant certains films… – ce qui explique que l'industrie de l'horreur soit florissante. Avoir peur dans un fauteuil chez soi, bien à l'abri, est très amusant.

De même, quand nous pratiquons des sports à risque ou que nous choisissons des situations où il faut vaincre sa peur, nous sommes envahis par une sensation physique très stimulante : la montée d'adrénaline est grisante, et la peur surmontée nous détend. Ce mélange de sensations est très excitant. Mais si on renouvelle de telles expériences, on finit par s'y habituer et la réaction physiologique s'amenuise. Si vous voulez sentir à nouveau votre adrénaline frôler des sommets, il vous faudra relever des défis de plus en plus hardis. C'est pourquoi les gens qui aiment prendre des risques s'aventurent dans des expériences de plus en plus périlleuses.

➤ *Comment apprenons-nous à avoir peur ?*
Nous sommes pourvus dès la naissance d'une alarme programmée pour survivre mais nous apprenons aussi très tôt à avoir peur. Je vous rapporte une expérience passablement détestable, mais qui a

---

1. Pour démontrer combien l'être humain peut avoir peur de choses absurdes, nous avons filmé en caméra cachée une petite fille dans un hôtel. Notre hypothèse de départ était que, si on place un enfant dans un contexte inhabituel, il est possible d'éveiller des peurs étranges chez des adultes. Nous avons donc habillé la fillette d'une chemise de nuit blanche, en laissant ses cheveux retomber sur ses yeux, et nous l'avons placée dans le couloir. Allez voir le résultat sur You Tube en tapant « Niña pasillo de hotel ».

bien eu lieu. Imaginez un bébé de huit mois, le petit Albert, à qui des psychologues ont d'abord montré une souris blanche, un lapin, un chien, des journaux enflammés... Rien n'effraie Albert. Deux mois plus tard, on le pose sur un matelas au milieu d'une chambre, avec une souris blanche. On les laisse jouer. Au cours de séances ultérieures, les psychologues émettent un bruit très désagréable lorsque l'enfant caresse la souris : le petit Albert finit par prendre peur et se met à pleurer. Au bout de quelques séances, le petit fond en larmes dès que la souris apparaît dans la pièce, sans qu'il ne soit plus nécessaire de faire le fameux bruit. Le bébé a appris à associer celui-ci à la souris et à les craindre tous les deux. À l'issue de ces expériences, le petit Albert craint non seulement les souris mais n'importe quelle créature qui entre dans la pièce et qui lui rappelle la souris – un Père Noël à cause de sa barbe blanche, un manteau de fourrure, un chien... Autrement dit, cet enfant a appris à avoir peur[1].

➤ *Devenus adultes, apprenons-nous aussi de nouvelles peurs ?*

Oui. Imaginez que vous êtes au volant et que vous écoutez les Rolling Stones. Soudain, un éclair apparaît sur le côté droit de votre véhicule tandis que quelque chose vient le heurter. Pendant cette fraction de seconde qui correspond à l'impact, tout se passe au ralenti : vous voyez quelqu'un dans la rue, avec un imperméable, qui vous regarde avec surprise, vous voyez des branches d'arbre venir frotter la vitre et puis c'est le choc.

Fin de l'impact physique. Mais l'impact émotionnel persiste. L'adrénaline et les autres hormones du stress s'emparent de votre organisme, ce qui fait que si vous n'êtes pas mort ou inconscient,

---

1. On ignore ce qu'est devenu cet enfant, mais il s'agit d'une des dernières expériences « officielles » faites sur un être vivant, les cobayes humains étant actuellement protégés par un code éthique.

vous êtes étonnamment sur vos gardes, c'est un état presque surhumain. Tous les détails de l'impact sont inscrits dans votre cerveau, ils défilent sans cesse devant vos yeux. Dans les semaines qui suivent, même si vos souvenirs s'estompent, les détails sont toujours là et ils vous obsèdent. Et lorsque, des années plus tard, vous verrez un éclat de lumière ressemblant à celui de l'accident, lorsque vous entendrez la musique que vous écoutiez dans la voiture, ou si vous apercevez un imperméable comme celui de l'homme qui vous regardait le soir de l'accident, votre corps éprouvera une immense frayeur. Un souvenir émotionnel est enregistré dans votre cerveau et vous aurez peur dorénavant de conduire la nuit. Écouter les Rolling Stones vous rappelle l'accident. Les branches d'arbre vous mettent mal à l'aise. Parfois vous ne savez même plus pourquoi, mais votre cerveau s'en souvient. C'est sa façon à lui de vous protéger, il vous dit : « Dis donc, ce souvenir est capital ! Tu as failli y passer… N'oublie pas. Je t'y ferai penser à chaque instant pour te protéger. » Le cerveau emmagasine des souvenirs au cas où cela pourrait vous sauver une autre fois.

➤ *Quand il y a danger, comment l'information parvient-elle au cerveau ?*
Si nous courons un danger, l'information parvient au cerveau par deux canaux : l'un, très long, conscient et rationnel, analyse l'information ; l'autre mène directement à la partie la plus émotionnelle du cerveau, par un raccourci inconscient et automatique. Cette sorte de peur – la peur conditionnée, automatique, celle qu'éprouve le petit Albert en voyant un truc poilu, celle que ressent la personne accidentée en écoutant les Rolling Stones… – est une des techniques les plus efficaces employées par dame Nature pour nous aider à survivre dans un environnement imprévisible.

Supposez que vous vous promenez en forêt et que vous apercevez quelque chose de long et de sinueux, qui fait un bruit sifflant… Avant même de penser le mot « serpent », vous voilà paralysé. L'information transite par deux voies pour atteindre votre cerveau. Par la plus longue, vous chercherez de l'information concrète parmi celles que vous gardez en stock: les souvenirs d'enfance sur un serpent, des images d'*Indiana Jones*... Par la seconde, le raccourci émotionnel, l'information parvient de façon nettement plus succincte, sans fioritures: la partie émotionnelle du cerveau fait retentir la sonnette d'alarme et votre corps se paralyse, puis il prend la fuite ou il attaque. Tout cela sans que vous ayez à lui donner consciemment la moindre consigne.

➤ *Pouvons-nous effacer les souvenirs émotionnels de la peur?*
Il est très difficile d'échapper à ces souvenirs. Nous sommes même programmés pour ne pas les éliminer: il existe moins de circuits allant du cerveau rationnel vers le cerveau émotionnel que dans l'autre sens. Car le cerveau ne veut pas que nous interférions en cas de danger. C'était indispensable dans un environnement de prédateurs, quand survivre était un problème de tous les instants. Mais c'est beaucoup plus embêtant si c'est la circulation en ville ou l'opinion de votre chef qui vous stressent... Il semble que ce n'est pas une méthode adéquate pour la vie de tous les jours.

➤ *Et les peurs excessives?*
Environ 10 % des adultes souffrent d'une phobie quelconque, de peurs pathologiques qui nécessitent un soutien. Mais il y a aussi beaucoup de peurs banales qui peuvent devenir gênantes.
*La peur des insectes.* Une étude a montré que des petites filles âgées de 11 mois associaient très rapidement l'image d'une araignée ou d'un serpent à un air effrayé, alors que les petits garçons ne manifestaient rien. Cette peur est probablement liée à notre évolution: jadis, les femmes affrontaient sans cesse serpents et araignées lorsqu'elles cherchaient de la nourriture dans la campagne. Le réflexe de fuite et de répulsion les protégeait, elles et leurs petits, des piqûres et des morsures. Les hommes, par contre, qui étaient des chasseurs et poursuivaient l'ours et le mammouth, ne pouvaient se

permettre d'être effrayés par une araignée. Dame Nature a donc favorisé les hommes pour qu'ils ne partent pas en courant devant une bestiole, quelle qu'en soit la taille.

*La peur de voler.* Des millions de personnes redoutent de prendre l'avion. Cette phobie s'explique par la crainte d'un accident ou par la claustrophobie. La thérapie classique conçue pour surmonter cette phobie s'avère très efficace. Théoriquement, les données rationnelles n'aident pas à surmonter à elles seules ces obsessions, mais elles peuvent nous aider si nous avons simplement peur : rappelons-nous que les chances que l'on a de mourir dans un accident d'avion sont de 1 pour 20 000 – une broutille comparée au risque de mourir dans un accident de voiture (1 %) ou d'un problème cardiaque (26 % en France).

*La peur du noir.* C'est une des peurs les plus courante chez les enfants et on les comprend, car elle est justifiée. Parce qu'elle provient avant tout de leur imagination. Ils pensent que tout est possible, que des êtres peuvent voler, qu'il existe des monstres et des fées… L'obscurité aggrave leur peur de l'inattendu. Qui sait quelles créatures fantastiques sont tapies dans ces ténèbres ? À mesure qu'ils comprennent mieux le monde qui les entoure, qu'ils distinguent la réalité de la fiction, ils surmontent tout naturellement leur peur du noir.

*La peur du dentiste.* Entre 9 et 20 % des gens disent redouter d'aller chez le dentiste en alléguant leur crainte des injections, leur senti-ment de vulnérabilité et d'impuissance. Une astuce permettant de diminuer cette peur est de convenir avec le dentiste que l'on puisse lever la main pour qu'il fasse une pause si on se sent mal : on retrouve ainsi un semblant de maîtrise de la situation et on se détend un peu.


Au cours de cette promenade, avez-vous découvert que vous aviez peur d'une seule chose ou de beaucoup de choses ? Souvenez-vous que la peur n'est qu'une alarme primitive, programmée dans notre cerveau. C'était un outil précieux quand le monde était plein de dangers et de menaces, mais de nos jours il est impossible de vivre avec cette alarme en état de marche 24 h/24. La peur doit servir à vous protéger, pas à vous brider. Regardez vos peurs à visage découvert, décryptez-les, et vous parviendrez à en vaincre beaucoup. On ne peut pas vivre dans la peur !

## CINQUIÈME PROMENADE
## AVIS DE TEMPÊTE : COMMENT GÉRER
## LES ÉMOTIONS NÉGATIVES

Les émotions négatives – la tristesse, le mépris ou la colère – ne sont ni bonnes ni mauvaises : elles peuvent être utiles ou préjudiciables. Comme toutes les émotions, elles ont à voir avec l'évolution. Face à un danger réel, la peur peut nous être très utile en nous poussant à fuir ou à attaquer pour nous défendre. De même, la colère peut nous donner des ailes pour défendre ce à quoi nous croyons – elle peut même être un vecteur de justice sociale. Il ne s'agit donc pas d'annuler ses émotions ni de les nier, mais d'apprendre à les gérer pour que leur force ne nous détruise pas et que leur expression s'adapte à nos besoins en résolvant un conflit de façon positive.

### Colère : la séquestration émotionnelle

➤ *Pourquoi nous fâchons-nous ?*

Quand vous vous fâchez, vous êtes séquestré. Otage d'une réaction automatique. Pourquoi ? Nous avons vu que le cerveau possède une partie plutôt émotionnelle et une partie plutôt rationnelle. La partie émotionnelle inclut l'amygdale, une sorte de gardien du cerveau qui a le pouvoir de soumettre sa partie rationnelle en un millième de seconde.

➤ *Comment se produit cette séquestration ?*

C'est simple : en temps normal, le cerveau traite l'information qui vient de l'extérieur en passant par le thalamus, qui l'envoie à son tour vers le cortex cérébral. De là, ce message passe à l'amygdale, ce qui génère des peptides et des hormones qui développent émotions et réactions diverses ; si le cerveau croit qu'il y a un danger, il envoie toute l'information vers l'amygdale, en court-circuitant le cerveau rationnel. C'est ce qui se produit lorsque vous vous sentez menacé ou blessé : vous réagissez alors de façon irrationnelle, voire destructrice. Il s'agit là d'une partie du cerveau destinée à la conservation et non à la prise de décisions complexes : même si les risques encourus ne sont plus ceux que connaissaient nos ancêtres de la préhistoire, notre cerveau continue de fonctionner en réagissant violemment au moindre signe de danger.

C'est ce que Daniel Goleman entend par « séquestration émotionnelle » ; cela se joue en un millième de seconde, si le cerveau émotionnel croit qu'il doit vous sauver la vie.

➤ *C'est quand même un mécanisme utile, non ?*

Sans doute, mais il peut aussi vous pourrir la vie. Ou tout au moins une soirée. Ce mécanisme est intéressant quand votre vie est réellement en danger et que vous devez vous sauver ou attaquer sur-le-champ. Mais un soir de réveillon, quand votre vie ne court aucun risque, cette « séquestration émotionnelle » vous sera inutile et pourra même vous porter préjudice. Car cette réaction instinctive peut se déclencher dans n'importe quelle situation stressante, par exemple à chaque fois que vous avez une discussion tendue avec votre beau-frère – ce qui se produit tous les ans à Noël, n'est-ce pas ? Il ne s'agit pas d'un risque physique, mais dun risque purement émotionnel. Notre cerveau a été programmé pour réagir face à des menaces physiques, mais nous continuons à réagir de la même façon quand il ne s'agit plus que de dangers émotionnels

– les plus courants dans notre vie actuelle. C'est une réaction qui s'empare ainsi de votre esprit rationnel et le séquestre[1].

➤ *Comment savoir si je suis en train de me laisser séquestrer par mes émotions ?*

Trois indices doivent vous alerter :

– Vous subissez un choc émotionnel intense.

– Tout va très vite et vous perdez votre maîtrise de vous.

– Vous avez l'intuition que, passée la séquestration émotionnelle, vous vous rendrez compte que votre réaction a été inadéquate et excessive.

Nous avons des exemples bien connus de personnes séquestrées par leur amygdale, comme Zinedine Zidane quand il a donné son coup de tête à Materazzi devant des millions de spectateurs, lors de la finale du mondial de 2006. Il a été expulsé du terrain, l'équipe de France a perdu et l'incident a clôturé de façon désastreuse la carrière prestigieuse du footballeur. Voilà clairement un cas de séquestration émotionnelle, une réaction brutale et soudaine – en réponse à une provocation, certes, mais dont les conséquences ont été néfastes pour Zidane et son équipe.

Peu de gens peuvent vous obliger à faire ce que vous ne voulez pas faire, mais votre amygdale en est tout à fait capable …

---

1. Le neuroscientifique Matthew Lieberman a découvert une relation inverse entre l'amygdale – le centre émotionnel du cerveau – et le cortex préfrontal. Quand le sang et l'oxygène viennent activer l'amygdale, le cortex préfrontal se met en veille, ce qui ralentit nos capacités cognitives au point de créer un déficit dans notre capacité à gérer les problèmes ; c'est équivalent à une perte provisoire de 10 à 15 % de notre quotient intellectuel.

➤ *Pourquoi y a-t-il tant de disputes à Noël?*

Souvent, nous ne sommes pas conscients des émotions négatives qui nous habitent, en partie parce que beaucoup sont embusquées dans la partie la plus secrète de notre esprit. Nous nous laissons entraîner inconsciemment par la frustration, la déception, la colère, la tristesse, le mépris ou par nos sentiments blessés. Les situations qui réveillent ces sentiments déclenchent chez nous des réactions émotionnelles automatiques. Les familles sont un terreau fertile pour les séquestrations émotionnelles, car il s'y accumule des années d'humiliations que nous n'avons peut-être pas su résoudre lorsqu'elles se produisaient. Beaucoup de familles évitent de parler ouvertement de certains problèmes : on les enfouit soigneusement pour ne pas mettre en danger l'équilibre familial. Mais les problèmes et les ressentiments sont toujours là, et un seul mot ou un regard inopportun peuvent vous renvoyer à des souvenirs pénibles qui provoquent l'étincelle de la séquestration émotionnelle.

➤ *Pourrait-on éviter que les conflits s'enkystent dans l'environnement familial?*

Ce serait possible, mais on ne nous apprend pas à résoudre les conflits avant qu'ils ne s'enkystent. C'est pourquoi, à la moindre provocation, le cerveau perçoit le danger ou la souffrance et réagit instinctivement. On aboutit ainsi à la capture émotionnelle, quand une parole nous rappelle soudain qu'un être aimé «ne me traite pas bien», «ne prend pas soin de moi», «ne l'a jamais fait»… En allant dans votre famille pour Noël, vous associez malgré vous l'environnement et les attitudes à des souvenirs exaspérants, douloureux ou gênants. Sans compter que quand vous vous ennuyez, vous êtes presque aussi «dangereux» que lorsque vous êtes fâché.

➤ *«Je déteste Noël, mais je ne sais pas pourquoi.»*

Une autre raison qui contribue aux brouilles de Noël est que ce jour a changé de signification. Cette fête était un moment exceptionnel quand les familles se voyaient moins et quand elle avait une valeur spirituelle pour certains... Mais Noël a pris aujourd'hui un sens très matériel pour beaucoup de personnes : ces moments-là suscitent donc des attentes, des obligations, du stress, et apportent relativement peu de chose en contrepartie. Ce sentiment de frustration à l'approche de Noël nous affecte quand nous nous sommes réunis et nous rend plus sensibles à la séquestration émotionnelle.

➤ *Que pouvons-nous faire pour ne pas être victime de ce phénomène ?*

*La « seconde magique ».* Les neurosciences montrent que nous disposons d'une seconde magique durant laquelle il nous est possible de refouler une pulsion émotionnelle destructrice. Si vous parvenez à détecter les signes avant-coureurs de la colère avant d'en devenir l'otage, vous pourrez la contrôler.

*Mettez un nom sur ce que vous éprouvez.* Une autre technique très efficace, conseillée par des psychologues, consiste à identifier et à nommer vos sentiments négatifs. Par exemple : « Je suis très fâché à cause de ce qu'il m'a fait l'an dernier », « Je le méprise, car il a trompé ma sœur ». Grâce aux scanners cérébraux, nous savons désormais que mettre un nom sur ses sentiments en atténue l'intensité et redonne du pouvoir décisionnel à la partie la plus rationnelle du cerveau[1].

*Cela aura-t-il encore de l'importance dans cinq ans ?* Prenez le temps de replacer les choses dans leur contexte et demandez-vous si ce qui

---

1. Des études conduites par l'université de Californie (UCLA) montrent que si nous identifions une émotion, notre cortex préfrontal fabrique des peptides qui inhibent l'amygdale – le centre émotionnel du cerveau – en suractivité. L'intelligence émotionnelle a beaucoup à voir avec l'aptitude à équilibrer et à harmoniser la partie émotionnelle et la partie rationnelle du cerveau ; autrement dit, à potentialiser le cortex cérébral et à calmer l'amygdale.

vous perturbe ou vous irrite sera encore important dans quelques années. Pour vous aider, respirez lentement avant de continuer à parler ; cela vous permettra de gagner du temps et apaisera votre amygdale.

> ➤ *Et si la colère m'a déjà séquestré ?*

Si nous sommes tombés dans le piège de notre amygdale, nous pouvons essayer de retrouver notre calme le plus rapidement possible. Ce n'est pas facile : avez-vous remarqué que nous mettons des heures à nous apaiser après une dispute ou une contrariété ? On a généralement du mal à dormir après. Cela s'explique par le cocktail d'hormones du stress qui nous a envahis au cours de la séquestration émotionnelle. Ces hormones nous empêchent de nous calmer. Mais il existe des moyens pour aider le corps et l'esprit altérés à éteindre notre désir de vengeance.

## La vengeance nous comble-t-elle vraiment ?

Ressentons-nous du bien-être après une vengeance ? Au cours d'une expérience menée par l'université de Zurich, on a demandé aux participants d'imaginer qu'ils étaient en train de se venger d'un ennemi ; ils ont éprouvé d'emblée une grande jouissance et un centre important du plaisir s'est activé dans leur cerveau. Mais d'autres recherches menées à l'UCLA et à Harvard démontrent que la vengeance ne procure pas, à moyen terme, la satisfaction escomptée. Il y a deux raisons principales à cela.

– Quand vous vous vengez, vous continuez à penser à la personne détestée. Donc vous vous laissez piéger par des pensées qui vous font vous sentir mal. Vous vivez malgré vous ce qui vous déplaît le plus et vous prolongez les émotions négatives.

– D'accord, vous avez réussi à vous venger, mais du coup la personne dont vous vous êtes vengé est furieuse après vous. Vous avez gagné un ennemi, et cela vous fait peur. La vengeance est un cercle vicieux.

➤ *Existe-t-il une façon agréable de se venger et qui ne me fasse pas me sentir coupable ou vulnérable ?*
Les études montrent que si quelqu'un se venge à votre place, vous vous sentez moins mal. Mais il faut que cette personne soit neutre et étrangère au conflit ; c'est le rôle de la justice – une alternative, hautement déconseillée, consisterait à engager un tueur !

Pourquoi vous sentez-vous moins mal si quelqu'un prend votre vengeance à son compte ? Parce que le danger de la riposte ne s'abat plus sur vous aussi directement : ça n'est pas vous qui prenez les choses en main, vous restez dans l'anonymat, vous avez donc moins peur. Mais si vous avez recours à un tueur ou à l'anonymat, pouvez-vous vous sentir bien tout en vous montrant aussi lâche ? Internet regorge d'exemples de « justiciers » et de « vengeurs » anonymes, qui n'oseraient jamais affronter leur ennemi…

## Amorcer la désescalade de la colère et de la vengeance

➤ *Comment apaiser un désir de vengeance ?*
Il existe cinq paliers très efficaces, qui vous aideront à apaiser votre colère sans vous porter préjudice ni même nuire à quiconque. Imaginons une échelle que vous empruntez pour sortir du conflit et de la colère. Nous voici juchés au sommet de cette échelle, la colère et la haine nous envahissent, nous voulons nous venger… Que faire ?

*Barreau n° 1 : respirez à fond.* Une arme très efficace contre la colère consiste à concentrer son attention sur la respiration profonde, venant du ventre, car elle suffit à produire des changements dans le cerveau : vous produisez plus d'hormones qui vous font vous sentir bien, comme la sérotonine et l'endorphine, et vous obtenez une meilleure coordination entre les deux hémisphères cérébraux. Imaginez un énorme panneau «STOP!», cela peut vous aider. Vous pouvez maintenant arrêter de penser à court terme et envisager les conséquences de votre vengeance à moyen et long terme.

*Barreau n° 2: une pensée négative reste toxique pendant 6 heures pour votre organisme.* Vous devez prendre soin de votre corps, mais une pensée négative fragilise votre système immunitaire pendant 6 heures. D'autre part, un stress prolongé – cette sensation permanente d'angoisse – abîme votre cerveau. Vous raisonnez moins bien, car les zones cérébrales permettant de prendre les bonnes décisions sont moins bien irriguées par le sang. Arrêtez tout et pensez au mal que vous vous faites en ce moment. Cela en vaut-il vraiment la peine?

*Barreau n° 3: entre la justice et le bonheur, choisissez le bonheur.* La vie devrait être juste ou égale pour tous. Mais c'est loin d'être le cas et cet idéal de justice vous conduit à ruminer d'amers reproches contre tout et contre tout le monde. Pensez à ces personnes – vous en connaissez certainement – qui vivent avec cette obsession de justice: elles sont aigries et mécontentes. Elles vous disent qu'elles ont raison? Alors ayez moins raison qu'elles! Soyez heureux à leur place! Si je me laisse guider par un idéal de bonheur, j'opte en priorité pour ce qui contribue le plus à mon bonheur et à celui des autres. Parallèlement, je ne dévalorise pas ma vie ni tout ce qui l'enrichit en me comparant aux autres.

*Barreau n° 4: mettez-vous à la place de l'autre.* Pourquoi? Nous savons que notre soif de vengeance s'atténue considérablement si nous nous mettons à la place de l'autre. Demandez-vous si cette personne vous veut du mal ou si elle pense qu'elle ne fait que se défendre. La plupart des gens ne font pas du mal par désir de nuire, mais en croyant défendre leurs droits. Cette conviction vous aidera à surmonter au moins partiellement votre désir de vengeance. Pour y arriver, efforcez-vous de ressentir et de comprendre la situation du point de vue de l'autre.

*Barreau n° 5: défoulez-vous de façon constructive.* Bien des gens disent qu'il est important de canaliser la colère par un exercice violent, «qui extériorise l'agressivité». Mais tout n'est pas également salutaire: des activités physiques toniques – courir, faire de la randonnée, du vélo – vous font du bien; mais si vous êtes physiquement agressifs – en brûlant des voitures ou en plantant des aiguilles dans une poupée à l'effigie de votre patron… –, vous vous sentirez mieux un court instant, car vous «dégazerez», mais vous renforcerez un comportement destructeur qui ne vous rendra pas heureux à moyen terme.

S'il nous fallait résumer en une phrase tout ce que nous venons d'évoquer, on pourrait dire que pardonner ne veut pas dire oublier: cela signifie plutôt que l'on se souvient de ce qui nous a blessés et que nous lâchons prise. Cette idée nous conduit à nous demander pourquoi nous nous cramponnons à des pensées négatives et souhaitons du mal aux autres, alors que tout cela agit comme un poison pour notre corps et notre esprit.

## « Je veux que tu échoues », ou pourquoi nous nous réjouissons du malheur d'autrui

Le concept auquel je fais allusion est plus connu sous le nom de *Schadenfreude*, un mot allemand qui désigne un sentiment universel: se réjouir de l'échec des autres. Ce sentiment augmente si l'on a des raisons de croire que c'est un juste retour des choses («Il l'a bien mérité…»), mais cela n'explique pas pourquoi nous avons parfois plaisir à voir souffrir les autres. On peut désirer qu'il y ait une justice sans être sadique pour autant.

➤ *Y a-t-il une explication raisonnable à cela, ou sommes-nous tout simplement des êtres mauvais?*

Il nous est très facile de nous mettre dans la peau des autres, et s'il leur arrive quelque chose de mauvais, nous nous disons : « Quelle chance que cela ne m'arrive pas à moi… » Ce réflexe naturel nous réconforte et nous permet de nous sentir à l'abri. Mais se réjouir du malheur d'autrui est très proche de l'envie.

➤ *Mais à quoi sert alors l'envie?*

Désirer ce que l'autre possède, si ce n'est pas poussé à l'extrême, est une façon de maintenir des connexions avec le groupe, d'entrer en compétition, de ne pas rester en arrière. Mais si vous êtes très envieux, des ondes de douleur physique se déclenchent dans votre cerveau. L'envie fait mal. Par contre, si un envieux apprend que celui qu'il envie est en difficulté, les centres de récompense de son cerveau s'activent. Ce qui atténue sa douleur.

➤ *Qui se réjouit le plus du malheur des autres?*

Une étude faite en 2012 par l'université de Leiden, aux Pays-Bas, indique que moins vous avez d'estime de vous-même, plus vous aurez de chances d'éprouver du plaisir plutôt que de la pitié quand les autres se trouveront en difficulté. C'est parce que cela vous permet de croire que vous n'êtes pas le seul « raté ».

➤ *Comment faire pour ne pas être jaloux des autres ni leur souhaiter du mal?*

L'envie vous paralyse et vous empoisonne, vous finissez par être obsédé par une seule personne, au lieu d'essayer de transformer le système qui vous a conduit à échouer. Rappelez-vous qu'une émotion négative intense est « réparée » par une émotion positive d'égale intensité. Contre la jalousie, nous pouvons imaginer la façon dont nous nous soucions de ceux que nous jalousons et que nous considérons comme des ennemis, nous pouvons même essayer de leur souhaiter plein de bonnes choses… La justice n'est pas incompatible avec la pitié.

Au sortir de l'enfance, nos expériences familiales nous ont armés pour affronter le monde extérieur, et nous éprouvons de l'amour, de la peur et de la curiosité, dans la mesure où nous l'avons appris chez nous. Nous pouvons facilement manipuler les gens – nos amis comme nos amours – pour qu'ils s'intègrent parfaitement dans nos schémas ; si votre enfance a été difficile, il vous sera moins aisé d'avoir des amitiés et des amours sereins. Comme le schéma que vous avez acquis est en grand partie inconscient – il est imprimé dans votre cerveau, mais vous l'ignorez et vous ne connaissez pas ses effets –, comprendre votre passé et votre environnement vous libérera. Si vous comprenez pourquoi vous êtes devenu ce que vous êtes, vous pourrez évoluer.

## SIXIÈME PROMENADE
## POUR CHANGER DE CAP

### Programmés pour changer : la plasticité du cerveau

Si notre cerveau, par sa structure et ses fonctions, est programmé pour le changement – contrairement à ce que l'on a pensé pendant des décennies –, y parvenir n'est pas forcément facile, car nous n'avons pas appris comment faire. Cette extraordinaire capacité du cerveau est appelée « plasticité cérébrale ». C'est ce que le neurologue Norman Doidge, dans un de ses livres[1], définit comme les propriétés de mutabilité et d'adaptabilité de cet organe. Cette plasticité permet au cerveau de modifier sa structure et ses fonctions pour s'adapter aux expériences mentales.

---

1. Norman Doidge, *Les Étonnants Pouvoirs de transformation du cerveau : guérir grâce à la neuroplasticité*, 2011, Pocket Évolution.

➤ *Pourquoi avons-nous tendance à privilégier les comportements rigides ?*
C'est ce que Norman Doidge appelle «le paradoxe de la plasticité» : notre cerveau est programmé pour adopter des comportements soit rigides, soit flexibles, en fonction de ce à quoi nous l'avons entraîné.

➤ *Comment se fixent les habitudes, les pensées et les comportements dans le cerveau ?*
Je reprendrai les images utilisées par le neuroscientifique Alvaro Pascual-Leone, pour expliquer le fonctionnement de notre cerveau : imaginez qu'il est comme une montagne enneigée en hiver. Certains éléments sont préexistants, comme l'inclinaison de ses versants, les rochers, la consistance de la neige… Tout cela correspondrait à nos gènes, avec lesquels nous naissons.

Imaginez maintenant que vous prenez une luge pour descendre cette montagne. La première fois, vous suivez l'itinéraire le plus facile en fonction des caractéristiques du terrain et de votre maîtrise de la luge. Si vous passez un après-midi à enchaîner les descentes, vous tracerez plusieurs chemins que vous aimerez reprendre ; les traces de la luge seront très marquées, au point qu'il vous sera de plus en plus difficile de vous en écarter pour tracer de nouveaux chemins. Voilà votre cerveau. À force de répéter certains comportements, vous les rendez automatiques. Et cela vous amène à adopter des habitudes, bonnes ou mauvaises.

Une fois vos habitudes enracinées, il vous est difficile de vous en dégager, car ce sont des sentiers rapides et bien battus sur lesquels la luge glisse toute seule ; si vous voulez en changer le tracé, vous devrez vous arrêter dans votre élan et choisir délibérément de nouveaux itinéraires. La plasticité du cerveau – sa capacité de changement physique pour se régénérer – a donc de bons comme de mauvais côtés. Le mauvais, c'est que nous avons du mal à désapprendre des comportements bien implantés. Le bon, c'est que nous pouvons changer si nous apprenons à modifier notre itinéraire.

Norman Doidge explique que les êtres humains ont tendance à affirmer, en observant les comportements sclérosés qu'ils ont eux-mêmes développés : « C'est mon cerveau qui est rigide, ce n'est pas moi qui puis modifier ce que je fais. » Bien sûr que votre cerveau peut changer ! Le problème, c'est que vous avez développé des automatismes, et les fonctions cérébrales que vous avez négligées ont tendance à se détériorer quand elles restent inemployées.

➤ *Nous sommes aussi doués pour changer. Alors, pourquoi est-ce si difficile ?*
Tout changement mental demande un effort – tout comme les changements physiques. Mais si nous pouvons décider des changements physiques que nous visons – un ventre plus ferme, une taille plus fine, une plus grande endurance au jogging – et mesurer concrètement nos progrès, les changements psychologiques s'avèrent nettement plus subtils ; nous avons d'ailleurs plus de mal à diagnostiquer ceux qui s'imposent et à mesurer leur impact sur notre vie. C'est d'ailleurs le rôle de psychothérapie. Ceci étant, il est posible que, dans les prochaines années, le fonctionnement cette dernière évolue, à mesure que les méthodes de diagnostics changent.

➤ *Peut-on définir la psychothérapie comme un traitement neuroplastique ?*
Exactement. La psychothérapie, comme n'importe quel acte thérapeutique efficace, provoque certaines modifications dans le cerveau. On l'a vérifié par des scanners cérébraux à l'issue de séances psycho-dynamiques, de thérapies comportementales et de travaux de groupe ; on peut également le constater au cours de certaines thérapies menées pour analyser la portée de la neuroplasticité.

Il importe d'en être conscient. Dans les années 1960 à 1980, on pensait que la parole était au cœur de toute thérapie et les seules interventions biologiques passaient par un traitement pharmacolo-gique. Selon Norman Doidge, les thérapies au cours desquelles le patient parle sont comparables à des opérations de microchirurgie. Lorsque l'on aide quelqu'un à se souvenir d'un traumatisme, on active les circuits cérébraux associés à ce traumatisme et ces circuits deviennent alors plus malléables, comme l'a démontré Joseph LeDoux, de l'université de New York. Et un circuit plus malléable est plus facile à reprogrammer. C'est pourquoi il peut être nécessaire de parler du passé en thérapie, car il n'est pas possible de modifier les circuits cérébraux sans les avoir activés au préalable. La psychothérapie est centrée sur ces deux processus : désapprendre et apprendre, tous deux étant des processus plastiques.

➤ *Qu'est-ce qui nous incite à changer, c'est-à-dire à réactiver notre potentiel plastique ?*

C'est, par exemple, quand nous devons collaborer avec quelqu'un d'autre. Nous ne pourrions pas y arriver en restant figés dans nos comportements. Nous sommes ainsi plus réceptifs à l'apprentissage lorsque nous sommes collaboratifs. D'ailleurs, ceux qui s'engagent dans des relations amoureuses matures perçoivent ce processus d'ouverture à l'autre : tomber amoureux incite à apprendre et à évoluer, c'est une période fertile du point de vue plastique. C'est pourquoi il est important, au début d'une relation, de se donner le temps de susciter des comportements constructifs, base d'une relation saine permettant de supprimer des modèles interpersonnels négatifs.

➤ *Quand nous apprenons quelque chose de nouveau, cet apprentissage a-t-il un effet immédiat sur le cerveau ?*

Oui, absolument. Nous savons aujourd'hui qu'un changement de comportement et de schémas mentaux est le moyen le plus efficace pour induire des modifications biologiques. De nombreuses études viennent le confirmer, comme celle du scientifique Éric Kandel : lorsqu'un animal apprend quelque chose, il ne se contente pas de changer le nombre de connexions synaptiques entre deux neurones

– apprendre ou désapprendre implique entre 1 300 et 2 600 connexions ; certains gènes s'activent aussi dans les neurones pour fabriquer des protéines et réussir cette connexion. C'est ce qui explique que notre vie mentale puisse influer dans l'expression ou dans l'activation de certains gènes.

➤ *Le sommeil joue-t-il un rôle dans la capacité à apprendre ou à désapprendre ?*
Bien sûr. Nous sommes en train de vérifier que le cerveau consolide certains changements au cours du sommeil. C'est pourquoi une sieste ou une bonne nuit sont utiles avant un examen. Même s'il ne se passe rien en apparence pendant que nous dormons, nous renforçons et nous hiérarchisons des apprentissages et des émotions.

➤ *Pourquoi ai-je l'impression que rien ne change, même si je fais des efforts ?*
Il est réconfortant d'entendre parler de gens qui ont réussi des changements extrêmes, en suivant jusqu'au bout un régime draconien, en récupérant après certains accidents cardio-vasculaires, en parvenant à vivre de façon autonome avec seulement la moitié d'un cerveau... Car les êtres humains sont capables d'effectuer de tels changements, surtout s'ils doivent relever des défis importants – dans ces moments-là, nous n'avons pas d'autre choix que de survivre ou de nous résigner.

Mais dans tous les cas, ces changements demandent un effort de patience, quelquefois même considérable.

Au cours des processus de changement, il existe ce que nous appelons des « plateaux d'apprentissage » : quand nous faisons des exercices permettant de stimuler les neurones, surviennent des moments où le travail du cerveau consiste principalement à consolider l'apprentissage. Ce sont des étapes nécessaires ; les changements symptomatiques semblent alors moins évidents, mais cela ne signifie pas que rien ne bouge.

➤ *Quelques exemples de changements de comportement permettant d'éliminer certains mécanismes mentaux et émotionnels*

Le psychologue britannique Oliver James affirme que si l'on ne comprend pas son passé, on est condamné à le reproduire. Nous avons vu plus haut que la famille constitue un environnement où nous avons tendance à perpétuer des modèles mentaux et émotionnels. Voici quelques scénarios possibles pour changer ces schémas.

*Revoyez votre scénario familial.* Nous occupons tous une place déterminée dans notre famille. Pour la prochaine réunion, faites comme si vous vous trouviez dans un théâtre : jouez à modifier la mise en scène. Vous êtes celui qui pense toujours à faire des cadeaux à Noël ? Oubliez de le faire cette année. Vous êtes celui qui aide toujours à desservir la table ? Installez-vous dans le canapé après le repas. Vous êtes celui qui arrive toujours en retard ? Arrivez à l'heure cette fois-ci. Vous constaterez alors un surprenant phénomène : tout le monde verra d'un mauvais œil ce changement !

*Changez d'environnement.* Il est difficile de changer dans le cadre où se sont révélés nos comportements et nos sentiments pernicieux. C'est nettement moins compliqué si nous changeons d'environnement ou si nous en modifions quelques éléments : amis, hobbies, travail, maison, quartier, habitudes…

*Changez votre quotidien.* Changez certaines choses en pleine conscience et délibérément. L'exercice consiste à faire chaque jour un geste différent : aller acheter son pain en empruntant un trajet différent, faire son lit autrement, cuire ses œufs d'une autre façon, apporter des retouches à son style vestimentaire, ne pas s'asseoir à table toujours au même endroit… Réinventons chaque geste automatique, il y en a énormément dans nos vies. Agissons en pleine conscience pour faire de chaque jour un jour nouveau.

Les êtres humains ont besoin de stabilité. Mais trop de stabilité peut signifier que nous avons renoncé à utiliser nos capacités, notre créativité, que nous nous cantonnons dans un rôle et un scénario appris dans l'enfance et qui ne nous rendent peut-être pas heureux. Ne soyez pas esclave sans le savoir. Remettez en question votre façon de vivre, votre identité et votre rapport au monde. Écrivez le scénario de votre vie, réinventez-vous.

# 3

# Des émotions aussi contagieuses qu'un virus

## *Comment manier la diversité et l'empathie*

Ma fille Tici veut apprendre le français. Je lui ai demandé pourquoi et elle m'a répondu, avec cette moue patiente qu'elle arbore quand elle doit m'expliquer l'évidence : « Et si un Français me demande un jour si je veux un croissant ? Il faudra bien que je puisse lui répondre. » On doit se tenir prêt à n'importe quelle éventualité, c'est clair ; nous nous entraînons donc à parler français depuis quelque temps, en mélangeant avec persévérance croissants et tour Eiffel. « Comment allez-vous ? », gazouille-t-elle du matin au soir. Elle s'applique nettement plus que moi, avec mon exaspérante propension à oublier les choses importantes. Par chance, elle réclame rarement mon attention, car elle se suffit à elle-même : « Très bien, merci madame » ; « Très bien, merci monsieur ». La prononciation laisse à désirer, mais elle s'est jetée à l'eau.

Je ne sais pas si Tici finira par savoir parler le français. Son environnement, moi-même du moins, va lui compliquer la tâche. Pour ma part, je pense que si on doit apprendre une langue étrangère, autant en choisir une qui soit parlée un peu partout. Laquelle ai-je en tête ? Les paris sont ouverts. En tout cas, je sais que nous les humains, nous ne disposons que de deux outils de base pour naviguer à travers nos réseaux sociaux, si vastes et si complexes : la parole et les émotions.

Prenons les choses dans l'ordre. Les mots naissent dans le cortex cérébral, une partie très développée chez l'espèce humaine, au point que nous avons oublié pendant des siècles que notre cerveau est avant tout émotionnel. Nous méprisions les émotions, qui nous rendaient trop semblables aux autres espèces ; d'ailleurs, nous manquions de moyens techniques pour comprendre leurs mécanismes et leur importance. Nous avons porté aux nues notre esprit rationnel, car nous sommes fiers de savoir parler et inventer des stratégies sophistiquées pour conquérir le monde et créer de nouvelles choses. Mais les paroles, qui naissent effectivement dans l'esprit rationnel, sont un outil chargé d'intentionnalité, conçu pour établir des pactes avec nos congénères, même si pour cela il nous faut tromper et manipuler. Nous le faisons tous les jours, sans même nous poser de questions. Qui dit ce qu'il pense réellement ? Nous formatons systématiquement la plupart de nos pensées pour survivre et tirer parti de la vie en société, car nous n'avons pas intérêt à parler avec transparence.

Je ne regrette pas que le langage verbal soit dépourvu d'innocence : la parole remplit une fonction stratégique dans le développement de notre espèce. Comme tant d'autres, je rêve d'un mode de communication pur, d'un langage permettant de toujours se comprendre, comme une bonne chanson capable d'émouvoir tous les habitants de la planète ou un poème qui soulagerait leur chagrin.

Ce langage n'est pas une chimère. Nous sommes programmés pour communiquer et nous comprendre sans paroles, à travers nos émotions : celles-ci constituent un langage universel inné, même si nous avons tendance à en mépriser la portée. Nous sommes doués pour ce mode d'expression et, à moins d'être des psychopathes – ces individus, qui sont incapables d'éprouver un sentiment bienveillant envers les autres, ne représentent heureusement qu'un infime pourcentage de la société –, nous sommes programmés mentalement et physiologiquement pour comprendre et ressentir les mécanismes qui dictent nos comportements. Mieux encore : nous sommes des psychologues-nés. Chacun d'entre nous excelle à comprendre et à communiquer, même si l'on s'obstine à ne pas vouloir développer cette aptitude, qui est pourtant l'un des talents propres à l'espèce humaine.

Pour la plupart d'entre nous, les émotions qui nous habitent sont d'illustres inconnues. Nous avons consacré nos efforts à survivre pendant des siècles et cette tâche nous a presque entièrement absorbés ; mais aujourd'hui, dans un monde où priment l'autonomie et les mutations permanentes, on a besoin de ce mode de décryptage émotionnel dont nous sommes dépourvus. Nous ne pouvons domestiquer, gérer et transformer ce que nous ne comprenons pas. Nous ne pouvons partager, cohabiter et collaborer en paix si nous n'apprenons pas à maîtriser nos émotions, au lieu d'en être les esclaves. Nous ne manquons pas d'envie d'y parvenir : la soif de Tici pour communiquer avec les autres est une aspiration naturelle et puissante qui nous accompagne dès le berceau. À nous de savoir la développer plutôt que de la réprimer.

Notre méconnaissance de l'univers des émotions n'est pas la seule chose qui nous empêche de nous rapprocher des autres. Il existe d'autres freins à notre capacité d'empathie : l'indifférence est aussi un obstacle redoutable, qui neutralise notre aptitude à comprendre les gens. Cette indifférence prospère en général dans l'urgence, l'ignorance ou le manque d'intérêt. Si nous ne regardons pas vraiment, le reste du monde est invisible. Pour lutter contre ce phénomène, il nous faut consacrer du temps et de l'attention au moment présent, regarder, toucher, écouter pour se connecter aux émotions des autres, pour comprendre les mécanismes universels, mentaux et émotionnels, qui nous animent.

Que pouvons-nous faire pour renforcer le langage des émotions ? Il suffirait d'aider les gens à mettre un nom sur chaque émotion, à mesurer son intensité et son impact, à apprendre à la gérer pour en neutraliser les effets nocifs ou excessifs. Il suffirait de faciliter l'apprentissage des émotions. Nous pourrions alors nous comprendre et nous exprimer en marge du champ d'action des mots. Seule nous sépare de ce rêve une volonté politique et sociale de porter l'accent sur tout ce qui nous unit – et c'est beaucoup – plutôt que d'insister sur le peu qui nous sépare.

## SEPTIÈME PROMENADE
## LES VENTS QUI M'ANIMENT

### Les émotions sont aussi contagieuses qu'un virus

Les voies que nous allons emprunter à présent ne sont pas faites de terre ni de poussière mais plutôt d'eau et d'air ; elles laissent donc peu de traces, bien qu'elles érodent et colorent tout ce qu'elles touchent… Voici les parcours les plus inconscients et les plus fluides que nous explorons ; comme les eaux d'une rivière, ils ont tendance à disparaître sous terre pour émerger plus loin en aval, devenus cataractes ou torrents. Ces eaux puissantes demandent des nageurs souples, intuitifs et rapides.

➤ *Que sont les émotions ?*

Elles sont le résultat de la façon dont nous éprouvons, physiquement et mentalement, l'interaction entre notre univers intérieur et le monde extérieur. Pour un être humain, les émotions s'expriment à travers des comportements, des preuves de sentiments et des changements physiologiques. Si les émotions élémentaires sont universelles, les expériences émotionnelles, ou les sentiments, sont plus personnels, dans la mesure où ils sont influencés par l'humeur de chaque personne, par son tempérament, sa personnalité, ses dispositions et sa motivation.

### ➤ Est-ce que les émotions sont importantes ?

Le moindre de nos gestes, chaque regard sur ce qui nous entoure et chaque sentiment qui nous anime sont dictés par une émotion. Les émotions ne sont pas un luxe superflu, elles ne sont pas un flot de sentiments et de sensations fugaces dénuées de valeur ; elles nous traversent à chaque instant et elles guident notre comportement à travers la souffrance et le plaisir. Elles sont des clés qui modulent chacun de nos gestes, nos aspirations, nos désirs et motivations ; elles nous poussent à parcourir le monde, à résoudre des problèmes, à échanger avec les autres, à créer, découvrir, haïr ou bien détruire. Comme le dit Maya Angelou, les gens oublient ce que tu dis, les gens oublient ce que tu fais, mais ils n'oublient jamais comment tu les fais se sentir.

### ➤ Comment se développent les émotions ?

Quand je dois expliquer en quelques minutes l'impact et le développement des émotions dans notre vie, j'évoque souvent le portrait d'une jeune chimpanzé baptisée Rosi[1] par le primatologue Frans de Waal. Le regard de Rosi m'émeut : assise dans les mains de la femme qui la soigne, cette petite orpheline fixe la caméra, la vie qui l'entoure, et elle regarde de face. Il est généralement difficile de capter le regard des jeunes chimpanzés quand ils sont avec leur mère, car celles-ci les protègent en les serrant contre elles. Le regard de Rosi est curieux, confiant et gai. J'associe quelquefois son image à un portrait de ma fille, une photo où elle fixe l'objectif avec le même

---

1. Vous pouvez accéder à cet exemple et à d'autres expériences sur la page Web de Frans de Waal, de l'université Emory : http://www. psychology. emory.edu/nab/dewaal

mélange d'allégresse et de confiance : j'aime à me rappeler que nous sommes plusieurs espèces à partager des émotions élémentaires et un regard joyeux et confiant à la naissance.

Mais bien vite les peurs, les agressions et les manifestations de mépris assénées par notre entourage éteignent ou mitigent la confiance avec laquelle nous naissons. C'est pourquoi les grands repères émotionnels qui forgeront notre image de nous-mêmes et des autres se gravent en nous pendant les six ou sept premières années de notre vie. Notre intelligence émotionnelle, et donc notre comportement, enregistrent alors à quel point nous sommes dignes d'être aimés et s'il n'y a pas de danger à éprouver de la curiosité pour le monde extérieur. Nos premières expériences en matière d'amour et de curiosité provoqueront un type de réaction automatique déterminé par la façon dont on nous a traités dans notre enfance. Nous traînerons avec nous ces modèles et ces réactions automatiques pour le restant de nos jours. Pour changer ces références à l'âge adulte, il faudra d'abord réussir à les décrypter : un long travail, conscient et réfléchi, si on le compare avec l'apprentissage rapide, inconscient et intuitif de notre enfance.

➤ *Si nous avons tous les mêmes émotions, pourquoi sommes-nous si différents ?*

Même si nous sommes tous traversés par des émotions basiques et universelles, nous nous développons et nous nous exprimons en fonction de notre profil génétique, de notre histoire personnelle et de notre environnement. Nous voulons tous être aimés. Mais si on ne nous aime pas, nous cherchons des moyens pour nous protéger de l'indifférence ou de l'agressivité des autres. Nous voulons tous explorer le monde. Mais si cela nous met en danger, nous développons des stratégies pour que le monde extérieur ne puisse pas nous atteindre. Chez certains, cela se peut se traduire par un comportement bruyant et fanfaron s'ils veulent s'imposer ; chez d'autres, par le renoncement à toute aventure ou par des tentatives d'approche suivies de manœuvres évasives qui déconcertent leurs proches. La blessure peut être identique chez beaucoup, mais les façons d'affronter la douleur seront toujours variées.

Nous ne sommes pas des clones, nous sommes des êtres uniques, génétiquement parlant. Nous sommes donc capables d'interpréter le monde de beaucoup de points de vue différents et de trouver des solutions variées à des problèmes universels, tous enracinés dans les émotions universelles qui nous unissent. Il n'y aurait ni cathédrales, ni hôpitaux, ni voies ferrées, ni écoles, livres ou symphonies si nous n'étions pas *un petit peu* différents, mais *suffisamment semblables* pour pouvoir collaborer, créer et construire ensemble. Les émotions partagées constituent le ciment de nos réseaux sociaux, étendus et complexes. Elles nous rapprochent tellement que nous pouvons non seulement comprendre ce qu'éprouvent les autres mais aussi ressentir physiquement leurs émotions. Cette capacité innée de nous mettre dans la peau des autres est appelée empathie.

➤ *Qu'est-ce qui nous éloigne de notre tendance innée à ressentir à la place des autres et à vouloir les aider ?*

Beaucoup de choses peuvent intervenir. Le développement de l'empathie est notamment lié à un besoin naturel d'affection – donc à la façon dont nous avons bénéficié d'amour et de sécurité dans notre enfance. Les personnes qui ont grandi en doutant de l'amour de leurs parents restent dans la phase égocentrique de la contamination émotionnelle automatique (une manifestation d'empathie basique) ou alors elles deviennent froides, en s'efforçant d'éviter la souffrance : elles ne la supportent pas, car elles ont appris à douter de l'affection des autres, par manque de sécurité et de tendresse.

➤ *Pourquoi les émotions sont-elles contagieuses ?*

Nous sommes programmés pour être influencés par les émotions, qui nous servent en particulier dans deux activités essentielles.

*Pour apprendre.* Nous nous imitons mutuellement depuis notre naissance, comme un nouveau-né peut imiter ses parents au bout de quelques heures seulement[1]. Imiter nous aide à apprendre des autres.

*Pour survivre.* Les émotions des autres peuvent nous sauver la vie. Prenez par exemple une bande d'oiseaux picorant sur une place, tandis qu'un chat s'approche en silence. Le premier oiseau qui le verra s'envolera à tire-d'aile et tous le suivront sans réfléchir, en masse, car le groupe les protège et multiplie les chances de débusquer le danger pour se mettre à l'abri.

Comme nous n'aimons pas nous trouver à l'extérieur du groupe, nous imitons les autres, consciemment et inconsciemment : nous reproduisons des gestes, des rires, des accents, nous suivons des modes vestimentaires et de langage… Il s'agit d'une programmation primitive conçue pour faciliter notre survie, mais elle n'a pas changé au fil du temps, car nous fonctionnons encore selon de nombreux instincts ancestraux. Les études les plus récentes indiquent que la pression sociale est effectivement capable de modifier et de modeler nos décisions, car notre cerveau nous met en garde quand nous ne pensons pas comme les autres et il nous récompense si nous nous soumettons à la majorité. Il faut aussi prendre en compte le fait que les émotions, surtout les plus intenses comme le mépris, la colère ou la tristesse, se propagent comme un virus, car le cerveau s'imagine qu'elles peuvent être très utiles à notre survie. La globalisation accroît la possibilité de contamination émotionnelle, un phénomène naturel qui s'accélère et s'amplifie d'autant plus qu'il nous est très facile de nous connecter.

---

1. Une expérience d'Andrew Meltzoff et Keith Moore a montré, en 1983, que les bébés nés depuis une heure seulement peuvent reproduire des mimiques en 20 secondes. Cela avait frappé les esprits à l'époque, car on considérait que les bébés étaient des êtres passifs et socialement inaptes.

➤ *Existe-t-il des stratégies pour nous protéger de la contamination des émotions négatives ?*

*Écoutez les émotions mais ne dansez pas toujours sur leur musique.* Filtrez consciemment la contamination émotionnelle ; pour pouvoir désactiver quelque chose d'inconscient et de programmé dans le cerveau, il faut mettre au grand jour sa programmation – un peu comme quand on ouvre le capot d'une voiture pour chercher la panne. Retrouvez votre liberté de ressentir et de penser.

*Renforcez les «activateurs» de bonne humeur :* mangez du chocolat, faites du sport, sortez avec vos amis, allez au cinéma…

*Supprimez ou limitez ce qui vous mine :* l'autocritique, les gens aigris, les limites que vous vous imposez, les querelles de pouvoir, tout ce qui suppose une perte de temps et d'énergie. Remplacez-les par des situations et des personnes positives.

*Focalisez-vous sur ce que vous réussissez.* Votre cerveau va naturellement porter l'accent sur le négatif. À vous de mettre en lumière le positif, ce qui vous rend heureux, ce qui vous comble, au travail et dans votre vie personnelle. Trouvez des objectifs clairs, qui ont un sens pour vous et vous donnent du plaisir. Passez du temps avec des gens positifs : leurs émotions sont elles aussi contagieuses.

*Ne contaminez pas les autres.* Réfléchissez avant d'envoyer un courrier désagréable ou de faire une réflexion négative. Nous sommes doués pour faire du mal ou pour apporter de la joie aux autres, pour leur communiquer, consciemment ou non, nos émotions. Dégagez du positif !

## HUITIÈME PROMENADE
## UN MONDE IMMENSE POUR SI PEU DE CHOSE

### Sommes-nous insignifiants ?

Nous autres humains sommes par nature férocement uniques ; mais nous nous sentons rassurés quand nous nous cachons derrière les plaisanteries éculées et les lieux communs du groupe. C'est pourquoi il est si difficile d'être soi. Si on nous disait : « Sois comme les autres ! », cela ne nous paraîtrait pas bien difficile : on le fait tous les jours. Mais cette zone de confort qui nous sert de refuge est bien différente de cet espace de création à partir duquel nous offrons quelque chose d'unique au reste du monde. Cela n'est pas sans risques ni dangers – autant de points noirs que notre cerveau aimerait éviter à tout prix, puisqu'il est programmé pour survivre. Le défi consiste précisément à faire éclore cet ensemble étrange et singulier de petites manies, de phobies, de moments de gloire et de souffles d'inspiration qui esquissent, à travers la peur ou l'amour, chaque scène de nos vies singulières. Mais comme nous voulons à tout prix ressembler aux autres, nous finissons par donner l'impression de ne pas nous en distinguer, au point de devenir insignifiants.

Pour le psychologue Carlo Strenger, de l'université de Tel-Aviv, la « peur de l'insignifiance » est une épidémie moderne. C'est la crainte de n'être rien aux yeux des autres, qu'accompagne la conviction que notre vie ne vaut pas d'être vécue.

▶ *Comment pouvons-nous décider que notre vie en vaut la peine ou pas ?*
La réponse à cette question dépend de la valeur que vous vous accordez. Cela a quelque chose à voir avec la fameuse estime de soi, qui vous chuchote à l'oreille : « Suis-je important ? Est-ce que je mérite que la vie m'apporte de bonnes choses ? Ou est-ce que je ne mérite rien du tout ? Suis-je insignifiant et n'ai-je de valeur pour personne ? » Cette estimation que vous faites de vous-même

dépend de la façon dont vous vous comparez aux autres. Quand vous dites : « Je suis riche, je suis beau, je suis moche », c'est toujours par comparaison ! Vous êtes plus beau, ou plus laid que untel. Les êtres humains n'en finissent pas de se comparer. Des études montrent d'ailleurs que le salaire que nous gagnons compte moins à nos yeux que le fait qu'il puisse être inférieur ou supérieur à celui de nos proches.

➤ *Avec qui les êtres humains se comparent-ils généralement ?*

Si vous vous contentez de vous comparer avec les membres de votre famille et vos amis, vous vous sentirez facilement en paix avec vous-même, puisque vous leur ressemblez plus ou moins. Et c'est bien le problème… Jadis, l'univers des gens était plus limité, alors qu'aujourd'hui nous avons accès à un plus grand nombre de personnes avec qui nous comparer. Et si on prend du recul, on se rend compte que beaucoup d'entre elles sont des produits de marketing, fabriqués, virtuels, mais elles ont une chose en commun : la notoriété, grâce aux moyens de communication. Celle-ci est devenue l'étalon de base servant à mesurer la valeur personnelle : nous nous comparons à l'image qui nous parvient des célébrités, même s'il s'agit de gens peu dignes d'êtres admirés.

➤ *Que m'arrive-t-il quand je me compare avec des personnes célèbres ?*

On constate partout l'accroissement des niveaux d'anxiété et de dépression. C'est ce que l'on appelle l'« anxiété globale ». Les gens s'interrogent : « Suis-je aussi belle qu'ngelina Jolie ? Aussi riche que Bill Gates ? Aussi populaire que les personnages de telle série culte ? » La réponse étant presque inévitablement non. On se demande alors si notre vie en vaut la peine et on pense qu'on ne vaut pas grand-chose… D'ailleurs, beaucoup de ces stars doivent leur notoriété à l'obsession de la beauté physique ou de la jeunesse dans notre société. Du coup, on a l'impression que si on n'a pas réussi avant quarante ans, on n'a aucune valeur, et qu'il est trop tard pour y parvenir. Cela dévalorise certains métiers ou des personnes qui ont besoin d'un certain temps pour mûrir. Et c'est tellement faux ! Mais les médias le prennent pour un fait acquis, et comme ils fournissent des modèles, ils propagent aisément de telles opinions.

➤ *Comment savoir si ma vie en vaut la peine, même si elle ne ressemble pas à celle des stars ?*

Vous pouvez décider de devenir votre propre référence, de vous accepter tel que vous êtes, puisque vous êtes heureux dans la vie que vous avez choisie. Strenger rappelle que pour y parvenir, il faut avoir une vision d'ensemble de sa vie : savoir ce qui compte pour nous, indépendamment des autres. Cela demande un effort et nous sommes mal préparés à penser et à agir ainsi, puisqu'on nous éduque pour imiter et obéir.

➤ *Comment savoir si je vis en accord avec ce qui compte pour moi ?*

Si quelqu'un se sent insignifiant en ce moment précis, je voudrais lui rappeler qu'une chose nous caractérise en tant qu'humains : c'est le fait de ne pas être des clones. Nous sommes des êtres uniques et ce que nous avons à offrir aux autres est unique aussi.

Voici un truc très simple mais efficace pour vous aider à voir si vous vivez en accord avec ce qui compte pour vous. Imaginez que c'est votre mariage et que vous assistez de loin à la cérémonie, par exemple du haut d'un arbre ou d'un nuage. Vos amis portent un toast à votre nouvelle vie. Pensez à ce que vous aimeriez qu'ils disent de vous. Trouvez trois ou quatre qualités que vous aimeriez vraiment que l'on vous reconnaisse, qui donneraient de la valeur à votre vie. Demandez-vous si les autres vont pouvoir les nommer[1].

---

1. Dans une émission d'El Hormiguero, nous avons abordé le sentiment d'insignifiance et j'ai pris, pour l'illustrer, un exemple classique en psychothérapie : il faut imaginer qu'on assiste de loin à son enterrement,

Finalement, si nous voulons savoir qui nous sommes vraiment, il faut analyser nos émotions et la façon dont nous sommes perçus par notre entourage. Le regard des autres est une clé précieuse pour nous comprendre. Les autres n'ont pas toujours raison et ils ne sont pas constamment objectifs, mais cela vaut la peine de savoir les écouter.

Pour ne pas nous laisser ballotter par les circonstances comme une bouteille entraînée par le courant, il faudrait concentrer notre regard sur ce qui importe vraiment pour nous, sur ce qui nous rend si particuliers, sur ce que nous pouvons offrir aux autres. Si vous vous concentrez sur la recherche de vous-même, si vous vous attachez à être vous-même sans vous mésestimer par des comparaisons inopportunes, vous surmontez cette crainte débilitante d'être refusé par l'autre, d'échouer ; vous gagnez ainsi en temps, en énergie et en force pour réussir ce qui compte vraiment à vos yeux.

## Comment surmonter la peur de l'échec

Vous rappelez-vous comment vous vous sentiez quand personne ne vous avait choisi pour faire partie de son équipe en sport ? Ou l'air déçu affiché par vos parents quand vous n'aviez pas la moyenne à

---

en écoutant les autres parler de nous. Pablo Motos s'était glissé dans un cercueil, et les collaborateurs de l'émission s'étaient succédé en faisant des commentaires loufoques sur la vie du supposé défunt. J'étais juchée sur un nuage en carton, munie d'ailes carnavalesques. Dès le lendemain, je savais que nous n'avions pas réussi notre mise en scène, car un enterrement, même joué, est trop morbide sur un plateau de télévision. Et son effet risquait d'annuler le message que nous voulions faire passer : chacun est unique et exceptionnel, et ce qu'il apporte aux autres est lui aussi unique et exceptionnel. Comme je suis consciente de m'être trompée dans ma démonstration, j'ai décidé de remplacer ici l'exemple par un mariage, qui est également un acte symbolique au cours duquel nos amis peuvent exprimer ce qu'ils voient et perçoivent de nous.

un devoir ? Peut-être même qu'ils vous punissaient. Vous souvenez-vous au contraire de votre joie le jour où vous avez eu votre permis de conduire ?

Nous apprenons dès notre enfance qu'il est plaisant de réussir et douloureux d'échouer. Et nous apprenons peu à peu à redouter l'échec dans des domaines aussi variés que notre couple, notre rôle de parents, la perte d'un emploi ou l'absence de promotion au travail. Si notre culture porte l'innovation au pinacle, elle se montre très sévère envers l'échec, et les inventeurs doivent apprendre à créer en acceptant le risque de ne pas être reconnus.

➤ *Quel impact la crainte de l'échec peut-elle avoir dans ma vie ?*
Se risquer implique la possibilité d'un échec. Si vous avez très peur d'échouer, vous éviterez peut-être, sans même vous en rendre compte, de vous attaquer à des défis que vous ne seriez pas sûr d'emporter. Cela peut diminuer considérablement vos chances de trouver de nouveaux défis et d'autres opportunités.

➤ *Comment savoir si je gère correctement ma peur de l'échec ?*
Nous nous réfugions – souvent sans le savoir – dans des straté-gies concrètes pour nous protéger de l'obsession de l'échec. Ceux qui ont peur de se risquer peuvent éviter ce qu'ils redoutent en provoquant des situations qui leur servent d'excuse honorable : par exemple, avoir un enfant vous « empêche » de finir vos études supé-rieures ou de passer un concours.

➤ *Est-ce que je peux me forcer à ne pas redouter l'échec ?*
Non. Il existe plusieurs manières d'affronter cette peur, mais toutes ne sont pas pertinentes. Par exemple, les personnes qui ont très peur d'échouer mais un grand besoin de reconnaissance peuvent se forger un profil de bosseurs compulsifs ; tandis qu'un individu peu angoissé par l'échec et désireux de réussir peut échouer de façon de réitérée, par manque de lucidité.

➤ *À quoi ressemble une vie où l'on ne prend pas le risque d'échouer ?*

Une vie sans risques peut être une vie sûre mais dénuée de surprises, donc éventuellement ennuyeuse et frustrante. Imaginez ce que serait votre vie si, dans vingt ans, vous faisiez exactement la même chose qu'aujourd'hui. Vous vous voyez ainsi ? C'est ce que vous voudriez ? N'oubliez pas que si vous ne vous donnez pas de mal et que vous n'assumez pas le risque, votre vie vous décevra probablement.

➤ *Comment surmonter la peur de l'échec ?*

*Tirez une précieuse leçon de chaque échec.* Ne vous bloquez pas après l'échec, faites-en quelque chose. Les études prouvent que ceux qui tirent une leçon de leur erreurs les surmontent plus vite et sont capables de s'en servir intelligemment par la suite.

*Ne prenez pas chaque échec comme une affaire personnelle.* N'oubliez pas que ceux qui ont réussi quelque chose ont aussi souvent échoué.

*Soyez conscients de ce que vous coûtent les occasions perdues.* Nous nous contentons parfois de regarder seulement ce qu'il y aurait à perdre, et non ce qu'il y aurait à gagner. Tel est le risque encouru par ceux qui n'osent pas se lancer. Car les risques que l'on prend peuvent rapporter gros.

*Visualisez votre échec et votre réussite.* Imaginez que vous échouez dans une entreprise importante à vos yeux, et imaginez les conséquences de cet échec. Je parie qu'elles ne seront pas aussi graves que vous le redoutez en ce moment. Les études montrent que nous avons tendance à sous-estimer notre capacité à surmonter les difficultés. Ensuite, imaginez que vous atteignez votre objectif.

*Équilibrez risques et sécurité.* Marc Andreesen, le cofondateur de Netscape, compare un parcours professionnel réussi à un portfolio diversifié : nous devrions avoir beaucoup d'options possibles, les unes sûres, les autres plus risquées, pour obtenir une plate-forme plus ou moins stable offrant de nombreuses possibilités de développement.

*Ayez un projet alternatif.* Si vous échouez dans votre premier choix, ménagez-vous une porte de sortie permettant de gérer habilement votre échec. Prendre des risques n'implique pas de se retrouver forcément sans solution de repli.

*Identifiez votre adversaire.* C'est l'incertitude qui nous fait le plus peur. Analyser vos possibilités et évaluer les avantages et les dangers des risques que vous assumez vous aidera à prendre des décisions rationnelles.

*Choisissez entre un risque modéré et un risque important.* C'est le premier pas qui coûte dans la prise de risque. Commencez par vous fixer des objectifs modestes, jusqu'à ce que vous vous sentiez plus sûr dans vos initiatives. Une attitude plus radicale consiste à brûler ses vaisseaux, comme le faisaient les Grecs anciens après avoir traversé la mer pour livrer bataille. Inscrivez-vous à l'examen pour ce diplôme que vous convoitez, résiliez votre bail si vous voulez changer de ville. S'il ne vous reste que deux options, l'échec ou la réussite, vous serez obligé de vous risquer. La peur de l'échec cesse quand on n'a plus le choix.

Malgré tous nos efforts pour atteindre nos objectifs, la vie est généralement truffée de petites et de grosses contradictions, d'émotions composites, de fatigue physique et mentale, de déceptions, de trahisons, de frayeurs, de joies et de frustrations diverses… Il ne suffit pas de surmonter les contrariétés et les malheurs, il faut aussi disposer d'outils pour nous aider à panser nos plaies, à faire des choix intelligents et à reprendre des forces afin de continuer notre route. Nous allons analyser quelques-uns de ces outils et découvrir au passage un autre mystérieux mécanisme d'interaction entre le corps et l'esprit : avoir l'air heureux, même si vous vous forcez, peut changer votre état d'esprit.

## NEUVIÈME PROMENADE
## DES REFUGES POUR REPRENDRE DES FORCES

### Souriez même si vous n'en avez pas envie

Un dicton affirme que le visage est le reflet de l'âme. Autrement dit, ce que nous ressentons au-dedans se reflète à l'extérieur, dans nos regards et par nos gestes. Quand nous sommes gais, nous avons donc « l'air heureux », et on prétend que les gens heureux ont une « bonne tête », qu'ils « irradient » le bonheur. On convient ainsi intuitivement que les émotions se lisent sur le visage et dans le corps.

Les scientifiques ont démontré que l'inverse fonctionne aussi : si vous n'êtes pas heureux mais que vous faites semblant de l'être, par exemple quand vous souriez machinalement, vous vous sentez un petit peu mieux. Cela vous surprend ? Vous n'y croyez pas ? Ce sont pourtant les conclusions de plusieurs études très sérieuses, comme celle de Paul Eckman ; aussi surprenantes qu'elles paraissent, nous pouvons en tirer parti dans notre vie de tous les jours, car elles démontrent à quel point il est utile de faire contre mauvaise fortune bon cœur.

➤ *Voulez-vous dire qu'il existe une relation étroite entre le corps et l'esprit ?*
En effet, et nous commençons juste à le comprendre. Pendant des sicles, on a pensé que le corps et l'esprit étaient bien distincts. Nous savons maintenant que c'est faux, et ces découvertes vont modifier – sans doute radicalement – notre façon de prendre soin de nous, physiquement et psychiquement.

Vous pouvez vérifier très facilement la relation entre vos émotions et votre corps : pensez à ce qui se passe quand vous êtes heureux. Votre cœur bat plus lentement, car vous avez moins peur, et vous souriez, preuve que vous êtes plus ouvert aux autres et plus accessible. Quand vous avez peur, au contraire, votre cœur s'emballe et vous serrez les dents, car vous êtes tendu, sur la défensive. Votre visage est comme un thermostat qui modifie votre «température» émotionnelle lorsque vous le réglez.

> *Si mes émotions sont inscrites dans mon corps et sur mon visage, tout le monde peut les voir?*

Certainement. Si je regarde quelqu'un en fronçant les sourcils, on devine que je suis mécontent. Si j'ouvre tout grand les yeux, j'exprime de la surprise. Si je fronce le nez, c'est que je suis dégoûté. C'est ce qu'on appelle le langage non verbal. C'est un langage universel, même s'il existe des variantes subtiles entre la gestuelle des Occidentaux et celle des Orientaux.

> *Existe-t-il des subterfuges permettant de montrer des émotions qui me rendent plus sympathique aux yeux des autres?*

Essayez la mimique suivante : quand vous rencontrez quelqu'un à qui vous voulez manifester que vous avez plaisir à le voir, ayez l'air surpris, c'est-à-dire ouvrez vos yeux tout grand et soulignez votre attention. Il se détendra, car il sentira qu'il compte pour vous et que vous l'accueillez. Ce geste d'ouverture correspond à «une tête de bienvenue». Ce que je préfère dans ce geste est qu'il suffit de le faire pour se détendre soi-même et se sentir plus ouvert. C'est dû à l'influence du geste sur l'émotion.

Il existe une autre mimique efficace pour retrouver son calme lorsqu'on est tendu, et nous la faisons d'ailleurs souvent sans en être conscients. Imaginez qu'après avoir bataillé pour obtenir quelque chose vous êtes obligé de jeter l'éponge. La tension accumulée dans votre corps se lit sur votre visage. Détendez-vous physiquement et vous verrez comme cela soulage votre tension mentale. Haussez les épaules, respirez profondément et dites tout haut : «On n'y peut rien.» Vous envoyez ainsi consciemment un signal à votre corps et à votre esprit pour qu'ils passent à autre chose – ce qui les obligera à se mettre d'accord entre eux.

> ➤ *Les expressions faciales comptent-elles aussi quand on fait un effort?*

Oui, à cause de cette relation entre le corps et l'esprit dont nous avons déjà parlé. Essayez de ne pas crisper vos traits dans l'effort : si vous détendez vos muscles faciaux, votre corps souffrira moins. On a vérifié la même chose chez des gens déprimés : s'ils adoptent un air plus positif, ils se sentent mieux. Il suffit d'avoir l'air d'éprouver quelque chose pour ressentir un peu cette émotion, quelle qu'elle soit. Si vous vous mettez devant un miroir, cela aura encore plus d'effet. Et cela marche pour n'importe quelle émotion. Essayez par exemple d'avoir l'air triste, ou fâché, ou méprisant, et remarquez comment, en passant de l'un à l'autre, un changement physiologique se produit : par exemple, si vous avez l'air fâché sans l'être, votre pouls s'accélère. Il est très difficile d'y échapper, c'est un langage interne du corps que nous pouvons apprendre à utiliser pour favoriser les émotions qui nous sont nécessaires pour aller bien.

> ➤ *Terminons par un geste positif*

On a toujours un crayon sous la main – et souvent des passages à vide… Quand vous avez un coup de mou, vous pouvez vous remonter le moral avec le truc suivant, tout simple : placez le crayon à l'horizontale dans votre bouche, comme si vous souriiez. Essayez de le garder ainsi 15 secondes au moins, le temps nécessaire au cerveau pour fabriquer de la dopamine, cette molécule du bien-être qui nous fait nous sentir mieux ; vos muscles reçoivent alors l'ordre de se détendre et votre respiration se calme. Ce simple geste peut commencer à changer votre humeur.

Plus vous mettrez au défi votre tendance à la négativité en renforçant votre vision positive, en cherchant à vous réconforter ou à provoquer du plaisir, mieux vous vous sentirez ; vous obtiendrez aussi que les autres se sentent mieux à leur tour. Il n'y a rien de plus contagieux qu'une attitude obstinément positive chez quelqu'un. Nul besoin de faire des choses extraordinaires : rire et profiter des choses suffit.

## De bonnes raisons pour rire

Il est difficile d'imaginer un monde sans rires, mais si tout ce que nous faisons a une utilité quelconque pour la nature – le sexe pour garantir la préservation de l'espèce, la peur pour nous protéger du danger –, à quoi sert le rire ? Le fait de se sentir bien est un cadeau de la nature. Quand vous riez, vous sécrétez des neurotransmetteurs et des hormones comme la dopamine ou les endorphines, tout votre corps se vivifie et vos muscles se relâchent. Chacun de vos sentiments ou chacune de vos pensées affecte tout votre organisme puisqu'il fonctionne comme un tout. Ainsi, quand vous souriez, votre corps enregistre que vous n'êtes pas en danger et vous pouvez même ressentir moins de douleur physique.

Le rire développe aussi la coopération et la cohésion sociale, car il rapproche les personnes, il les distrait et les incite à collaborer. Le rire dope également votre créativité. Lorsque notre cerveau identifie un modèle atypique, nous avons tendance à rire : quelque chose a des proportions incongrues ou se trouve au mauvais endroit, et cette capacité à reconnaître l'inusité trouve sa récompense dans le rire. Il s'agit d'une qualité créative de l'intelligence humaine, car à travers l'humour nous jouons avec des idées ou des concepts. L'humour se moque des processus linéaires, logiques, traditionnels et habituels, il développe la souplesse de la pensée et la créativité.

Cette capacité à rire est innée, involontaire et instinctive. Même les bébés sourds ou aveugles savent rire.

➤ *Il y a différentes sortes de rire. Comment les reconnaître ?*

Le rire survient généralement dans un certain contexte social et il en existe quatre sortes : le rire de gaieté, que l'on entend par exemple quand on retrouve un copain qu'on n'a pas vu depuis longtemps ; le rire ironique, quand on se moque de quelqu'un par mépris ou pour l'humilier ; le rire contagieux qui vous saisit en voyant quelque chose ou quelqu'un dans une situation ridicule, comme tomber de façon grotesque ; et le rire qui vous échappe quand on vous chatouille. Les gens captent intuitivement le sens de chaque sorte de rire.

➤ *Est-ce que rire nous aide à nous relier aux autres ?*

Si vous pratiquez l'humour aimable ou intelligent qui sert à intégrer les autres, vous améliorez vos relations sociales. Mais l'humour agressif – le sarcasme – n'aide pas à se faire des amis, pas plus que l'autodérision, pratiquée pour amuser les autres.

Voyons comment vous pouvez améliorer votre sens de l'humour et rire plus souvent. Je vous propose plusieurs exemples, sur lesquels vous pourrez greffer des variantes.

Il existe des trucs tout bêtes qui font rire plus. Par exemple, si quelque chose vous rend triste, racontez-le en forçant le trait, comme s'il s'agissait d'une catastrophe, et ce regard plein d'humour vous aidera à prendre du recul.

Ayez aussi chez vous et au travail un coin où disposer des objets amusants, un « refuge du rire » où vous pouvez afficher une phrase drôle. Dernièrement, j'ai fixé sur mon frigo : « Ne faites jamais de match de boxe avec un cochon. Vous vous saliriez tous les deux et le cochon adorerait ça. »

Vous pouvez aussi mettre fin à une période de mauvaise humeur en faisant quelque chose d'amusant : parler par exemple toute la journée avec l'accent suédois… à moins que vous ne soyez suédois, bien entendu.

➤ *Qu'est-ce qui distingue le rire humain de celui des autres animaux ?*
Quand nous rions, nous activons des zones primitives du cerveau comme l'amygdale, dont d'autres animaux sont également pourvus. Mais nous activons aussi d'autres zones, comme le cortex frontal, qui régit l'usage de la parole. C'est pourquoi les jeux de mots caractérisent le sens de l'humour chez les hommes, car ils nous permettent d'exprimer des idées complexes. Nous sommes donc capables de jouer de nos capacités cognitives et linguistiques en les combinant de toutes les façons possibles pour nous distraire.

➤ *Sommes-nous les seuls êtres vivants capables de rire ?*
Pas du tout ! Mais nous abordons ici un terrain glissant. Nous autres humains n'avons pas intérêt à reconnaître aux autres animaux la capacité de ressentir des émotions, puisque nous les exploitons de mille manières. Par exemple, nous employons des souris dans les laboratoires pour faire des expériences souvent cruelles, et cela nous gêne de penser qu'elles puissent souffrir et rire. Mais de nombreux animaux sont capables de rire, de s'amuser avec des jeux comme les chatouilles ou la poursuite. Certains d'entre eux possèdent même un sens de l'humour très développé, car il implique l'usage de la parole : des chimpanzés et des gorilles entraînés au langage des signes sont capables d'inventer des jeux de mots ou des insultes comiques.

➤ *On dit que les scientifiques n'ont pas intérêt à humaniser les souris puisqu'ils en ont besoin en laboratoire, mais est-ce que les souris rient ?*
Oui, surtout les plus jeunes. C'est ce qu'a démontré Jaak Panksepp, psychologue à l'université de l'État de Washington, qui a travaillé sur la question pendant dix ans. Mais il a découvert que les souris ne font pas le même bruit en riant que les êtres humains. Les premières utilisent pour communiquer une fréquence d'ultrasons (~50kHz) différente de la nôtre, et nous avons besoin d'un appareil spécial pour les entendre.

### ➤ *Pourquoi les souris rient*

Les souris qui rient fréquemment sont aussi les plus joueuses. Si vous êtes capable de faire rire une souris, elle voudra jouer avec vous. Ces petites bêtes cherchent les mains humaines qui les font rire, sauf si elles ont peur ou faim, ce qui leur fait passer l'envie de rire – comme les humains. Les souris femelles sont plus sensibles aux chatouilles que les mâles, mais une souris adulte a du mal à rire si elle ne l'a pas fait dans son enfance. Curieusement, lorsque vous donnez à choisir à un souriceau entre la compagnie d'une souris qui rit souvent et celle d'une souris très sérieuse, il a tendance à préférer les souris rieuses.

Le fait que la souris soit jeune compte également. Les souris sont comme nous dans ce domaine : à mesure qu'elles vieillissent, elles ont tendance à rire plus rarement. Les enfant rient environ trois cents fois par jour ; adultes, nous ne rions plus que dix-sept fois.

Il faudrait donc renoncer à cette idée selon laquelle les souris ne ressentent pas et ne souffrent pas. Elles n'ont certes pas le sens de l'humour – elles n'en ont rien à faire –, mais elles savent rire, s'amuser et prendre du bon temps. On a récemment découvert que les souris stressent en voyant souffrir une congénère, ce qui revient à dire qu'elles savent éprouver de l'empathie. Si la souris voyait un humain en état de stress, elle n'en serait sans doute pas autant affectée ; c'est peut-être ce qui nous arrive vis-à-vis des autres espèces. Il est possible que notre indifférence face à la souffrance des animaux soit une question d'empathie entre espèces. Il faudrait s'efforcer d'élargir les cercles d'empathie pour parvenir à nous comprendre au-delà de nos différences – c'est indispensable pour bâtir un monde plus juste.

## À quoi sert-il de pleurer ?

Et si j'ai envie de pleurer ? On pleure pour des tas de raisons. En épluchant des oignons, parce que l'on est déçu, parce qu'on attend quelque chose qui n'arrive pas, de douleur, de peur... et de joie aussi. Pourquoi pleure-t-on ? Notre espèce est très douée pour mentir et manipuler. Peut-être les larmes sont-elles un indicateur fiable mis à notre portée par la nature quand nous sommes sincères, puisqu'il est très difficile de simuler certaines émotions.

Une étude de l'Institut Weizmann, en Israël, indique que les larmes de tristesse envoient des signaux chimiques à nos congénères. Le neurobiologiste Shani Gelstein, qui dirige ces recherches, a découvert que les larmes des femmes contiennent des substances chimiques affectant le comportement des hommes : ceux qui avaient été exposés à ces larmes ont vu diminuer leur taux de testostérone et leur désir sexuel. Bien que l'on sache déjà que les larmes des souris envoient des signaux chimiques, on a réalisé pour la première fois qu'elles exercent cet effet sur les humains.

➤ *Pleurer est-il toujours positif ?*
Non, cela dépend des circonstances. Deux thérapeutes sur trois voient dans les larmes un outil positif, mais ce n'est pas toujours vrai. Une étude effectuée sur 3 000 personnes a cherché à savoir comment se sentaient les gens après avoir pleuré. Ceux qui se sentaient le mieux étaient ceux qui avaient eu l'appui de personnes qui les consolaient, mais ceux qui n'avaient eu aucun réconfort se sentaient honteux. Or, si on éprouve de la honte, on perd le bénéfice des larmes.

➤ *Pourquoi est-il si pénible d'entendre pleurer un bébé ?*
Avez-vous remarqué qu'on a quelquefois l'impression que le bébé s'étouffe ? C'est fait pour que les parents réagissent plus vite. C'est un mécanisme tout à fait inconscient et propre aux bébés et aux jeunes enfants, qui leur sert à pleurer beaucoup plus fort et contribue ainsi à leur survie. Rappelez-vous aussi la façon de pleurer d'un adulte angoissé : ses sanglots presque silencieux, ses yeux emplis de grosses larmes, ses mouvements d'épaules et son souffle court, comme chez

les enfants, sont un appel au secours. Mais les adultes peuvent plus facilement gérer tout seuls leur tristesse et leur mauvaise humeur, comme nous allons le voir tout de suite.

## Effacez votre mauvaise humeur en 90 secondes

➤ *Les choses négatives nous marquent plus que les positives*
Nous attachons plus d'importance à une insulte sur Facebook qu'à dix personnes qui nous saluent aimablement. Au moment de dormir, nous revoyons surtout la critique de notre patron, l'insolence de notre fils adolescent. Les réflexions négatives sont gravées dans notre esprit sans que nous parvenions à centrer notre attention sur toutes les bonnes choses qui nous sont arrivées dans la journée. Cela a un impact immédiat sur notre organisme, qui se bloque pour repousser l'agression supposée.

➤ *Les autres peuvent-ils percevoir notre négativité?*
Bien sûr. Nous envoyons toutes sortes de signaux aux autres; beaucoup sont invisibles ou tellement subtils que les gens les interprètent sans les avoir compris, et ils se mettent sur la défensive. C'est un cercle vicieux où des millions d'êtres se croisent sans réussir à émettre des signaux positifs d'affection; cela crée beaucoup de frustration et d'incompréhension entre les personnes.

➤ *Avec toutes les horreurs qui se passent dans le monde, avons-nous le droit de nous sentir bien?*
Certains estiment que c'est un «péché» d'être de bonne humeur quand tout va mal ailleurs. Il est compliqué d'être de bonne humeur à table quand on pense à ceux qui meurent de faim, d'embrasser ses enfants en bonne santé quand on songe à tous ceux qui souffrent, de conduire sa voiture qui pollue la planète. Mais on peut très bien être conscient de la souffrance des autres sans chercher à l'aggraver en se faisant souffrir soi-même. La douleur et la joie sont

des émotions contagieuses : vous aiderez mieux votre entourage en lui transmettant de la joie et en essayant d'imaginer des solutions.

➤ *Pourquoi est-il plus facile d'avoir peur et de la peine que d'éprouver de la joie et de la confiance ?*

C'est à cause du penchant naturel de notre cerveau pour la négativité : c'est comme lorsque vous marchez dans une forêt vierge sans voir les fleurs parce que vous cherchez à repérer où se trouve caché un serpent. Si vous voulez survivre, vous devez penser au serpent. Notre cerveau veut survivre, il remarque donc la tristesse, alors qu'il minimise le bonheur. Notre tendance à la négativité se retrouve dans tous les domaines de la vie, elle est bien connue et évaluée. Mais cela ne nous rend pas heureux. Pour être heureux, il faut faire beaucoup plus attention au positif qu'au négatif.

➤ *Comment ne pas me replier sur moi-même quand les choses me paraissent négatives ?*

*Adoptez la perspective positive.* Se concentrer sur les bonnes choses s'avère une excellente stratégie. Cela s'appelle la « perspective positive ». Par exemple, si votre couple traverse une crise, arrêtez de faire des reproches à l'autre et centrez-vous pendant un certain temps sur ses qualités, en pensant à ce qui vous a attiré chez cette personne quand vous l'avez connue. Si vous voulez vous débarrasser d'une mauvaise habitude, comptez le nombre de fois où vous y parvenez. En vous centrant sur vos réussites, vous devenez plus capable de reproduire un comportement salutaire.

*Appliquez la règle des 90 secondes.* Lorsqu'une émotion négative nous envahit, l'organisme met 90 secondes à sécréter les hormones du stress et à retrouver son état normal. Au bout de ce laps de temps, si vous pensez encore à ce qui vous fâche ou vous attriste, vous renouvelez le processus physiologique et vous voilà pris dans un cycle infernal. Quand vous éprouverez un sentiment négatif, laissez-vous envahir par lui pendant 90 secondes, sans réfléchir ;

contentez-vous de ressentir cette émotion négative. Puis, dès que vous sentez que cette émotion s'apaise, concentrez-vous de nouveau sur les choses positives.

*Recherchez le réconfort et la joie.* Lequel des deux faut-il favoriser? C'est une question de nuances. Face aux problèmes de la vie, si vous êtes pris de lassitude et de tristesse, cherchez le réconfort. Et si vous vous sentez fort et serein, recherchez plutôt la joie. Essayez dès aujourd'hui : si vous avez passé une sale journée, cherchez le réconfort d'un ami, d'une sieste, un temps de qualité bien à vous. Vous n'avez pas à vous sentir bien, juste un peu mieux. Mais si vous vous sentez déjà bien, renforcez ce sentiment : mangez le fruit qui vous fait envie, bavardez avec votre nièce préférée, écoutez une chanson que vous aimez… faites-vous plaisir.

Et si rien de tout cela ne marche, réfugiez-vous dans le sommeil. Nous passons le tiers de notre vie à dormir. Loin d'être du temps perdu, le sommeil nous est indispensable. Les difficultés à trouver le sommeil sont un des premiers symptômes d'un déséquilibre émotionnel et physique ; dormir est pourtant l'un des moyens les plus simples et les plus naturels pour redresser la situation et reprendre des forces.

## Le rituel du sommeil : astuces pour bien dormir

Chaque nuit, nous sombrons dans l'inconscience pendant quelque temps, mais pourquoi faire? Il existe deux types de sommeil, alternés pendant la nuit. L'un d'eux est appelé sommeil paradoxal ou sommeil REM[1], parce que le cerveau est très actif et que nos yeux bougent rapidement sous nos paupières. C'est alors que nous rêvons, que nous faisons des cauchemars. Cette phase est curieu-

---

1. Acronyme de *Rapid Eye Movement* (les mouvements de l'œil sont en effet très rapides pendant cette phase).

sement caractérisée par une certaine atonie musculaire, sans doute pour éviter que nous ne nous fassions mal en rêvant. L'autre est le sommeil profond. Le cerveau est alors plus calme, les muscles se détendent, nous sécrétons plus d'hormones et les ondes cérébrales se ralentissent, de même que les battements du cœur. C'est le moment où le corps récupère de la fatigue de la journée. On peut ronfler, parler en rêvant, jouer les somnambules et se sentir un peu confus au réveil.

➤ *Existe-t-il des techniques efficaces pour trouver le sommeil ?*
Même si on ne connaît pas encore tous les secrets du sommeil, nous savons qu'il est nous est indispensable pour faciliter la plasticité cérébrale et consolider l'apprentissage ; il permet aussi de surmonter des épisodes personnels difficiles ou des états de stress ou d'angoisse. Mais comme les composants de notre cerveau impliqués dans le ressenti, la perception et le raisonnement sont malmenés en période de crise, le sommeil commence à se dégrader – les angoissés chroniques ont tendance à mal dormir. Il peut être nécessaire de se faire aider par une thérapie adaptée pour retrouver ses facultés mentales et physiologiques après certains événements ; une hygiène mentale et physique aide aussi à récupérer un sommeil réparateur.

➤ *Pour bien dormir, il faut prendre soin de son corps et de son esprit*
Pour entraîner votre cerveau à bien dormir, je vous propose un rituel du sommeil à mettre en place avant le coucher pendant trois semaines : c'est le temps qu'il nous faut pour reprogrammer le corps et l'esprit afin d'obtenir un bon sommeil.

*Mesure n° 1 : je me fixe un horaire de coucher.* Vous décidez d'une heure pour le coucher et d'une autre pour le lever, et vous vous y tenez pendant trois semaines. À mesure que vous allez habituer votre corps à avoir sommeil tous les jours à la même heure, vous allez sentir qu'il vous envoie des signaux pour aller dormir. Si vous écoutez cet appel et que vous vous couchez quand votre corps le demande, vous dormirez plus facilement – plusieurs études l'ont prouvé.

*Mesure n° 2 : je fais de l'exercice avec plaisir.* C'est un sujet de polémique : certains prétendent qu'il n'est pas bon de faire de l'exercice avant d'aller dormir parce que bouger libère de l'adrénaline et de la noradrénaline qui font battre le cœur plus vite et monter la température du corps – l'organisme met alors plusieurs heures à se calmer. Mais des études ont montré que ce n'était pas le cas pour la marche, le jogging, la natation et la danse. Selon une étude de Shawn Youngsted, de l'université de Caroline du Sud, les personnes qui font de l'exercice à n'importe quel moment de la journée dorment un peu mieux et celles qui ont des problèmes de sommeil y trouvent une amélioration. Peut-être parce que l'exercice réduit l'anxiété en libérant la tension physique et mentale. Si c'est efficace pour vous, ajoutez l'exercice physique à votre rituel du coucher. Attention, un sport de compétition sera contre-productif, car il excite l'esprit ; il vaut donc mieux éviter d'en faire avant de se coucher. Et si vous avez du mal à vous calmer après un jogging, vous pouvez avancer l'heure de votre activité. L'essentiel est de savoir écouter son corps. En conclusion, même s'il est préférable de faire du sport le matin – ce que beaucoup de gens ne peuvent se permettre –, on peut quand même en tirer bénéfice à n'importe quelle heure. Personnellement, je vous conseille de danser sur la musique qui vous plaît : cela vous détendra et vous mettra de bonne humeur.

*Mesure n° 3 : je prends un bain chaud ou une douche relaxante pendant 15 à 20 minutes.* La température corporelle s'abaisse rapidement après le bain, agissant comme un message au corps pour l'inciter à aller se reposer. Il est d'ailleurs très agréable de s'accorder cet instant. Nous commençons à nous relaxer consciemment dans l'eau après un peu d'exercice physique. Pour résumer, on établit un horaire pour aller au lit, on fait 30 minutes d'exercice aérobic, puis on prend un bain chaud.

*Mesure n° 4: on verra ça demain.* Après la relaxation physique, on s'occupe de vider notre esprit de tout ce qui le préoccupe. Mais comment lâcher prise ? Passez un accord avec votre esprit : si quelque chose vous tracasse, notez-le avant d'aller dormir et dites à voix haute : « Je verrai ça demain. » Vous pourrez filtrer les obsessions de la journée si vous promettez à votre cerveau de vous occuper le lendemain des problèmes laissés en suspens.

*Mesure n° 5: le lit ne sert qu'à dormir.* Pas de télévision, de téléphone, de textos, d'ordinateur... Ce sont des occupations qui peuvent exciter l'esprit. Entraînez votre cerveau à n'associer le lit qu'au sommeil (ou au sexe...). Autre conseil à contre-courant des idées reçues : on recommande de se lever si on n'arrive pas à dormir, mais il vaut mieux apprendre à ne rien faire, écouter les bruits nocturnes, cesser de s'angoisser parce qu'on ne trouve pas le sommeil. Se détendre est moins bénéfique que dormir, mais cela aide énormément. Vous pouvez visualiser un lieu tranquille et agréable. Imaginez que vous y êtes, au calme. Si un cauchemar ou des pensées négatives vous réveillent, notez-les en leur donnant une fin différente, plus positive. Entraînez votre esprit à ne pas se sentir angoissé par le silence et l'inactivité.

*Mesure n° 6:* je dors dans l'obscurité et je me réveille quand il fait jour. Chaque jour, aidez votre organisme à retrouver son cycle naturel de réveil et d'endormissement : c'est ce que l'on nomme le rythme circadien. Pour y parvenir, faites tous les matins un exercice de stimulation rétinienne : remplissez-vous les yeux de lumière pendant 15 minutes (mais sans regarder le soleil en face, bien sûr). Baignez-vous dans la lumière du jour. De même, éteignez les lumières le soir, car elles affectent le rythme circadien en stimulant le corps et en lui disant qu'il faut se réveiller. Donnez de l'obscurité à votre corps pour qu'il puisse dormir.

Nous passons un tiers de notre vie à dormir. Le sommeil est donc un processus naturel, mais il a ses règles, ses trucs, ses gestes dont nous pouvons nous servir pour aider notre esprit à se détendre. Si vous êtes triste, fatigué, épuisé ou soucieux, apprenez à reprogrammer votre cerveau pour qu'il puisse dormir. Le rituel que je vous ai exposé plus haut est très efficace ; essayez-le en l'adaptant au besoin à vos goûts ou à vos contraintes pour inventer celui qui vous aidera à profiter d'une activité aussi reconstituante que celle d'un bon sommeil.

Trouver des gestes ritualisés nous sécurise et nous rend plus confiants. Quelquefois pourtant, il nous faut un geste spécifique pour inverser la vapeur dans nos émotions, quand la pression et le stress nous accablent. C'est possible grâce à une technique qui nous aide à nous sentir mieux quand nous le décidons.

### Ancrages : comment revivre un état émotionnel à la demande

Voilà comment cela se passe d'habitude : on se réveille chaque matin dans l'attente de ce que la journée va nous apporter, en se demandant comment l'on va se sentir au milieu des autres, comme si on était leur marionnette. Je vous propose maintenant de faire quelque chose pour commencer votre journée en décidant vous-même de comment vous allez vous sentir. C'est à la portée de tous. Essayons d'entrer ensemble dans cette démarche.

Commencez d'abord par penser à un moment particulièrement agréable de votre vie. Par exemple, le jour où vous avez affronté votre peur et que vous l'avez vaincue, ou le jour où vous avez atteint un objectif, ou encore le jour où votre chéri(e) vous a conquis(e)… Il doit s'agir d'un moment exceptionnel, et je vais vous apprendre à revivre à volonté les sensations positives et gratifiantes qu'il a provoquées.

On dirait de la magie, mais c'est une technique élémentaire très efficace, fondée sur la PNL[1]. Elle s'appelle l'«ancrage» et elle part de l'idée selon laquelle nous réagissons tous de façon automatique à des stimuli précis qui peuvent être neutres, positifs ou négatifs. Quand j'entends un certain bruit, j'ai peur. Quand j'écoute telle chanson, je me sens romantique. On associe un stimulus à une émotion. Par exemple, vous faites la connaissance de quelqu'un au cours d'une fête, vous ne savez rien de cette personne, mais elle a le même ton de voix qu'un prof qui vous terrifiait au lycée ; vous aurez d'emblée, sans savoir pourquoi, un peu peur de cette personne et vous chercherez à l'éviter.

➤ *La même chose existe-t-elle en positif ?*
Oui. Par exemple, vous associez le visage d'un humoriste à votre besoin de gaieté ; il vous suffit de le voir pour éclater de rire. Une émotion précise en lien avec un visage ou une situation reste ancrée en nous. Or nous disposons de nombreux ancrages positifs dans nos vies.

Rappelez-vous que je vous ai demandé de choisir un état émotionnel très concret et très positif. Voici des idées : si, lorsque vous étiez enfant, vous aviez des activités à la maison qui vous réjouissaient, vous continuerez à vous sentir gai en y repensant ; même chose pour un album de photos qui vous rappelle des souvenirs quand vous le feuilletez, ou pour cet ours en peluche qui consolait l'enfant inquiet que vous étiez et qui vous rappelle ce sentiment de réconfort. Évoquez l'odeur de la tarte aux pommes sortant du four qui fait revivre un moment heureux de votre enfance ; cette odeur sert à ancrer une émotion agréable. Ou l'hymne de votre équipe de foot, ou son drapeau, que vous associez à l'euphorie de la victoire. Ou ce

---

1. Programmation neuro-linguistique, discipline inventée par Richard Bandler et John Grinder.

jour où vous avez surmonté votre peur de faire quelque chose : ce sentiment-là est très intense – et très positif. En un mot, le nombre de ces souvenirs positifs est infini et tous sont d'excellents ancrages, que nous pouvons nous remémorer à volonté au cours de notre vie.

Le principe est le suivant : quand quelqu'un se trouve dans un état émotionnel intense et qu'il reçoit un stimulus spécifique – une phrase, un mot, une sensation, une image ou une odeur, une scène dans la tête –, le stimulus et l'état émotionnel se connectent. À partir de là, chaque fois que cette personne recherchera consciemment ce stimulus, elle retrouvera l'état émotionnel qui lui est lié.

Cette sorte d'ancrage correspond d'ailleurs à une réalité quotidienne : les diverses situations que nous rencontrons nous renvoient à des émotions positives, négatives ou bien neutres, et il est possible d'exploiter cette situation de mille façons. Une curieuse expérience a été menée à l'université Harvard : deux groupes d'hommes ayant entre 75 et 80 ans ont été isolés pendant cinq jours. On a demandé au premier groupe d'écrire des anecdotes autobiographiques, sans autres précisions. Le second groupe a été prié de faire la même chose, mais en décrivant des moments datant de leur cinquantaine. Les membres du second groupe ont amélioré visiblement leurs capacités physiques : cinq jours plus tard, ils avaient retrouvé de la souplesse, y voyaient mieux, se sentaient plus forts et leur QI avait augmenté de quelques points. Ils avaient partiellement retrouvé leurs capacités de la cinquantaine[1].

➤ *Avez-vous trouvé ce moment exceptionnel que vous voulez revivre ?*
Vous êtes prêt ? Arrangez-vous pour disposer d'environ 20 minutes de tranquillité. Il s'agit d'abord de comprendre la technique pour pouvoir ensuite l'utiliser à volonté, en vous appropriant votre propre ancrage positif conscient.

---

1. Langer E., *Mindfulness*, Addison-Wesley, Reading, 1989.

Asseyez-vous en tailleur, respirez profondément et détendez-vous. Après avoir lu les étapes successives pour réaliser cet ancrage, vous pourrez fermer les yeux, si vous voulez, pour réaliser l'expérience.

– Choisissez l'état émotionnel que vous voulez retrouver : être curieux, enthousiasmé, détendu, somnolent... Il faut que vous ayez déjà connu cet état dans votre vie. Vous vous rappelez le jour où cette fille merveilleuse vous a souri ? À quel point vous vous êtes senti heureux ? Ou ce Noël tellement extraordinaire ?

– Décidez d'un signal qui vous servira pour retrouver cet état émotionnel : une chanson, un son, une posture corporelle ou un geste. Le geste qui me plaît est de me caresser les genoux. Vous pouvez claquer des doigts, taper dans vos mains ou vous lécher les lèvres. Plus ce sera simple, mieux ça marchera. Choisissez aussi bien un signal visuel qu'une odeur, ce que vous voudrez.

– Fermez les yeux et revenez au moment que vous voulez retrouver. Contemplez les images dans votre esprit avec le plus de détails possibles. Prenez votre temps.

– Souvenez-vous de vos sensations physiques, s'il faisait froid ou chaud...

– Intensifiez votre émotion. Rendez tout plus grand et plus éblouissant dans votre souvenir. Regardez bien et ressentez cet état en tenant le plus longtemps possible.

– Vous êtes submergé par cette émotion, vous retrouvez les sensations qui vous traversent. Intensifiez-les plusieurs fois de suite.

– Ancrez cette sensation : quand elle devient plus intense, serrez les poings, claquez des doigts... Bref, utilisez le signal que vous avez choisi. Mais ne déclenchez pas ce signal si votre émotion perd de son intensité.

– Sentez maintenant comment votre corps se détend. Répétez les trois dernières étapes – intensifier l'émotion, l'ancrer au moyen du signal choisi et se détendre – plusieurs fois pendant quelques jours. Vous devez donner le temps à votre cerveau d'établir les connexions associant votre signal à l'émotion concrète ; cela exige de recommencer plusieurs fois.

– Quand vous y arriverez facilement, essayez de passer directement au signal choisi : serrez les poings, claquez des doigts… et vous ressentirez à nouveau cette émotion. Félicitations ! Vous voilà capable de ressentir quelque chose d'agréable à la demande.

Nous sommes programmés pour nous développer au sein de réseaux sociaux, physiques et virtuels de plus en plus vastes et exigeants. C'est pourquoi il devient indispensable de comprendre les autres et de partager un langage qui permette de coopérer avec des personnes de culture, d'âge et d'origine divers. Une quantité importante des émotions universelles que nous avons en commun avec le reste du monde s'exprime sans paroles, à travers le langage non verbal. Nous allons donc maintenant élucider quelques aspects de ce langage universel.

# 4

## Le langage secret des personnes

*Stratégies pour communiquer sans détour avec les autres*

J'aimerais vous présenter Gretchen Rubin, une femme tout à fait normale mais qui jouit d'une notoriété extraordinaire comme auteur[1]. Pourquoi ? Gretchen doit son succès à ce que nous tentons de faire au quotidien : dénicher tant bien que mal une petite parcelle de bonheur. En cela, elle est donc tout à fait normale. Mais contrairement à nous, Gretchen s'y est consacrée corps et âme pendant une année entière et elle a su transmettre son expérience avec enthousiasme. Avec un remarquable sens pratique, elle a pris des notes durant tout son périple, sans cesser de pleurer, de crier, de méditer, de gémir et de chanter sur le chemin de la félicité. Elle n'a négligé aucun détail de son aventure. Le résultat a donné douze commandements et une petite poignée de phrases. Depuis lors, Gretchen a des milliers d'adeptes dans le monde entier.

Mon commandement préféré est le premier : « Être Gretchen. » C'est-à-dire soi-même. J'ignore si Gretchen est heureuse, mais son best-seller a été en tête de liste au box-office des ventes de livres du

---

1. Gretchen Rubin, *Opération bonheur : une année pour apprendre à chanter, ranger ses placards, se battre s'il le faut, lire Aristote… et être heureux*, Belfond, 2011.

*New York Times* – et j'aimerais bien l'égaler dans ce domaine. Je reconnais pourtant que depuis que je l'ai écoutée sur son blog[1], l'enthousiasme que m'inspire son premier commandement s'est légèrement refroidi. Parce que Gretchen ne fait pas de bulles. Vous voyez ce que je veux dire? Pour moi, ce pétillement est la preuve incontestable du bonheur, quelque chose qui émane des êtres heureux, se fraie un chemin vers l'extérieur pour se fondre triomphalement dans l'air et la lumière, en dépit des conflits et des frustrations. Ce jour-là, Gretchen, au lieu de pétiller, conseillait d'une voix morne : si on a la flemme de faire quelque chose, il faut le faire au saut du lit et plusieurs fois de suite. Une effroyable thérapie appelée : «Quatrième Commandement». Notre courageuse Gretchen illustrait ainsi la chose : comme la mise à jour hebdomadaire de son blog lui demandait un gros effort, elle avait décidé de s'en occuper tous les jours, excepté le dimanche. Sans doute avait-elle investi tout son capital d'enthousiasme dans l'accomplissement de son devoir, car notre Gretchen, lasse et exaspérée, avait procédé à l'enregistrement de son vidéo-blog en peignoir, sans se donner la peine de s'habiller.

Voilà qui est, mes chers lecteurs, contre-productif. Si vous êtes crevés, vous transmettez de la fatigue. Si vous doutez, vous transmettez des doutes. Si vous êtes en rage, vous n'avez même pas besoin de le dire, vos mains crispées et vos pupilles s'en chargent pour vous. Il faut admettre que nous sommes ce que nous paraissons ; nous émettons les signaux de notre cuisine interne et les autres sont programmés pour nous déchiffrer, même si nous ne parlons pas.

Nous communiquons entre nous de façon automatique, avec et sans paroles, par le corps et par l'esprit. Chaque émotion qui nous agite éclot à la surface de la peau et laisse une trace. Les experts expliquent d'ailleurs que ce que nous ne disons pas a plus de valeur

---

1. www.happiness-project.com

que ce que nous disons. Pour bien communiquer, il faut donc apprendre à lire le langage du corps, c'est-à-dire à mobiliser notre attention et notre sollicitude pour une écoute parfaite de l'autre. Pas besoin d'être expert en décryptage, puisque nous sommes programmés pour nous mettre sur la même longueur d'onde que les émotions qui nous entourent. Sans même nous en apercevoir, nous déchiffrons automatiquement ce que renferment les autres. De la joie? De l'indifférence? De l'étonnement? Toutes ces émotions affleurent et s'incarnent dans les gestes, les regards, l'intonation, mais aussi le choix des mots. Lorsque nous identifions ces signaux, nous devons éviter de ne prêter qu'une attention partielle et sélective à l'autre et nous ouvrir à une réalité plus complète.

Apprendre à communiquer est également indispensable pour une expression efficace, qui transmette à l'autre nos vrais besoins, sans nous égarer dans des non-dits, des malentendus ou des banalités. Comme nous l'avons souligné au chapitre précédent, nous sommes des êtres uniques, mais nous choisissons souvent de nous cacher ou de nous retrancher derrière les lieux communs du groupe. Voilà pourquoi le premier commandement de Gretchen est tellement difficile à appliquer. Ce serait facile si on nous disait: «Soyez comme les autres!», puisque nous le faisons tous les jours. Nous avons souvent peur de nous dévoiler devant les autres. Mais le défi consiste à savoir s'exprimer pour participer au corps-à-corps du monde, les yeux grands ouverts devant une réalité complexe et toujours changeante. C'est la seule façon de donner du sens à sa vie, de créer et de bâtir ensemble.

### DIXIÈME PROMENADE
### OMBRES DANS LE BROUILLARD

Avant d'entrer dans les détails, examinons brièvement cet extraordinaire esprit qui s'exprime et se trahit à travers notre langage corporel. Il nous accompagne au quotidien: grâce à lui nous

prenons des décisions, nous cherchons des stratégies et des alternatives ; nous nous protégeons aussi des dangers du chemin. Mais
comment définir exactement notre esprit ? Depuis des siècles, des
psychologues, des linguistes, des neuroscientifiques et des philo-
sophes du monde entier ont étudié la nature de l'esprit. Il nous
guide à chaque pas, mais il demeure, à bien des égards, un mystère
capital dont il nous reste encore beaucoup à découvrir. Quand nous
parlons d'esprit, nous voulons dire activité cérébrale. Mais cette
définition est insuffisante. Il faudrait la compléter en répondant
à des questions comme : « Y a-t-il des connexions entre l'esprit, le
corps et le cerveau ? » « L'environnement a-t-il une influence sur
l'esprit ? »

### ➤ *Que sait-on sur l'esprit ?*

En fait, je suis en train de parler de vous, de votre essence ! Pour
mieux comprendre notre esprit, rappelons-nous comment fonctionne notre cerveau. Une des ses parties est le tronc cérébral,
qui relie l'épine dorsale au cerveau. C'est lui qui est responsable
d'automatismes puissants, comme le fameux instinct de fuite ou
d'attaque face au danger. S'il y a une partie de notre cerveau qui
s'obstine à survivre, c'est bien celle-là.

La zone intermédiaire est la zone limbique ; avec le tronc cérébral,
elle constitue ce que l'on nomme le « cerveau émotionnel » ou,
selon le psychiatre Dan Siegel, le « cerveau du bas ». Le « cerveau
du haut » est le cortex cérébral, particulièrement développé chez
l'homme. Souvenons-nous que le « cerveau du haut », qui prend
les décisions en conscience et gère nos émotions, n'atteint pas sa
pleine maturité avant une bonne vingtaine d'années. C'est pourquoi l'hémisphère droit du cerveau et le « cerveau du bas », tous
deux plus émotionnels, tendent à dominer les comportements et
les prises de décision, notamment chez les enfants et les adolescents.

➤ *On parle souvent d'esprit conscient et d'esprit inconscient...*

Les scientifiques divisent l'esprit en deux parties : l'esprit conscient et l'esprit inconscient. L'esprit conscient englobe tout ce que nous pouvons maîtriser, les décisions prises en connaissance de cause. C'est cette partie-là qu'on a considérée pendant des siècles comme la plus évoluée, face à nos émotions et à nos instincts. L'esprit inconscient pourrait ressembler, selon la définition donnée par certains neurologues et psychiatres, à un ordinateur chargé avec un nombre incalculable de logiciels, nos expériences de vie correspondant à leurs bases de données. Une bonne partie de ces expériences seraient vécues avant l'âge de six ou sept ans, période au cours de laquelle se fixent nos principaux modèles émotionnels.

Les scientifiques sont parvenus à la conclusion que nos vies dépendent moins que nous le croyions de l'esprit conscient, ce qu'illustrent des études qui montrent que l'esprit inconscient prend des décisions une fraction de seconde avant nous – alors que nous avons l'impression de l'avoir fait consciemment... Ces découvertes ont sérieusement remis en question notre capacité de libre arbitre[1] et ont porté l'accent sur la nécessité de comprendre comment se sont construits les grands modèles émotionnels hérités de notre enfance : c'est là que pourrait se trouver la clé de bien des comportements et émotions qui nous gouvernent – comme l'affirme Antonio Damasio : «À la base de chaque pensée rationnelle se trouve une émotion.»

En un mot, nous dépendons d'une partie particulièrement instinctive et émotionnelle de notre cerveau, dont nous ne pouvons saisir les mécanismes qu'en apprenant à lire entre les lignes, en analysant nos comportements et nos émotions pour comprendre d'où elles proviennent.

---

1. Ces études ont suscité un débat passionnant que l'on retrouve dans les travaux de Benjamin Libet, Daniel Dennet ou Stephen Hawking.

Il est aussi désormais impossible de continuer, comme cela a été fait pendant des siècles, à séparer le corps et l'esprit, compte tenu de nos connaissances actuelles sur le cerveau. La vie mentale implique le corps tout entier, puisque le tronc cérébral et la zone limbique – le « cerveau du bas » – sont influencés par tout l'organisme, à travers le système nerveux autonome et par les nerfs périphériques. Dans ce sens, on pourrait dire que l'influence du corps sur l'esprit n'est jamais que l'effet résultant d'un cerveau infiniment plus étendu que l'organe situé à l'intérieur de notre tête.

Nous voilà prêts à suivre des chemins particuliers. Ce sont sans doute les plus discrets et les plus insignifiants de notre géographie humaine, camouflés dans la broussaille qui a recouvert les recoins des sentiers, tellement modestes qu'ils ne semblent mener nulle part... Mais ces chemins, dissimulés derrière les visages, les yeux, les mains, les corps et les regards, renferment les secrets de la topographie humaine.

## Comment démasquer un menteur

Comme nous l'avons vu au chapitre précédent, les mots ne constituent pas forcément un moyen de communication transparent. On s'en sert souvent pour manipuler ; mais quelque chose nous met parfois la puce à l'oreille si notre interlocuteur cache une partie de la vérité. Comment repérer l'instant où les gens nous trompent ? Jusqu'à présent, pour accomplir cette pénible mission consistant à débusquer un menteur, on s'est servi d'un détecteur de mensonges, le polygraphe. En fait, cet instrument ne détecte pas le mensonge mais perçoit les altérations physiologiques qui se manifestent lorsqu'on ment : l'appareil enregistre des modifications du rythme cardiaque, de la tension artérielle, de la conductivité ou de la température de la peau, tout ce qui indique l'activation émotionnelle normale quand on prend le risque de mentir. Il arrive aussi que le rythme respiratoire s'accélère, que l'on transpire et rougisse, symptômes observables sans l'aide du polygraphe. Autrement dit, la différence entre un observateur et un polygraphe est que ce dernier enregistre les changements physiologiques avec précision, qu'il en détecte certains qui sont invisibles tellement ils sont ténus et qu'il donne à connaître certaines activités comme le rythme cardiaque. Pour cela, il amplifie des signaux émis par des capteurs installés sur différentes parties du corps. Mais le polygraphe est inefficace avec des gens très anxieux – qui émettent ces signaux même lorsqu'ils ne mentent pas – et avec les psychopathes – qui peuvent mentir sans état d'âme puisqu'ils sont insensibles au mal qu'ils font aux autres.

Sans avoir recours au polygraphe, nous pouvons devenir d'excellents détecteurs de mensonges en nous intéressant simplement aux signaux émis par les autres. Il existe deux types de signaux de base pour découvrir les mensonges : les signaux verbaux et les signaux physiques. Il est relativement facile de repérer des mensonges quand on sait comment se comporte quelqu'un qui dit la vérité. C'est pourquoi il est encore plus facile de voir quand mentent les personnes que nous connaissons bien.

Nous avons vécu des millions d'années dans des groupes restreints, où il était donc difficile de mentir – on nous connaissait bien et on avait alors de grandes chances d'être découvert et puni. D'autre part, la collaboration entre les gens – impliquant l'entraide et l'absence de mensonges – était indispensable pour survivre.

Il existe des menteurs pathologiques qui mentent malgré eux, mais ils sont relativement peu nombreux ; une étude a d'ailleurs découvert des structures cérébrales atypiques chez ces individus.

### ➤ *Est-il facile de mentir ?*

Il faut se donner du mal pour devenir un bon menteur : se mettre à la place de l'autre, le manipuler, devancer ses réactions, contrôler ses propres émotions pour ne pas se trahir, avoir de bonnes compétences verbales… Les menteurs pathologiques possèdent généralement plus de matière blanche que la moyenne et souffrent d'une carence en matière grise ; ce qui signifie qu'ils disposent de plus d'outils cognitifs leur permettant de mentir et de moins de scrupules moraux. L'être humain n'est pas très doué pour mentir, sauf si c'est un malade (les psychopathes sont d'excellents menteurs) ou quand il se ment à lui-même – ce qui revient à croire à ses propres mensonges. Ce dernier cas est un mécanisme banal : nous justifions nos propres mensonges au point de réussir à y croire.

➤ *À quel âge commençons-nous à mentir ?*

Nous commençons vers 4-5 ans. Pas parce que nous sommes « mauvais », mais pour faire des expériences et améliorer notre maîtrise du langage ; plus tard, nous continuons à mentir pour atténuer la réalité ou parvenir à nos fins. Je suis sûre que vous avez menti au moins une fois aujourd'hui : nous mentons en moyenne sur 30 à 38 % de nos interactions quotidiennes.

➤ *Quels indices a-t-on quand quelqu'un ment ? Il paraît que son nez s'allonge…*

Quand nous mentons, des substances chimiques se libèrent et enflamment les tissus internes du nez, qui se gonfle légèrement – ce qui nous donne envie de le gratter. Voilà un des indices.

Mais il y en a d'autres, comme avaler sa salive, battre des paupières un peu plus rapidement que d'ordinaire, pincer les lèvres (parce qu'on dissimule quelque chose) ou se les lécher – elles sont sèches, car on a peur d'être pris sur le fait.

Les personnes qui mentent détournent aussi le regard, bégaient, n'achèvent pas leurs phrases et regardent leurs pieds – plus une partie du corps se trouve éloignée de notre cerveau, plus on a du mal à la contrôler ; c'est pourquoi on remue beaucoup ses pieds involontairement quand on ment ou qu'on est très mal à l'aise.

➤ *Qui ment le mieux ? Les hommes ou les femmes ?*

Les femmes mentent en général un peu plus habilement. Quand les hommes mentent, leur langage corporel est très parlant ; quand les femmes le font, comme elles sont plus douées pour faire plusieurs choses à la fois, elles peuvent laisser croire qu'elles sont occupées...

Je vous recommande une vidéo passionnante[1] où nous pouvons vérifier comment le corps trahit quelqu'un en train de mentir. C'est celle qui montre Bill Clinton, l'ex-président des États-Unis, s'expliquer devant le Sénat au sujet de sa relation avec Monica Lewinsky. Un exemple historique de mensonge qui se termine par un aveu. Pendant son mandat, Clinton a eu une relation intime avec cette stagiaire dans le bureau de la Maison-Blanche. Accusé de parjure pour avoir nié les faits, ce qui a déclenché une procédure d'*impeachment*, permettant de mettre en accusation le détenteur d'une charge publique. Le procès souleva de nombreuses interrogations sur la frontière entre vie publique et vie privée, même si le président n'était pas entendu en raison de sa liaison avec la stagiaire mais parce qu'il avait menti. Sa déclaration préalable – à laquelle Clinton se réfère constamment dans la vidéo – indiquait qu'il avait eu une relation inappropriée mais pas de relation sexuelle avec Monica Lewinsky. Plus tard, il a fait une déclaration d'aveu : « Comme vous le savez, lors d'une déclaration faite au mois de janvier, on m'a questionné au sujet de ma relation avec Monica Lewinsky. J'ai répondu à ces questions sur ma vie privée... des questions auxquelles aucun citoyen américain n'aimerait avoir à répondre. Même si mes réponses étaient parfaitement exactes, je n'ai pas tout dit. En réalité, j'ai eu une relation avec Monica Lewinsky qui n'était pas tout à fait appropriée. Elle était en effet incorrecte. Cela a été une erreur de jugement et une faute personnelle de ma part, et moi seul en suis responsable. »

---

1. Visible sur You Tube en tapant « Bill Clinton en train de mentir ».

Au cours d'une étude dirigée par Marc D. Hirsch, psychiatre et neurologue au St. Luke's Medical Center de Chicago, on a identifié vingt-trois indices verbaux et physiques trahissant les menteurs. Vingt et un d'entre eux étaient vérifiables dans la déclaration de Clinton. Les signaux physiologiques sont ici très clairs. On en voit quelques-uns dans les pages qui suivent.

Au cours des quatre heures d'interrogatoire, Clinton ignorait que Monica Lewinsky avait parlé. Ce qui suit correspond à un extrait de sa déclaration. Les questions sont posées par l'avocat de la plaignante, Solomon Wisenberg.

Clinton appuie ses coudes sur la table, se tripote le nez,
a un sourire gêné et se penche en avant.

*Solomon Wisenberg:* Si Monica Lewinsky affirmait que pendant que vous vous trouviez dans le Bureau Ovale, vous lui avez touché la poitrine, mentirait-elle?

*B.C.:* Laissez-moi vous dire quelque chose à ce sujet…

S.W.: La seule chose à me dire, Monsieur le président…

Clinton détourne le regard, se lèche les lèvres.
Ne répond pas directement, n'achève pas sa phrase.

*B.C. :* Je sais bien…

*S.W. :* J'ai besoin que vous répondiez à la question, nous ne disposons que de quatre heures et vos réponses sont bien longues…

*B.C. :* Allez-y, posez vos questions…

*S.W. :* La question est la suivante : est-ce que Monica Lewinsky ment quand elle affirme que vous lui avez touché la poitrine lorsqu'elle se trouvait dans le Bureau Ovale ?

*B.C. :* Ce n'est pas ainsi que je m'en souviens… Ce que je me rappelle, c'est que je n'ai pas eu de relations sexuelles avec Mademoiselle Lewinsky, et je m'en tiendrai à ma déclaration préalable dans ce sens.

Il croise les doigts. Ne regarde pas en face et bégaie.

*S.W.* : Si elle dit…

*B.C.* : Ma, ma, ma… déclaration initiale indique que je n'ai pas eu de relations sexuelles définies en tant que telles.

*S.W.* : Si elle dit que vous lui avez embrassé les seins, mentirait-elle ?

*B.C.* : Je m'en tiendrai à ma déclaration initiale.

*S.W.* : Très bien. Si Monica Lewinsky dit que pendant que vous étiez dans le Bureau Ovale vous lui avez touché le sexe, mentirait-elle ?

Le président pince les lèvres, fronce les sourcils et crispe ses traits.
Il continue à détourner son regard.

*S.W.:* Est-ce un oui, un non, ou vous en tenez-vous à votre déclaration initiale?

*B.C.:* Je m'en tiens à ma déclaration initiale.

*S.W.:* Si Monica Lewinsky dit que vous vous êtes servi d'un cigare comme d'un jouet sexuel dans le Bureau Ovale, est-ce qu'elle ment? Oui? Non? Vous ne répondez pas?

Expression de surprise exagérée.
Sourire embarrassé. Lèvres pincées.

*B.C. :* Je m'en tiens à ma déclaration initiale.

*S.W. :* Si Monica Lewinsky dit que vous avez eu du sexe télépho-nique avec elle, est-ce qu'elle ment ?

Il bégaie, n'achève pas ses phrases, détourne les yeux, ne répond pas directement, sourit sans entrain et de façon intempestive...
Fronce les sourcils et boit de l'eau.

*S.W. :* Permettez-moi de vous expliquer ce que l'on entend par
sexe téléphonique : c'est lorsque l'une des personnes au téléphone
se masturbe pendant que l'autre lui parle de façon explicitement
sexuelle. La question est : si Monica Lewinsky dit que vous avez eu
du sexe téléphonique, est-ce qu'elle ment ?

Clinton joint les mains et détourne le regard. Il est pour ainsi dire immobile, tendu physiquement.

*B.C. :* Je pense que ceci figure dans ma déclaration initiale.

➤ *Répertoire des gestes qui trahissent un menteur*
— Se toucher le nez est un indice intéressant. Comme le pénis, le nez est fait de tissus érectiles et ces tissus se gorgent de sang quand nous mentons. C'est pourquoi ceux qui mentent se tripotent le nez, car ils sont incommodés par cet afflux de sang; c'est ce que l'on nomme l'« effet Pinocchio ».

— Se pencher en avant.

— Détourner les yeux.

— Joindre les mains, serrer ses bras autour de soi, tout cela traduit une attitude défensive.

— Bégayer, ne pas terminer ses phrases. Des signes évidents de nervosité.

— Porter l'accent sur ce que l'on n'a PAS fait : nier l'évidence.

— Sourire de façon « polie » (sans bouger les muscles des yeux), sans raison.

— Boire et avaler sa salive.

➤ *Comment serait la vie si tout le monde savait mentir à la perfection ou si, au contraire, personne n'y parvenait ?*
Si nous ne pouvions jamais mentir, il serait difficile de maintenir des relations avec les autres. La courtoisie n'existerait pas, on ne chercherait pas à arrondir les angles, on ne cacherait pas des sentiments inopportuns ou injustes que nous éprouvons dans la journée. On dirait : « Qu'est-ce qu'on s'ennuie dans cette fête », « Tu pues de la bouche ce matin », « Qu'est-ce que tu es moche aujourd'hui ». Tout cela rendrait notre vie sociale très compliquée. Imaginons que notre collègue, notre ami ou notre maîtresse exprime ses émotions comme un enfant très jeune. Terrifiante perspective ! Dire tout ce qui vous passe par la tête n'est pas souhaitable.

Quand Darwin est revenu du long voyage au cours duquel il avait établi les bases de sa théorie de l'évolution, il était convaincu que les émotions constituaient le langage universel de l'espèce humaine. C'est pourquoi il n'est pas facile de déguiser ses sentiments. Nous avons besoin d'émotions pour vivre avec les autres, collaborer et communiquer. Chaque jour, il nous faut décider s'il est juste et nécessaire d'exprimer ouvertement ses émotions ou s'il vaut mieux les taire pour faciliter la vie de groupe et ne pas blesser inutilement les autres.

## Les secrets des yeux

Un dicton populaire dit que les yeux sont le miroir de l'âme. Ce n'est pas faux, car le cerveau reçoit beaucoup d'informations à travers ce que nos yeux voient... Pourtant, on ne nous enseigne rien de particulier sur la plus élémentaire des communications non verbales, qui consiste à se regarder, tout simplement. Les yeux sont incroyablement expressifs dès l'enfance : âgés de quelques mois à peine, nous avons tendance à cesser de sourire si nos parents ne nous regardent pas dans les yeux. Le regard est une prise de contact immédiate et éloquente, qui peut être amicale ou pas.

➤ *Commençons par les bases. Vaut-il mieux regarder les gens en face ou détourner le regard ?*

Bonne question, même si la réponse dépend du but poursuivi : lorsque vous regardez quelqu'un en face, ouvertement, vous lui dites : « Me voilà, bienvenue à toi. » Mais si vous y allez trop fort et que vous le dévisagez comme pour l'épier, vous pouvez l'intimider. Si vous ne vous sentez pas sûr de vous, la règle consiste à regarder par séquences : regardez en face pendant 4 secondes, puis détournez votre regard quelques secondes encore et recommencez. Vous pouvez vous entraîner en regardant le mur comme s'il s'agissait d'un visage, puis vous détournez les yeux en comptant jusqu'à cinq et vous regardez encore le mur, jusqu'à ce que vous vous sentiez à l'aise avec cette technique.

➤ *Comment regarder si je veux faire bonne impression au cours d'un entretien professionnel ?*

C'est très simple : en général, les gens timides ou maladroits en société évitent de regarder les gens en face, mais si vous voulez faire passer un message clair, vous devez regarder l'autre dans les yeux pendant 75 % du temps où il vous parle et 90 % au moins du temps où vous vous adressez à lui. Plusieurs études ont montré qu'une personne en entretien professionnel a plus de chances de décrocher un emploi en regardant ses interlocuteurs dans les yeux qu'en évitant leur regard.

➤ *Supposons que le message que je veux faire passer soit mon attirance pour quelqu'un...*

Eh bien, je vais trahir ici le secret des grands séducteurs. Si vous voulez flirter, pratiquez le regard triangulaire : face à l'autre, regardez son œil gauche, puis le droit, puis ses lèvres, et recommencez. Le regard-pause marche aussi très bien ; vous regardez en face tout en parlant, puis vous arrêtez de parler sans cesser de regarder, puis vous reprenez la parole tout en regardant. Soutenez le regard et modulez votre voix. Le langage des yeux exprime bien des choses. Par exemple, la pupille s'agrandit quand l'œil a besoin de plus de lumière, comme chez les hiboux, mais elle se dilate également quand on se sent bien avec quelqu'un. Si vous voulez savoir comment se sent l'autre en votre compagnie, regardez donc ses pupilles.

➤ *Pourquoi nous sentons-nous parfois mal à l'aise en regardant quelqu'un dans les yeux ?*

Regarder fixement quelqu'un peut être tellement intense et gênant que l'un des deux détourne le regard. Il existe une théorie qui l'explique : votre cerveau possède deux hémisphères ; chaque individu a un hémisphère plus actif que l'autre. L'hémisphère gauche est plus analytique et séquentiel, le droit plus émotionnel et moins linéaire. Environ 80 % des personnes préfèrent se servir de l'hémisphère gauche et utilisent donc leur main droite de préférence. De même, nous avons tous tendance à avoir un œil dominant par rapport à l'autre.

### ➤ Quel est mon œil dominant?

Pour le découvrir, voici une technique très simple. Essayez de bâiller : l'œil que vous gardez ouvert en bâillant est votre œil dominant. En cas de tension ou de conflit, nous avons tendance à employer notre œil dominant pour dévisager notre interlocuteur et nous cachons plus ou moins l'œil «doux» (il se rétracte physiquement). Si vous voulez éviter que votre adversaire cache son œil «doux», fixez précisément cet œil ou regardez la personne entre les deux yeux. En tout cas, évitez son œil dominant pour vous sentir plus sûr de vous.

### ➤ Quand j'ai une conversation sérieuse avec quelqu'un, où poser mon regard?

Si vous avez à réfléchir, ne regardez pas trop l'autre : on pense mieux quand on ne regarde pas quelqu'un dans les yeux. Si vous le faites, votre monologue intérieur se ralentit ou s'interrompt.

### ➤ Et si je veux m'éloigner ou me rapprocher de quelqu'un?

Si vous voulez prendre de la distance avec une personne, regardez-la entre les deux yeux. Par contre, si vous voulez vous en rapprocher, regardez-la droit dans les yeux ; vous sécréterez de l'ocytocine, qui crée une sensation de bien-être, donc de plus grande proximité. On dit d'ailleurs que regarder dans les yeux quelqu'un qui vous semble attrayant aide à tomber amoureux… Et n'oubliez pas que si vous êtes avec quelqu'un de nerveux, vous pouvez essayer de le calmer du regard.

➤ *Je voudrais qu'on m'aide à me connecter à mon partenaire*
Il existe une technique pour renforcer un lien avec l'autre, qui s'appelle «se regarder dans l'âme»: chacun regarde l'œil «doux» de l'autre, tandis que tous les deux respirent à l'unisson. C'est une façon astucieuse de se reconnecter à l'autre sans parler.

Nous sommes programmés pour communiquer et partager consciemment et inconsciemment des émotions. Certains gestes sont tellement anodins que nous ne leur accordons aucune importance. Mais nous perdons une source d'information et de communication peut-être riche de signification. C'est le cas des micro-démangeaisons, qui passent pourtant souvent inaperçues. Voyons cela de plus près.

## Les micro-démangeaisons en disent beaucoup sur vous

Se gratter n'est pas toujours aussi innocent qu'on le croit. Les micro-démangeaisons, notamment, trahissent une émotion réprimée. Ce sont des gestes inoffensifs en apparence – on donne l'impression de se gratter –, mais qui peuvent en dire long sur leur auteur. Imaginez que vous êtes à table, dans un dîner passablement ennuyeux que vous voulez quitter. Comme vous éprouvez ce besoin de partir mais que vous ne pouvez pas le faire, votre cerveau devance vos désirs et envoie le signal du départ dans vos jambes, ce qui fait affluer le sang dans cette zone, qui se dilate plus que la normale et déclenche une démangeaison. Vous allez donc vous gratter pour soulager cette sensation. La démangeaison dure en général 5 secondes et elle survient parfois avant que ne vous réalisiez que vous voulez quitter les lieux.

➤ *Donc les gestes courants ne sont pas toujours innocents?*
Exactement. C'est la théorie du synergologue Philippe Turchet, pour qui toute expression corporelle montre ce que nous pensons

vraiment. Si vous déchiffrez correctement tel signal, vous antici-
perez les sentiments de l'autre et les vôtres aussi, avant même de le
savoir consciemment.

➤ *Existe-t-il une partie du corps où les micro-démangeaisons sont plus
révélatrices?*

Plus les micro-démangeaisons se manifeste vers le milieu du visage,
plus elles sont significatives. Le nez est donc un indice fort, comme
nous l'avons déjà vu pour les menteurs; mais on peut aussi sentir
des démangeaisons dans les cheveux, les yeux, le menton, les
oreilles, le front ou la bouche. Sur le corps, la micro-démangeaison
en dit aussi beaucoup: observez si vous vous grattez la face interne
du bras ou de la jambe – ce qui traduit une impression de bien-
être – ou bien la face externe — qui suggère à l'inverse le malaise…

➤ *Comment on se gratte compte autant que l'endroit où on se gratte*

Se gratter paume ouverte traduit une plus grande détente que se
gratter le point fermé, qui trahit un état de stress ou de concentration qui empêche de se relaxer. Et se gratter du dos de la main est
comme un retour sur soi, une réflexion. Certaines micro-démangeaisons trahissent l'anxiété ou une légère insécurité, quand d'autres
sont de véritables signaux d'alarme, car elles expriment une colère,
intense parfois, et elles demandent une réaction appropriée.

Apprendre à déchiffrer le langage non verbal ouvre tout un
monde de possibilités de communication qui nous aident à mieux
comprendre les autres et à nous exprimer avec plus de force.
Mais il faut aussi compter avec des modes d'expression qui nous
permettent d'attirer l'attention des autres, de mobiliser leur intérêt
et de transmettre efficacement notre message. C'est ce que nous
allons examiner dans la prochaine promenade.

## Interpréter les micro-démangeaisons

Commençons par les micro-démangeaisons qui traduisent l'insécurité.

« Je me sens mal à l'aise. »

« Je n'y peux rien,
je suis désolé. »

« Je crois que tu me mens. »

« J'ai envie de partir,
mais je n'ose pas. »

« Je pourrais faire mieux
mais je n'ose pas. »

Nous allons maintenant dramatiser un peu les choses et examiner les micro-démangeaisons qui trahissent l'anxiété... Comment croyez-vous que vous vous grattez dans une situation angoissante ?

*« Cette situation m'angoisse. »*

*« Les choses sont compliquées. »*

*« Je crève d'envie de lui dire
ce que je pense. »*

*« Occupe-toi de moi.
Tu ne m'écoutes pas ! »*

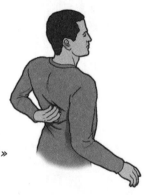

*« Je veux
m'en aller ! »*

Voyons maintenant les signes d'une légère irritation. Si quelqu'un se gratte le lobe de l'oreille ou entre le nez et la bouche en allant de haut en bas, il faut comprendre qu'il s'agit d'un avertissement. Un autre geste d'agacement consiste à se gratter l'œil, comme si on voulait effacer l'autre de son champ de vision.

*« Ce que vous dites ne me plaît pas...*
*Je vous trouve bien autoritaire. »*

*« Ce n'est pas mon problème.*
*Je ne veux plus vous voir. »*

À mesure que la colère grandit, la démangeaison gagne la base du cou, que l'on gratte avec l'index, voire avec la main entière.

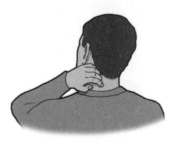

*« Vous dépassez les bornes. »*

Par contre, si vous êtes détendu et prêt à trouver une solution, vous ferez probablement cette mimique : main ouverte vers le haut, regard vers le haut, vous vous gratterez vers l'extérieur.

*« Je vais me concentrer
pour trouver des solutions. »*

Un autre signe d'ouverture se manifeste quand on se gratte la face interne des bras, mains ouvertes, paume vers le haut : vous êtes réceptif et prêt à embrasser l'autre ou à prendre en compte ses idées.

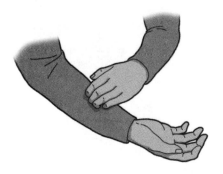

## ONZIÈME PROMENADE
## SE MONTRER SOUS LES PROJECTEURS

### Parler en public

La prochaine fois que vous jouerez avec la ceinture élastique de votre caleçon, pensez à l'homme qui a rendu cela possible : Wallace Carothers, l'inventeur du nylon et de bien d'autres tissus synthétiques. Un homme qui portait toujours sur lui une capsule de cyanure pour lutter contre sa hantise de parler en public. Car il en avait horreur, mais il était obligé de le faire pour obtenir les fonds nécessaires à ses recherches (il a déposé plus de cinquante brevets). Il avait avoué à un ami que sa panique augmentait d'année en année et qu'il lui fallait boire pour surmonter cette épreuve. Je ne vous raconterai pas la fin de sa vie, mais il s'est passé ce qui devait arriver... Franchement, cela ne vaut pas la peine de souffrir à ce point. D'autant qu'il est tout à fait possible d'apprendre à surmonter la crainte de prendre la parole en public.

Il faut d'abord comprendre pourquoi cela terrifie à peu près tout le monde, alors qu'il est si important de pouvoir s'exprimer efficacement devant les autres. Comme dit le scénariste et comique Jerry Seinfeld : « La peur de parler en public est plus grande que celle de la mort. Pendant des obsèques, on préfère d'ailleurs se trouver dans le cercueil que dehors, en train de prononcer un discours. »

➤ *Pourquoi avons-nous aussi peur de parler en public ?*
Le psychologue Mathias Wieser et son équipe ont essayé de comprendre pourquoi cette crainte touchait autant de gens. L'une des raisons possibles est que, quand nous sommes le centre de l'attention, nous sommes en état d'alerte et notre cerveau s'active pour repérer certains visages dans l'assistance, principalement ceux qui trahiraient des pensées hostiles à notre égard. Notre amygdale, la partie émotionnelle du cerveau, est aux aguets devant d'éven-

tuels dangers et elle nous incite à repérer en priorité les expressions fâchées ou tristes. Cet automatisme, qui aidait nos ancêtres à s'éloigner des situations et propos potentiellement dangereux, n'a pas disparu, car nous sommes toujours prêts à nous méfier des groupes qui nous observent. Si bien que ce réflexe de peur se déclenche dès que l'on doit parler en public.

➤ *Est-ce que cette anxiété est normale ?*
Oui, tout à fait. Nous nous servons la plupart du temps du cerveau inconscient, très émotionnel, qui veut nous protéger. S'il se sent menacé, il ne tiendra pas compte d'une pensée rationnelle. Cela ne sert à rien de se répéter : «Il n'y a pas de danger, tous ces gens que je ne connais pas vont apprécier mon discours. » Notre cerveau programmé pour survivre, le même que celui de notre ancêtre qui affrontait le lion dans la savane, nous dit la chose suivante : «Tu es sur le point d'affronter une horde sauvage qui pourrait réagir n'importe comment : en te bombardant de tomates pourries, en se mettant en colère, en sifflant, en t'humiliant… Impossible de prévoir !» Or rien ne nous rend plus nerveux que de ne pas savoir ce qui pourrait nous arriver dans la seconde suivante. Si vous avez la bouche sèche avant de parler en public, si votre voix chevrote, si vos mains transpirent et que votre cœur bat la chamade, vous êtes parfaitement normal. L'adrénaline vous donne des bouffées de chaleur, car votre tension monte. Peut-être même avez-vous les doigts qui tremblent et les muscles tendus.

Bref, quand nous parlons en public, notre cerveau cherche activement dans l'assistance les visages antipathiques et les expressions hostiles pour identifier d'où viendra le danger ; même un regard absent lui paraîtra menaçant, tout comme un geste de lassitude ou un bâillement. Lorsque je dois faire un exposé, je me sens toujours déstabilisée par un visage inexpressif au premier rang ; je cherche alors instinctivement une personne qui approuvera d'un signe de tête et me sourira en m'écoutant parler. Si je me déconcentre ou que je manque d'assurance, je me sers de cette personne comme d'un tremplin pour me redonner confiance. Sachez aussi que si vous réussissez à éviter que votre anxiété se transforme en panique paralysante, les manifestations physiologiques de la peur peuvent vous insuffler de l'énergie et un pouvoir de persuasion. Enfin, n'oubliez pas que nous pouvons tous apprendre à parler en public à condition de nous entraîner. Ce n'est qu'une question d'apprentissage par l'exercice.

➤ *Comment affronter le public avec plus de sérénité ?*

Il faut avant tout aider le cerveau inconscient à se calmer. Inutile de lui dire ce qu'il ne croit pas : « Il n'y a pas de danger, tu vois bien que ce sont tous de braves gens, ravis de m'écouter parler… » Il faut plutôt lui donner des preuves concrètes que vous maîtrisez – à peu près parfois… – la situation. Ce n'est qu'ainsi qu'il s'apaisera.

*Les bienfaits du discours répété mentalement.* Avant votre intervention, imaginez-vous en situation ; vous pouvez aussi vous exercer devant un miroir. Faites-le autant de fois que nécessaire pour surmonter votre nervosité, jusqu'à ce que vous arriviez à parler tranquillement. Imaginez-vous dans une salle pleine de monde. Certains chercheurs ont proposé des thérapies avec des simulations virtuelles incluant un auditoire truffé d'avatars qui sifflent et lancent des injures pendant le discours.

*Buvez une gorgée d'eau avant de monter sur scène.* Le message que vous envoyez à votre cerveau limbique émotionnel est alors celui-là : « Tu vois bien que je ne m'enfuis pas, je bois seulement, je ne suis pas en danger, je peux donc baisser ma garde. » Et le cerveau convient : « S'il était en danger, ce type-là ne serait pas en train de boire, il ne serait pas aussi bête que ça. »

*Respirez profondément.* La peur affecte tous vos systèmes physiologiques – digestif, urinaire, respiratoire… Il faut donc envoyer un signal d'apaisement au cerveau émotionnel : établir une respiration profonde, abdominale, signalant au cerveau que le danger est moindre que ce que l'on craignait. D'ailleurs, si vous respirez bien, votre voix portera davantage et elle sera plus ferme.

*Évitez de vous tenir derrière une table.* Efforcez-vous de créer un courant de communication ouvert avec le public, cela provoquera une relation de confiance réciproque. En vous asseyant derrière une table, vous transmettez de l'indifférence ou de la crainte. Mieux vaut se tenir debout, dans une attitude détendue.

*Maintenez un contact visuel avec votre public.* Vous pouvez utiliser la technique des 3 secondes : fixez dans les yeux une personne de l'assistance pendant 3 secondes, puis regardez le reste de l'assistance avant de fixer à nouveau quelqu'un pendant 3 secondes. Vous vous servirez ainsi du contact visuel pour que votre public se sente impliqué. Faites-le de façon naturelle et manifeste.

*Toute l'assistance est nue.* Voici un vieux truc, pas très efficace en ce qui me concerne, mais que d'autres apprécient énormément : imaginez que tout votre public est nu. Cela vous mettra tous à égalité et vous serez plus détendu. Mais je ne conseille pas ce truc si vous souffrez d'une pathologie sexuelle nommée « laliophilie », ce qui signifie que vous êtes sexuellement excité par la prise de parole en public…

N'essayez pas de paraître ce que vous n'êtes pas et travaillez sur vos sentiments de l'intérieur – soyez authentique. Si l'insécurité et l'anxiété vous submergent, votre visage, votre mâchoire et vos expressions paraîtront rigides et vous trahiront. Selon Lise Heyboer, lorsque nous faisons bon ménage avec nos émotions, que nous restons naturels, nous oublions le reste et notre détente est communicative : « Il est normal que nous éprouvions de la peur et de l'anxiété, mais ces émotions viennent saboter ce que nous voulons transmettre aux autres. Quand les gens parlent de la façon dont ils se sentent au milieu des êtres qui leur sont chers, ils évoquent des sentiments de bien-être et de sécurité. Si vous vous sentez à l'aise et détendu, l'autre se sentira bien à son tour.» Vous pensez que vous ne pouvez pas influer sur l'impression que vous donnez aux autres? Vous vous trompez. Voyons quels éléments composent cette première impression et comment nous pouvons les améliorer.

## 15 secondes suffisent pour se forger une première impression

Tous les êtres humains ont inconsciemment tendance à se forger une première impression en rencontrant quelqu'un. Il s'agit d'un automatisme du cerveau, capable de traiter rapidement, et inconsciemment, une quantité d'informations sur l'autre: l'environnement de la rencontre, les circonstances, les gestes, l'apparence, y compris une foule de détails qui passent inaperçus. Nos sens engrangent cette information que le cerveau analyse avant de la comparer avec des expériences antérieures stockées dans le cortex cérébral (la partie «rationnelle» du cerveau) et dans le système limbique (la partie «émotionnelle»). C'est ainsi que prend forme la première impression.

➤ *Pourquoi ces premières impressions sont-elles si importantes?*
Pour des raisons de sécurité, selon la théorie évolutionniste. Le cerveau a en effet besoin de décider le plus vite possible – c'est-à-dire intuitivement et inconsciemment – si l'individu en face de nous est sûr ou non, et à quelle «tribu» il appartient. Le cerveau a généralement tendance à préférer ce qui lui est familier: dans ce cas, il n'est pas effrayé et il sait comment le classer. Par contre, l'incertitude le déstabilise et le met sur ses gardes.

➤ *La beauté est-elle déterminante dans cette première impression?*
La beauté physique et la jeunesse sont attrayantes, elles favorisent certainement ceux qui en sont dotés, mais les premières impressions positives ne dépendent pas de ces caractéristiques: les éléments

déterminants pour faire bonne impression consistent à manifester de l'intérêt pour l'autre et à lui inspirer confiance.

➤ *Est-ce que nous tombons juste à tous les coups?*

Une première impression se forge à travers des mécanismes inconscients, ce qui fait que nous pouvons nous tromper dans notre jugement, notamment si nous avons accumulé des préjugés inconscients – par exemple quand nous jugeons en fonction du genre, de la couleur de peau, de la culture... Il faut donc être capable de passer au crible une première impression, sans tomber dans le piège de croire que tout ce qui est intuitif est fiable.

Mais les premières impressions sont généralement fiables si nous n'avons pas de préjugés. Une étude conduite par deux psychologues américains, Nalini Ambady et Robert Rosenthal[1], montre comment un groupe de femmes qui regardent de courtes séquences d'une vidéo sans le son s'avèrent capables d'émettre une première impression correcte sur la personnalité d'un professeur en train de faire cours. Compétence, confiance en lui, honnêteté, optimisme... plus d'une douzaine de traits de caractère ont ainsi été mis en valeur. Les premières impressions peuvent être les bonnes!

➤ *Anatomie d'une première impression*

Nous mettons 15 secondes à nous faire une première impression de quelqu'un. «Une image vaut mieux que mille mots»: mon image parvient à l'autre en 3 secondes environ. 55 % de la première impression sont basés sur l'apparence; 7 % sur les mots utilisés durant l'échange; 38 % sur le ton de la voix. L'apparence et l'attitude l'emportent donc sur ce que nous disons lors d'un premier

---

1. «Half a Minute: Predicting Teaching Evaluations from Thin Slices of Behaviour and Physical Attractiveness», *Journal of Personality and Social Psychology*, mars 1993.

contact. Pendant une conversation téléphonique, 30 % seulement de la première impression dépendent de notre discours (les 70 % restants dépendent du ton employé).

Apprendre l'éloquence à l'école devrait donc être généralisé, car le savoir-faire est essentiel en communication : parfois, la façon dont les choses sont dites s'avère plus importante que ce que l'on dit (on peut dire quelque chose de désagréable avec de bonnes manières).

▶ *Les choses à éviter pour ne pas faire mauvaise impression*

*Les gestes trahissant l'autoprotection :* se frotter les mains, croiser les bras près du corps pour s'étreindre soi-même, éviter le regard ou se mouiller les lèvres donnent une impression de faiblesse.

*Hausser les sourcils :* vous mettez en doute les paroles de l'autre, vous vous méfiez.

*Placer ses mains devant soi, paumes ouvertes vers l'extérieur :* un geste de refus de l'autre.

▶ *Les choses à faire pour produire une bonne impression*

Comme il est difficile de revenir en arrière après une première impression, nous allons évoquer quelques stratégies pour que celle-ci soit bonne d'emblée. Retenez comme principe général que les gens ont un besoin d'appartenance et qu'ils désirent être acceptés. Si vous voulez produire une bonne impression, il faut donc vous concentrer sur votre interlocuteur pour qu'il se sente unique à vos yeux.

*Présentez-vous de façon spontanée* et regardez l'autre dans les yeux en lui parlant.

*Prononcez son prénom* (« Bonjour, Jean ») et gardez-le en mémoire – ne commettez pas l'impair d'oublier comment il s'appelle au beau milieu de la conversation…

*Si les distances ne sont pas trop marquées,* touchez-lui l'épaule ou l'avant-bras ; c'est un geste courant chez les primates, suggérant la protection et une certaine suprématie dénuée d'agressivité.

*Si vous voulez appartenir à un groupe particulier,* adoptez sa tenue vestimentaire.

### ➤ *Le sourire qui fait la différence*

Un geste semble particulièrement efficace pour se connecter aux autres : les scientifiques l'appellent le «sourire de Duchenne[1]» – un sourire chaleureux et authentique. Selon certaines études, les personnes qui arborent ce sourire ont généralement une vie affective et professionnelle plutôt harmonieuse. Qu'est-ce qui le distingue d'un sourire forcé ou machinal[2] ? Le sourire de Duchenne implique les muscles du contour de l'œil. Les gens qui sourient de la sorte le font avec tout leur visage et ils sont alors terriblement attirants.

En 2001, les psychologues Dacher Keltner et Lee Anne Harker, de l'université de Californie, ont publié une étude portant sur 140 photos de classe réalisées dans les années 1960 dans un lycée américain de jeunes filles. Les chercheurs ont commencé par évaluer la qualité du sourire (authentique ou machinal) et il a aussi été demandé à un groupe de «juges» indépendants d'attribuer une note de «beauté» à chaque jeune fille. Toutes les participantes ont été recontactées à l'âge de 27, 43 et 52 ans afin de répondre à différentes questions sur leur situation amoureuse et leur vie en

---

1. Du nom du médecin français Guillaume Duchenne de Boulogne (XIXᵉ siècle), qui a réalisé une série d'expériences sur l'expression faciale de l'émotion.
2. J'ai eu la chance de recevoir sur le plateau d'El Hormiguero le chanteur Miguel Bosé, qui a fait la plus irrésistible démonstration de sourires ... Moi, en tout cas, j'ai été convaincue !

Comparez le sourire authentique avec le sourire machinal de certains professionnels qui accueillent le public, les hôtesses de l'air par exemple.

général. L'étude a montré que les jeunes filles qui souriaient de façon authentique (la moitié des élèves) étaient plus nombreuses à être mariées à 27 ans et qu'elles avaient plus de chance d'être heureuse en couple à 52 ans. On a corrélé ces résultats avec la note sur l'apparence physique et constaté que, jolies ou pas, les jeunes filles souriantes avaient proportionnellement plus de chances d'êtres heureuses en amour... L'habitude de sourire avec sincérité pourrait ainsi contribuer à un plus grand bonheur dans la vie.

Nous avons tendance à faire confiance aux personnes présentant le sourire de Duchenne, car elles donnent l'impression d'être sincères et de ne pas masquer leurs émotions. Il est difficile de feindre un sourire sincère, mais si vous êtes nerveux et que vous avez besoin d'aide, pensez à quelque chose qui vous émeut vraiment et souriez en l'évoquant. C'est bien plus agréable pour votre interlocuteur. C'est gagné lorsqu'on parvient à ressentir cette chaleur humaine, cette joie de vivre qui jaillissent de l'intérieur et qui passent dans les yeux de façon naturelle ...

## DOUZIÈME PROMENADE
## SIGNAUX DE FUMÉE POUR ATTIRER L'ATTENTION

### Ce qu'une poignée de main révèle de vous

Même la façon de tendre la main dit beaucoup de choses de vous. Une poignée de main froide ou molle, énergique ou crispée, donnée en regardant vos pieds ou au contraire en fixant l'autre dans les yeux, en retirant la main trop vite ou en s'accrochant à celle de son interlocuteur, tout cela exprime des éléments de votre personnalité.

➤ *Le rite étrange de la poignée de main*

Pourquoi nous prêtons-nous à ce frottement de paumes nues avec des gens que nous ne voudrions pas toucher avec des gants? Pourquoi esquissons-nous cet étrange ballet consistant à essayer de synchroniser notre main avec celle de parfaits inconnus? Ce rituel se retrouve pourtant dans beaucoup d'endroits du monde et entre bien des individus, à commencer par les chimpanzés: les plus dominants tendent parfois une main ouverte vers leurs subordonnés, comme pour les calmer. Dans les groupes humains, c'est plutôt un subordonné qui prend l'initiative d'une poignée de main, en s'adressant surtout aux personnes dominantes qu'il veut impressionner.

➤ *Saluer vous rend plus vulnérable*

En Europe, la tradition exige que les hommes se dégantent pour se saluer. Ceci pourrait remonter au Moyen Âge, lorsque des gantelets en fer protégeaient les combattants. De nombreuses traditions indiquent cette tendance à afficher sa vulnérabilité, comme dans le salut japonais, où l'on s'incline devant l'autre en exposant sa nuque. Ce salut est lui aussi un vestige du Moyen Âge.

D'autres formes de salut peuvent être plus agressives, comme dans certaines tribus esquimaudes, où l'étranger qui veut se rapprocher d'un des membres du groupe doit tendre la joue pour se faire gifler. L'autre présente alors sa joue en retour et reçoit une gifle, ainsi de suite jusqu'à ce que l'un d'eux tombe à la renverse. C'est un duel de claques destiné à prouver que l'étranger est digne d'être admis dans le groupe. S'il y parvient, il peut même s'y marier.

➤ *Quelle est la règle d'or de la bonne poignée de main ?*
Elle ressemble un peu au lit de Boucles d'Or : ni trop mou ni trop dur, juste comme il faut.

Voyons quelques astuces pour bien serrer la main, encore qu'il puisse être difficile de changer de façon de faire, puisque votre poignée de main vous ressemble : elle peut être sûre ou timide, chaleureuse ou froide. De récentes expériences ont trouvé un lien entre la façon de tendre la main et la personnalité : une étude de l'université de l'Alabama, aux États-Unis, a montré que les hommes qui mettent le plus de force à serrer la main – on mesure la vigueur de l'étreinte, sa durée et si l'individu regarde en même temps dans les yeux – étaient également plutôt extravertis, ouverts à de nouvelles expériences et peu névrosés. Les femmes répondant aux mêmes critères étaient plutôt ouvertes et curieuses. Elles semblaient également plus sympathiques que les femmes à la poignée de main moins énergique.

Commençons par la pire des façons, paume vers le bas. L'assaut de la main tournée vers le sol se rencontre chez les personnes plutôt autoritaires et dominatrices ; celui qui fait ce geste semble vous dire : « Je peux te soumettre et tu feras ce que je veux. » Méfiez-vous de ces gens-là.

À l'inverse, tendre sa main paume vers le haut semble indiquer que l'on donne le contrôle à l'autre. Ce qui peut être utilisé quand on veut s'excuser.

Maintenant, voyons le rôle du pouce dans une poignée de main. Celui qui place son pouce au plus haut est en train de prendre le contrôle. Cette nuance préoccupe beaucoup les politiciens lorsqu'ils sont pris en photo avec leurs homologues. Deux personnes qui placent leur pouce dans la même position expriment leur égalité.

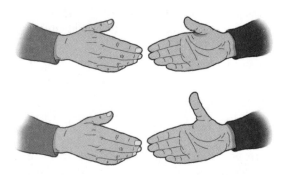

Voyons à présent la pression. Commençons par la brute qui semble vous pulvériser la main : le « brise-mains » essaie de prouver qu'il est fort et autoritaire, et il cherche à démoraliser son adversaire en négociation dès la prise de contact. La seule façon de confisquer le pouvoir à ces gens-là consiste à leur dire clairement : « Ouille, vous m'avez serré la main trop fort. » Certains politiciens, des membres de familles royales et du monde du spectacle utilisent, pour les cérémonies aux serre-mains innombrables, des petites palettes de sécurité – une sorte de prothèse qui protège la main – au cas où ils tomberaient sur un «brise-mains».

Parlons enfin de la poignée flasque, avec des mains froides et humides – on a l'impression de tenir un mollusque… Vous en retiendrez que la personne qui vous salue de la sorte n'est pas très intéressée par vous ni par la rencontre. Une étude effectuée en 2008 indique d'ailleurs qu'une poignée de main ferme au cours d'un entretien d'embauche donne plus de chances d'obtenir le poste, surtout si on est une femme – on sort ainsi du lot. Mais oublions les préjugés : une personne travaillant avec ses mains – un chirurgien ou un pianiste – peut juste chercher à éviter de se faire mal…

Alors, quelle est la façon correcte de serrer la main? En principe, il faut tendre la main de face, jamais orientée vers le bas ou vers le haut (sauf si vous voulez vous excuser), et la pression doit être comparable à celle qu'exerce l'autre personne.

Voici un dernier tuyau : vous pouvez effleurer en même temps le coude de votre interlocuteur, ce qui traduit une certaine proximité et une maîtrise de la situation. La prochaine fois que l'on vous présentera quelqu'un, touchez-lui légèrement le coude en lui serrant la main, et tout en répétant son prénom, regardez-le dans les yeux et souriez. Observez sa réaction.

**Pour convaincre en entretien d'embauche**

• Séduire est plus important que vos réussites académiques ou votre expérience professionnelle. Il faut donc manifester de l'intérêt et utiliser un langage non verbal adéquat.

• Si vous avez des faiblesses, n'attendez pas pour en parler. Vous serez plus crédibles si vous les exposez au début de l'entretien. L'autre l'interprétera comme un signe d'ouverture, de transparence.

• Si vous avez des atouts, soyez modeste. Et ne racontez pas quelque chose d'important tant que l'entretien n'est pas bien avancé. Attendez plutôt la fin.

• Si vous faites une grosse erreur, contrôlez vos réactions : ne vous tenez pas la tête, n'éclatez pas en sanglots, ne rougissez pas.

• Vous améliorerez vos chances en vous asseyant au centre de la table.

• On vous croira plus intelligent si vous vous exprimez de façon simple et claire.

## Comment réussir à convaincre en 47 secondes

Il y a plus de soixante-dix ans, Dale Carnegie a publié *Comment se faire des amis et influencer les autres,* un livre devenu depuis un classique. Il y livrait une série de techniques pour convaincre. Les recherches du psychologue britannique Richard Wiseman ont prouvé que Dale Carnegie avait raison. Voici quelques astuces pour passer à l'action.

➤ *Commencez par le plus facile*
Le plus facile, c'est de convaincre quelqu'un de faire comme les autres. Même si nous n'en sommes pas conscients, nous voulons et nous faisons d'habitude ce que font la plupart des gens. C'est ce que l'on nomme « la preuve sociale » : nous faisons davantage confiance aux personnes qui plaisent aux autres et elles nous attirent d'autant

plus. Par exemple, nous préférons consulter les *twitters* les plus lus, acheter ce que possèdent les autres, etc. Il suffit de dire que quelque chose est très apprécié pour faire croître l'intérêt pour cette chose. C'est le réflexe des moutons de Panurge.

L'anecdote qui suit illustre très bien cette règle : en janvier 2007, un homme a joué du violon dans une station de métro très fréquentée de Washington. Personne ne semblait faire attention à lui, les gens se dépêchaient d'aller au travail, ils achetaient la presse et certains faisaient la queue pour acheter des places de concert. Le violoniste déposa lui-même quelques pièces dans son étui pour inciter les gens à se monter généreux. Il joua pendant trois quarts d'heure dans une indifférence complète. Soudain, une femme s'arrête et lui dit : « Je vous ai vu jouer au Congrès la semaine dernière. Ces choses n'arrivent qu'à Washington. » Il s'agissait de Joshua Bell, l'un des plus grands violonistes au monde, qui jouait sur un stradivarius vieux de trois cents ans, d'une valeur de trois millions et demi de dollars. Il fallait payer autour de cent dollars pour l'entendre en concert ! Ce jour-là, Joshua Bell menait une expérience pour le compte du *Washington Post* : il s'agissait de vérifier si les gens étaient capables de reconnaître la valeur intrinsèque des choses dans un endroit décalé. Quelques 1 100 usagers étaient passés devant lui, 27 seulement lui ont donné une pièce et 7 se sont arrêtés pour l'écouter. Notre violoniste avait récolté 32 dollars. Une telle chose est possible parce que nous sommes des êtres extrêmement sociaux, que nous vivons en groupe et que nous préférons faire comme la plupart des gens. Ce qui nous fait parfois rater des occasions extraordinaires.

➤ *Comment convaincre quelqu'un de quelque chose dont les autres ne veulent pas ?*
La clé de la réussite, c'est qu'il vous fasse confiance. Vous pouvez y parvenir de façon classique, en lui consacrant du temps et de l'intérêt, mais vous pouvez aussi être obligé de brûler les étapes…

### ➤ *Vous disposez de 47 secondes pour convaincre*

Pour ces cas-là, il existe une astuce très efficace. Les gens font confiance à ceux qu'ils trouvent sympathiques, n'est-ce pas? Or, nous trouvons sympathiques ceux qui nous ressemblent; vous devez donc être capables de convaincre l'autre que vous êtes comme lui, alors que vous ne le connaissez pas bien, et que vous disposez de peu de temps… Heureusement, c'est plus facile qu'on le croit. Détendez-vous et concentrez-vous sur l'autre personne. Regardez-la, écoutez-la. Pour la convaincre que vous lui ressemblez, observez ses mimiques, comment elle «situe» dans l'espace les choses dont elle parle. Maintenant, parlez-lui de la même façon en reproduisant exactement ses gestes. Par exemple, si cet homme a dit: «Quand je roule en moto, je mets mon casque» et qu'il ferme ses poings et les fait bouger comme s'il conduisait une moto, vous lui répondez: «Eh bien l'autre jour j'étais en train de garer ma moto, quand on m'a volé mon casque», en répétant les mêmes gestes. La personne que vous voulez convaincre croira ainsi que vous partagez son univers imaginaire, que vous lui ressemblez; du coup, elle aura nettement plus confiance en vous.

### ➤ *On vous fait confiance. Est-ce que vous pouvez dès maintenant demander n'importe quoi?*

Non, attendez un peu. Si vous pouvez mener votre opération séduction autour d'un repas ou autour d'un verre, tant mieux. Comme l'affirme Richard Wiseman, il n'y a pas de repas gratuit ni de café innocent. Si vous êtes assis autour d'une table, utilisez l'effet «milieu de scène»: installez-vous au milieu, vous aurez ainsi plus d'influence.

Mais vous ne disposez que de 47 secondes pour convaincre. Il faut donc mettre tous les atouts de votre côté. Concentrez-vous sur ce que vous voulez obtenir.

➤ *Je ne demande pas mieux que d'apprendre !*

Parachevons notre stratégie avec la fameuse technique du «Oui, oui, oui». Dale Carnegie, dans *Comment se faire des amis…*, affirme que si vous obtenez que la personne que vous cherchez à convaincre réponde par oui à une série de questions, elle sera ensuite plus facilement d'accord avec vous. Les psychologues ont d'ailleurs confirmé cette règle. Donc, si vous voulez convaincre quelqu'un, efforcez-vous d'ouvrir la conversation par au moins deux questions auxquelles l'autre répondra presque certainement par l'affirmative. Par exemple, «Vous allez bien?» *(« Oui, merci »)*, «Voulez-vous vous asseoir?» *(« Oui »)*, et «Est-ce que vous êtes bien installé?» *(« Oui »)*. En posant des questions simples appelant des réponses positives, vous prédisposez l'autre à vous écouter avec l'esprit plus ouvert; il n'en sera que plus enclin à vous suivre.

Vous voilà paré pour croquer le monde à belles dents! Nous allons maintenant orienter nos réflexions vers les personnes dont vous voulez vous entourer, les idées et les causes auxquelles vous vous lez vous attacher. Vous mettrez ainsi vos ambitions et vos aptitudes au service de ce qui vous aide réellement à trouver le bonheur.

# 5

# La balance du bonheur

*Gages de bien-être émotionnel et physique*

Avez-vous vu le biopic sur l'ex-Premier ministre du Royaume-Uni, Margareth Thatcher, interprétée par Meryl Streep? Personnellement, il m'a consternée. «C'était qui?», m'a demandé ma fille quand je lui en ai parlé le lendemain. Il faut dire que ce film n'apporte pas de clés suffisamment pertinentes ou suggestives qui permettraient d'éclairer le personnage. Du moins esquisse-t-il le portrait d'une femme cramponnée à ce qu'elle juge être son devoir, au-delà de toute autre considération humaine, et qui retrouve dans les brumes de sa sénilité les lambeaux d'une vie pragmatique jusqu'au dégoût. D'où mon malaise : il ne s'agit pas ici d'un devoir compatissant, qui laisserait la place aux nuances ou au rire, mais d'un devoir inflexible qui finit par dévorer le protagoniste.

Je reconnais que le destin nous a joué un mauvais tour en nous pourvoyant, il y a des milliers d'années, d'un cerveau programmé pour survivre dans des conditions très défavorables. Aujourd'hui nous n'affrontons ni lions ni hyènes dans les rues de nos villes, mais nous réagissons encore, face à un regard fuyant ou un coup de klaxon hostile, avec la même méfiance que celle qui était nécessaire à nos ancêtres pour survivre au milieu de dangers innombrables. À tel point que nous finissons par opposer le plaisir au devoir ou à la survie. Il est grand temps de mettre un terme à cette mystification. Que diriez-vous d'un système électronique implanté dans le cerveau pour le réinitialiser quand on devient incapable de jouir et de faire jouir ?

Certes, vivre n'est pas facile. La joie ne se manifeste que par éclairs et intuitions quasi miraculeux, péniblement arrachés à la vie souvent figée qui est la nôtre. Dans ces conditions, on a vite fait d'oublier de s'accorder du plaisir : nous sommes aveuglés par une existence pleine de contraintes, entre travail, responsabilités, attentes vaines, obstacles et limites. Une vie qui laisse bien peu de place aux émotions. Est-ce ça, la vie, ou seulement une parodie ? Les enfants naissent avec une folle envie de découvrir et de s'amuser ; pourtant, on voit beaucoup de précieuses vies d'adulte sacrifiées sur l'autel du devoir.

À toutes les époques, tous les êtres humains se sont demandé ce qu'était une belle vie. J'ai moi-même posé ce matin la question à ma fille pendant le petit déjeuner. «Qu'est-ce qui serait une belle vie pour ton père ? Et pour grand-mère Ana ? Et pour ton oncle Jaime ? Et pour moi ?» Réaliser qu'une bonne vie représentait quelque chose de différent pour chacun l'a énormément surprise.

Existe-t-il un point commun entre toutes ces aspirations à une belle vie ? J'ai repensé aux paroles d'Insoo Kim Berg, psychothérapeute américaine, lorsqu'elle affirmait qu'une bonne vie consistait à contribuer à rendre un peu plus belle la vie des autres. Et les études lui donnent raison : on s'est effectivement aperçu qu'il est plus gratifiant de donner que de recevoir. Bien qu'on s'obstine à prétendre que l'hédonisme et l'égoïsme sont innés et qu'ils nous apportent les plus grandes satisfactions, la vie, paradoxalement, ne nous rend pas vraiment heureux tant que nous n'apprenons pas à satisfaire notre besoin inné de collaboration et de partage.

Certes, une belle vie est sans doute conditionnée par le rejet d'un égoïsme féroce. Mais peut-on être généreux *et* joyeux ou bien doit-on macérer dans l'austérité du sacrifice pour atteindre le bonheur ? J'ai la conviction qu'il s'agit là de l'un de nos plus grands défis : ménager autant d'espaces que possible pour le plaisir et pour l'espoir, laisser entrer un peu de lumière dans le sombre boyau où nous nous frayons notre chemin, en faisant preuve de courage et d'obstination. Je ne crois pas que les dieux aient voulu nous accabler en imaginant ce monde et même en le confiant à nos mains imparfaites : ils n'aimeraient pas nous voir supporter un devoir rebutant et stérile, qui tourne résolument le dos au bien-être, à l'humour, à la compassion et au bonheur. Notre premier devoir consiste à vivre ; et la vie mérite bien plus qu'un triste sens du devoir.

Les promenades que nous allons faire dans ce chapitre sont les plus charmantes de notre géographie humaine, les plus désirables aussi, car elles traversent d'inoubliables paysages qui nous émerveillent, même s'ils s'éloignent parfois sans nous laisser les approcher – comme des mirages. Ce sont de longs chemins aux nombreuses bifurcations, et il faut, pour s'y aventurer, être solidement équipé et savoir prendre son temps. Comment choisir les meilleurs itinéraires ? Et où trouver des aires de repos ?

## TREIZIÈME PROMENADE
## LE BONHEUR INTÉRIEUR

### La balance du bonheur

On parle beaucoup du bonheur[1], mais nous sommes d'habitude incapables de le définir, ni très sûrs des éléments qui le composent. Nous avons pourtant besoin de comprendre ce qui nous rend heureux, si nous voulons favoriser ce qui nous est réellement utile.

---

1. «Bonheur» est le mot que nous utilisons pour évaluer, de façon tout à fait subjective, notre sentiment de bien-être.

Nous savons que certaines attitudes contribuent à augmenter ou diminuer le degré de bonheur, la psychologie disposant depuis quelques années de données sur cette question.

> ➤ *Impossible de savoir avec certitude si les gens sont plutôt heureux ou plutôt malheureux*

Les chercheurs relèvent qu'une majorité de gens se disent entre peu et modérément heureux, ce qui signifie que la plupart d'entre eux pourraient relever leur niveau de bien-être par un effort adapté. Mais nous savons aussi qu'on se laisse plutôt porter, par notre programmation génétique innée, à pencher davantage vers le malheur que vers le bonheur.

> ➤ *De quoi dépend le bonheur ?*

N'oublions pas que 40 % de notre aptitude au bonheur dépendent de notre comportement. Modifier ce dernier demande un effort que nous ne sommes pas toujours disposés à fournir, mais la récompense – une augmentation des degrés de bonheur individuel et collectif – est garantie. Selon plusieurs enquêtes, les personnes optimistes et reconnaissantes sont plus heureuses, elles se sentent mieux d'un point de vue non seulement émotionnel mais également physique : elles sont moins susceptibles de souffrir d'accidents cardio-vasculaires et leur système immunitaire est plus résistant ; elles surmontent plus facilement l'adversité, elles sont plus efficaces au travail, elles savent mieux résoudre les conflits et ont des salaires plus élevés. En définitive, si nous réussissons à rendre les autres plus heureux, nous augmentons nos chances de l'être aussi.

Des décennies de recherches permettent de conclure que les éléments qui contribuent le plus au bonheur sont ceux qui font les délices des sages depuis la nuit des temps : la gratitude, le pardon, la compassion, savoir profiter des petites choses du quotidien et avoir un réseau affectif pas forcément étendu mais solide. L'être humain n'ayant pas changé depuis des milliers d'années, il paraît logique que, dès l'Antiquité, l'on ait pressenti ce que les recherches actuelles mesurent avec précision. L'environnement peut varier, les coutumes et les attentes aussi, mais nous dépendons toujours de la manière dont notre cerveau empathique et nos peurs font pencher la balance quand nous devons choisir entre l'instinct de survie et le désir de collaborer et d'aimer.

Nous verrons au cours de ce chapitre comment nous familiariser avec les éléments et les attitudes qui contribuent au bonheur individuel et collectif, et comment les mettre en pratique.

➤ *Pouvons-nous agir sur notre bonheur quotidien ? Ne sommes-nous pas otages d'éléments plus ou moins stables, comme l'argent ou la santé ?*
Ces éléments – santé, éducation, état civil... – sont des circonstances de notre vie, mais on estime qu'ils comptent pour 10 % à peine dans l'évaluation du bonheur personnel. Il dépend d'ailleurs souvent de notre volonté que ces circonstances empirent ou s'améliorent, dans la mesure où nous pouvons apprendre à adopter des pensées et des modes de vie plus bénéfiques.

➤ *Comment se décompose l'aptitude au bonheur ?*
Environ 50 % de notre aptitude au bonheur sont influencés par la génétique. Cette propension innée à être heureux est appelée par les spécialistes le «point nodal du bonheur», qu'ils comparent au poids corporel : vous pouvez agir dessus, l'améliorer ou l'aggraver, mais vous aurez toujours tendance à revenir à votre point/poids moyen. À peu près 10 % relèvent des circonstances et les 40 % restants dépendent de votre comportement, de votre regard sur la vie et de votre opinion sur vous-même et sur les autres.

➤ *Est-ce que je peux concrètement faire quelque chose pour me sentir plus heureux ?*
Oui, vous pouvez faire beaucoup pour relever votre niveau de bonheur, donc votre bien-être émotionnel et physique. Il vous est

possible de gérer votre attitude, vos émotions et vos pensées ; vous pouvez également modifier jusqu'à un certain point votre environnement et les circonstances de votre vie, comme nous allons le voir dans ce chapitre.

D'autres éléments peuvent aussi nous rendre plus ou moins heureux. Si je vous demande qui est le plus heureux, d'un homme (ou d'une femme…) de 30 ans ou d'un homme de 70 ans, que me répondez-vous ? Vous pensez sans doute que c'est le premier – c'est du moins l'opinion générale. Mais les études montrent que les gens sont en moyenne plus heureux à partir de 46 ans. Le résultat a été obtenu par des travaux visant à mesurer et à comprendre le bonheur des individus, indépendamment de leur richesse matérielle.

En schématisant, si la vie forme un U, le premier jambage représent la période où l'on est un jeune adulte. On est heureux à ce moment-là, même si on est stressé. On atteint la partie horizontale du U vers 46 ans. Pour beaucoup de gens, c'est le moment critique des soucis et des chagrins, du poids des responsabilités et de la perte des illusions. Mais les choses s'améliorent de nouveau ensuite : si vous gérez convenablement votre capital bonheur, vous avez de grandes chances d'être plus heureux quand vous atteignez le second jambage du U, donc la maturité, qu'à 30 ans.

### ➤ *Pourquoi les gens se sentent-ils souvent plus heureux à l'âge mûr ?*

Nous ne pouvons faire que des hypothèses, mais certaines sont assez convaincantes. Le philosophe américain William James assurait qu'il est « si agréable de voir venir le jour où l'on cesse de vouloir à tout prix être jeune ou mince ». C'est tout à fait ça : on dirait que les gens apprennent, avec l'âge, à accepter leurs points forts et leurs faiblesses, se libérant ainsi d'une bonne part de frustration et d'ambition. Beaucoup apprennent à profiter de tout ce qui est réellement à leur portée et ils accordent plus de valeur à l'un des éléments clés du bonheur : les relations avec les autres.

➤ *Et comment mesure-t-on le bonheur ?*

Dans les années 1930, le gouvernement américain a inventé le produit intérieur brut (PIB) pour mesurer l'activité de production des biens et services à l'échelle nationale. Si cette valeur sert désormais d'indicateur des variations économiques dans tous les pays, l'instrument ne convient pas pour évaluer le bien-être général d'une société. Nous savons, par exemple, que les pays qui ont le plus prospéré ces cinquante dernières années n'ont pas forcément réussi à améliorer le degré de bonheur des habitants. De nombreux gouvernements travaillent donc pour développer de nouveaux outils d'évaluation du bien-être à l'échelle nationale, notamment en termes d'accès à la connaissance et de quantité de temps libre. Mais la difficulté consiste à transformer des principes généraux consensuels en repères quantifiables.

Le petit royaume du Bhoutan a devancé tout le monde puisqu'on y mesure depuis 1972 le «bonheur national brut»(BNB), combiné à d'autres évaluations plus strictement économiques. La politique sociale et économique de ce pays prend en compte non seulement la productivité mais aussi la diversité de l'environnement, le bien-être des habitants, l'utilisation du temps libre – entre autres celui consacré par les habitants à leur famille, à leurs loisirs, etc. Des forêts restent inexploitées malgré les bénéfices considérables qui découleraient de leur utilisation : c'est une possibilité qui ne répond pas aux critères du bonheur national brut. Un ministère a même été créé pour veiller au respect de ces principes…

➤ *Sait-on précisément quels facteurs pèsent le plus dans la balance du bonheur ?*

Lorsqu'on parle de bonheur, on se rapporte au sentiment de bien-être perçu par les individus ; le bonheur est donc personnel et subjectif, et chacun doit trouver son propre chemin pour y accéder. Mais nous savons que certains facteurs sont plus favorables que d'autres pour atteindre ce bien-être. Autrement dit, si le bonheur était une balance, certains éléments la feraient pencher davantage d'un côté ou de l'autre. Cela mérite que nous nous demandions si nous accordons suffisamment d'importance à ces éléments dans notre quête du bonheur. Voyons cela de plus près.

*Homme ou femme ?* Les femmes sont généralement un peu plus heureuses que les hommes, même si elles sont aussi plus sujettes à la dépression (entre 20 et 25 % des femmes en souffent une fois dans leur vie).

*Névrosé ou extraverti ?* Ces comportements ont une grande influence sur le bonheur. Le névrosé a tendance à se sentir coupable, mécontent et anxieux ; il se laisse dominer par ses émotions négatives et a des relations difficiles avec les autres. Par contre, l'extraverti est heureux s'il se sent entouré, et il montre une propension à la gaieté et à l'optimisme.

*Marié ou célibataire ?* La question de l'état civil ne se pose pas, mais les personnes en couple ont plus de chances d'être heureux que les célibataires.

*Des enfants ?* Si vous faites le bilan de votre vie, les enfants ajoutent bien du bonheur au résultat final. Même s'ils sont une source non négligeable de soucis et de stress au quotidien, ce qui a tendance à faire baisser le niveau de bien-être ressenti au jour le jour par les parents.

*De l'argent ?* Il compte beaucoup pour le bonheur quand on ne peut pas faire face aux besoins de base. Les sans-logis de Calcutta ont un indice de bonheur de 2,9 sur une échelle de 7 ; mais, s'ils disposent du nécessaire, un Inuit du Groenland et un Masaï habitant dans une hutte en Afrique sont aussi heureux que les citoyens aisés des États-Unis[1]. Autre détail intéressant : globalement, le niveau de vie

---

1. Voir les travaux sur l'argent et le bonheur menés par le prix Nobel d'économie Daniel Kahneman : www.princeton.edu/-kahneman.

a augmenté de façon vertigineuse au cours de ces dernières décennies dans les pays développés, mais les niveaux de bonheur évalués ressemblent beaucoup à ceux d'avant la seconde guerre mondiale.

*Gagner au loto ?* Si le coup de pouce qu'apporte ce genre d'événement peut être formidable, on retrouve, au bout de quelques mois, les mêmes niveaux de bonheur qu'avant. Cela s'explique en partie par un phénomène évolutif : nous sommes programmés pour nous habituer aux changements, qu'ils soient négatifs ou positifs. Donc, avec le temps, la nouvelle voiture ou la nouvelle maison ne nous font plus tellement d'effet. Les meilleurs changements sont ceux qui ne sont pas seulement d'ordre matériel, mais qui nous ouvrent des perspectives pour que de bonnes choses puissent nous arriver ; par exemple, si on se lance dans une nouvelle activité, les changements et les opportunités se multiplient et ouvrent des horizons différents.

*Du travail ?* Voilà quelque chose d'essentiel. Si vous avez du travail, cela fait grimper votre niveau de bonheur. Et travailler près de chez soi est un indicateur de bonheur.

*La santé ?* Même si elle pèse beaucoup dans notre bilan du bonheur, nous sommes tous capables de surmonter nos défaillances pour retrouver notre niveau habituel de bien-être. Le psychologue Daniel Gilbert, de l'université Harvard, a calculé que les personnes amputées d'un bras mettent environ trois ans à retrouver leur niveau de bonheur antérieur.

*L'âge ?* Celui-ci joue en général en notre faveur. Certes, ce ne sont pas les rides et les pépins de santé de la vieillesse qui nous rendent plus heureux, mais les changements dans notre façon de voir la vie. Si nous avons appris des choses au fil des ans, nous aurons plus de facilité à résoudre les conflits, accepter les revers de la vie, éprouver de la compassion pour les autres, encaisser leurs critiques (on en souffre toujours autant, mais on éprouve moins de colère), ne plus se laisser prendre par une ambition dévorante. En un mot, nous profitons davantage de ce que nous avons, même si c'est très simple… De plus, quand on vieillit bien, on sait mieux apprécier le moment présent, ce qui apporte beaucoup de bonheur.

*La nature?* Nous sommes programmés pour nous y sentir bien. Nous venons de la savane, des ciels ouverts et des grands espaces. Certaines études montrent que les gens entourés par la nature tombent plus rarement malades et que les personnes hospitalisées récupèrent plus vite si leur fenêtre s'ouvre sur de la verdure.

*Un hobby?* Avoir un dada permet de connaître ce que l'on nomme le *flow*, ou l'«expérience du flux». Ce concept a été créé par le psychologue Mihály Csikszentmihály pour décrire cet état mental et émotionnel que nous connaissons quand nous sommes complètement pris par une activité. Cette grande concentration peut s'obtenir en s'absorbant dans une activité ludique ou créative. Les athlètes, les musiciens, les écrivains, les sportifs ou les religieux connaissent bien le flow.

Le bonheur dépend donc de plusieurs facteurs que chacun adapte selon ses besoins et valorise selon ses préférences. C'est une somme d'émotions composites. Mais le cerveau ne nous aide pas toujours à ressentir ces émotions porteuses de bonheur, car il a surtout tendance à souligner ce qui est négatif et à se laisser bloquer par la méfiance et par la peur. Malgré ses nombreuses ressources et ses remarquables capacités, il n'excelle vraiment que pour la survie; le plaisir et la gaieté ne sont donc pas sa priorité. Il faudra alors combattre ce penchant et nous entraîner consciemment à détecter une réalité plus équilibrée et moins univoque. En un mot, à penser positif. Deux outils peuvent nous aider: une meilleure gestion de nos émotions et une capacité à ressentir des émotions positives, en filtrant les émotions négatives quand elles ne correspondent pas à des circonstances objectives. Sur ce dernier point, le psychologue John Gottman, de l'université de Washington, a consacré des années à mesurer l'impact du ratio positif/négatif sur notre vie et nos relations interpersonnelles. L'amélioration de ce ratio est possible, ce que nous allons voir dès à présent.

## Le ratio positif/négatif

Certaines études effectuées aux États-Unis montrent que 20 % à peine des personnes trouvent leur vie enthousiasmante. Les psychologues ont montré que ces personnes sont épanouies. Elles ont généralement tendance à se demander si elles apprennent de nouvelles choses, si elles s'améliorent, si elles contribuent à améliorer la vie des autres? Au contraire, lers personnes dépourvues d'entrain considèrent qu'elles «font aller», même si la plupart conviennent que la vie leur a souri à un moment donné. Qu'ont-elles alors perdu en chemin? Elles ne sont ni déprimées ni malades, mais elles sont résignées. Près de 60 % des personnes interrogées conviennent qu'elles vivent machinalement, sans trouver de sens à leur existence. Elles font les gestes de la vie, mais ne se sentent pas vraiment vivantes.

➤ *Que faire pour nous sentir bien et retrouver de l'enthousiasme?*

Positives ou négatives, toutes les émotions nous sont nécessaires pour rester en vie. Les émotions négatives nous incitent à craindre, à repousser, à nous protéger. Elles surgissent spontanément, puisque notre cerveau est programmé pour survivre et que nous nous tenons instinctivement à l'affût de toute menace éventuelle. Les émotions positives servent, inversement, à inclure, à accueillir dans notre vie des sensations de plaisir, comme nous nous amusons ou que quelque chose nous intéresse, quand lorsque nous nous émerveillons ou que nous nous sentons inspirés et reconnaissants. Quand nous améliorons notre «régime» d'émotions positives, nous découvrons que la vie prend plus de sens. Nous sommes aussi plus entourés socialement; du moins le ressentons-nous davantage car nous sommes plus ouverts aux autres.

Il faut savoir aussi que les émotions n'ont rien de permanent: elles vont et viennent. Inutile de se cramponner à elles. Mieux vaut plutôt s'entraîner à en générer plus de positives que de négatives, afin d'établir un équilibre salutaire entre les deux pôles. Voici quelques suggestions pour vous épanouir et retrouver de l'enthousiasme...

▶ *Soyez un peu imprévisible et faites quelque chose d'inattendu*

Pour grandir et se transformer, il faut savoir parfois agir autrement. Personne ne se développe en faisant tous les jours la même chose. L'évolution naturelle l'illustre bien: les enfants sont déjà un peu différents de leurs parents, les espèces se transforment, créant de nouvelles aptitudes, en perdant d'autres. Il faut toujours être capable de faire des choses différentes si on veut évoluer.

▶ *Améliorez votre ratio en commençant par votre relations aux autres*

Comment savoir si une relation présente un bon équilibre entre le négatif et le positif? C'est possible en comptant le nombre de situations positives («Voilà une bonne initiative») et négatives («Ce n'est pas ce que j'espérais», «Je suis déçu») vécues avec untel ou untel. C'est un moyen utilisé par les spécialistes pour diagnostiquer le type de relations entre des personnes, qu'il s'agisse d'un couple, d'une équipe de travail, de parents et leurs enfants, d'amis ou autres.

▶ *Quel est l'impact du ratio positif/négatif dans le couple?*

John Gottman dit pouvoir prédire le divorce d'un couple dans les cinq années à venir, avec un coefficient de fiabilité élevé, en se contentant d'observer ces personnes pendant une quinzaine de minutes. Pour établir ce diagnostic, il utilise ce qu'il appelle l'«équilibre magique des relations de couple», un rapport de 1 sur 5 en faveur du positif. Concrètement, si nous comparons les éléments positifs – faire attention à l'autre, lui demander comment s'est passée sa journée, être affectueux… – et les éléments négatifs – les critiques, la colère, l'hostilité, se sentir blessé… –, nous constatons que les couples qui durent font et disent cinq fois plus de choses qui les unissent que de choses qui les séparent. Cela implique que, pour désamorcer un comportement négatif, il faut lui opposer cinq actes positifs – car le négatif pèse cinq fois plus lourd que le positif dans notre cerveau.

### ➤ *Et au travail ?*

Les recherches de Barbara Fredrickson et Marcial Losada montrent que les meilleures équipes entretiennent elles aussi un équilibre clairement orienté du côté du positif, avec un point d'inflexion autour de 3 pour 1 (il faut au moins 3 émotions ou images ou expériences positives pour contrebalancer 1 émotion ou image ou expérience négative). On estime que 80 % des adultes américains n'atteignent pas ce ratio, ce qui suggère que quelques efforts peuvent suffire à progresser dans ce domaine[1].

### ➤ *Comment appliquer ce ratio à la maison ?*

Si nous avons tendance à pencher vers le négatif dans notre vie professionnelle et dans notre couple, nous ferons sans doute de même vis-à-vis de nos enfants. Nous oublions sans doute de laisser assez de place au plaisir et au jeu, et nous ne faisons pas ce qui permet d'aider l'enfant à être heureux. Comme disent les Italiens : *« Niente senza gioia »* – rien sans la joie !

---

1. Selon Barbara Fredrikson, ce rapport de 3 pour 1 correspond au point d'inflexion qui permet de mieux réagir face à l'adversité et d'atteindre plus facilement ses objectifs. Vous pouvez mesurer votre ratio positif/négatif quotidien en suivant ce lien : www.positivityratio.com

➤ *Comment générer des émotions positives ?*

Un moyen très efficace consiste à vivre au présent en essayant de ne pas s'évader dans le passé ou le futur. Plusieurs études ont montré que quand les gens sont stressés ou effrayés, ils éprouvent moins d'émotions positives, car ils sont trop préoccupés par leur « survie ». Il nous faut donc créer des environnements qui nous permettent de déconnecter l'alarme de notre cerveau émotionnel. Il n'est pas nécessaire de faire de grands investissements matériels pour y parvenir, mais il faut un entourage raisonnablement attentionné et sûr. L'abondance, pour le cerveau inquiet, consiste à constater qu'il dispose du nécessaire et à s'attacher à vivre au présent.

## QUATORZIÈME PROMENADE
## LE VOYAGE INTÉRIEUR

### Vivre au présent

Avez-vous l'habitude de penser à ce que vous êtes en train de faire ? Ou bien faites-vous plutôt une chose en pensant à une autre ? Dans le second cas, il vous arrive ce qui arrive à presque tout le monde, et de façon tout à fait inconsciente : nous ne vivons pas au présent. Les recherches indiquent pourtant clairement que c'est une des clés du bonheur. Si vous avez du mal à y parvenir, il existe une solution au problème.

➤ *Faut-il vraiment apprendre quelque chose d'aussi simple que de vivre dans l'instant ? Ne devrait-il pas être automatique d'être ici et maintenant, de penser à ce que l'on fait ?*

Les capacités du cerveau adulte, doté d'un grand cortex cérébral pour prévoir l'avenir et se rappeler le passé, sont certes très utiles, mais c'est aussi une arme à double tranchant : nous devenons ainsi la proie de peurs et de désirs incessants. Nous avons beaucoup de mal à ne pas être obsédés par l'avenir, par ce que nous devrons faire ensuite; et nous nous laissons aussi envahir par le souvenir récurrent de situations passées! Les enfants sont plus aptes à vivre au présent, car leur structure cérébrale encore inachevée leur facilite les choses. Mais le cerveau adulte ne sait plus coment faire. Il a besoin d'exercices pour s'entraîner.

➤ *Pourquoi s'entraîner? Est-ce qu'on n'est pas bien ainsi, la tête ailleurs?*
La réponse est non. Nous savons tous que les activités les plus gratifiantes sont celles qui nous absorbent physiquement et mentalement, sans parasitage par les soucis ou les plaintes : jouer d'un instrument, conduire en profitant du paysage, jardiner… Mais c'est également vrai pour les routines quotidiennes : faire la vaisselle, se brosser les dents, éplucher une pomme…

Deux psychologues de l'université Harvard, Matt Killingsworth et Dan Gilbert, ont montré que près de la moitié de nos pensées n'ont strictement rien à voir avec ce que nous sommes en train de faire! Et cela nous arrive même au cours d'activités censées nous distraire, comme regarder la télé ou bavarder avec quelqu'un.

➤ *Ainsi, penser à une chose en en faisant une autre ne nous rend pas plus heureux?*
Exactement. Nous sommes plus heureux quand nos pensées et nos actions s'accordent, même en nous brossant les dents. Je dirai même plus : il a été vérifié que balayer en pensant que vous balayez vous rend plus heureux que si vous pensez à des vacances de rêve.

➤ *Comment a-t-on pu mesurer cela en laboratoire?*
C'est sans doute très difficile. On s'est servi d'une méthode peu conventionnelle mais très efficace appelée «échantillonnage d'expériences». Les chercheurs ont créé un programme permettant de contacter automatiquement sur leur portable, plusieurs fois par jour, 5 000 sujets participant à l'étude. On leur demandait de préciser ce qu'ils faisaient à l'instant, ce à quoi ils pensaient,

et d'évaluer leur niveau de bonheur. On a pu découvrir que les personnes qui mènent une existence passionnante en apparence mais sans s'y plonger entièrement sont moins heureuses que celles dont la vie est plus banale mais qui sont dans le présent.

➤ *Comment faire pour être plus heureux tout de suite ?*

Pour commencer, pensez uniquement à ce que vous faites, en pleine conscience et non pas de façon automatique. Ce n'est pas si facile que ça, car vous n'y êtes pas habitué et votre cerveau risque de renâcler au début. Certaines études qui font appel à des enregistrements de l'activité cérébrale montrent que même si nous suivons des instructions ou que nous ne pensons à rien de particulier, notre cerveau fonctionne comme si nous étions distraits. C'est une sorte de programmation cérébrale qui « mouline » par défaut.

➤ *Comment apprendre à vivre au présent ?*

On peut entraîner son esprit à vivre au présent, mais c'est comme lorsqu'on entraîne son corps : il faut faire un effort constant et régulier. Voici quelques exercices simples de « pleine conscience ». Lorsque vous les maîtriserez, vous pourrez les adapter à vos activités quotidiennes.

*Pas d'agitation inutile.* Quand on est pressé, on fait toutes sortes de gestes inutiles, ouvrir le mauvais tiroir, laisser tomber des choses par terre, saisir le vêtement qu'il ne faut pas…

*Faites dix pas pieds nus et en pleine conscience.* Chez vous, déchaussez-vous pour faire dix pas en vous concentrant sur vos sensations : nature du sol, pression de vos pieds, température…

*Mangez en pleine conscience un aliment qui vous fait plaisir, par exemple un raisin sec.* Prenez un raisin sec, regardez-le, humez-le, déposez-le doucement sur la langue et dégustez-le lentement, en pensant aux sensations éprouvées. Le sentez-vous contre le palais ?

Est-il sucré ou bien fade ? Petit, fripé, sec ou juteux ? Ne pensez qu'à ce raisin. Concentrez-vous sur lui.

*Entraînez-vous à apprécier ce qui vous entoure.* Être reconnaissant est un moyen direct de mieux percevoir la réalité. Le moine bénédictin David Steindl-Rast[1] propose cet exercice tout simple : « Pendant la journée, appréciez quelque chose que vous n'avez jamais apprécié. » Sortez par exemple dans la rue et regardez un camion que vous n'aviez jamais remarqué. Cela peut sembler idiot, mais en faisant attention à sa couleur, vous l'appréhendez avec tous vos sens comme si vous le touchiez, le regardiez et écoutiez le bruit qu'il fait. Le soir, vous retrouvez cette sensation et vous êtes reconnaissant d'avoir découvert ce camion que vous n'aviez jamais reamrqué. À quoi sert cet exercice ? Il vous aide à développer une attention soutenue et une appréciation profonde.

---

1. David Steindl-Rast a développé une théorie très convaincante sur l'émerveillement et la gratitude : « La règle inculquée à l'enfant que j'étais et mise en pratique lorsque je traversais la rue : "Arrête-toi, regarde, mets-toi en marche" m'aide dans ma pratique de la gratitude. Avant de me coucher, je fais le point sur ma journée et je me demande : "Est-ce que j'ai bien fait une pause pour me laisser surprendre ? Ou est-ce que j'ai marché distraitement et sans entrain ? Est-ce que j'étais trop absorbé pour laisser place à l'étonnement ? Est-ce que je me suis laissé distraire par les circonstances au point de ne pas avoir trouvé la pépite dans le cadeau-surprise ? Enfin, est-ce que j'ai été assez disponible pour saisir l'occasion qui s'offrait à moi ?" Cette recette pour une vie reconnaissante paraît toute simple, et elle l'est. Mais qui dit simple ne dit pas forcément facile. Des choses élémentaires peuvent être difficiles, car nous avons perdu notre simplicité enfantine sans avoir encore trouvé celle de notre maturité. Vous trouverez presque toujours un instant qui vous offre la possibilité de jouir des sons, des odeurs, des saveurs, des textures, des couleurs, et plus joyeusement encore de l'amitié, de la bonté, de la patience, de la fidélité, de l'honnêteté et de tous ces dons qui nous attendrissent le cœur comme une pluie printanière. » (www.gratefulness.org).

*Ne faites pas toujours la même chose de la même façon.* Le cerveau a tendance à se déconnecter de ce qu'il fait pour que cela devienne un automatisme. Pour combattre ce phénomène, un exercice efficace consiste à rompre avec quelques habitudes machinales, même si elles sont inoffensives. Vous pouvez chaque jour vous mettre au défi de modifier un de vos automatismes : vous asseoir à une autre place à table, vous brosser les dents autrement, choisir l'autre bout du canapé…

## QUINZIÈME PROMENADE
## LE BONHEUR EXTÉRIEUR

Nos modèles émotionnels datent de l'enfance et déterminent nos croyances et nos réactions face à l'amour, la curiosité, la peur, etc. Si la génétique détermine un certain profil mental et physique chez les individus, on sait que l'activation de nos gènes dépend beaucoup de l'environnement. Plusieurs exemples le prouvent. Ainsi, chez des jumeaux tous deux porteurs d'un gène qui les prédispose à une pathologie mentale, celle-ci ne se développera qu'en fonction de l'environnement de chacun. Nous sommes infiniment vulnérables à ce qui nous entoure. C'est pourquoi un enfant mis sous pression par de mauvais traitements, des abus ou une vie stressante aura, à l'âge adulte, des réactions psychologiques, émotionnelles et mentales déclenchées par des menaces supposées ou des événements angoissants. Un enfant qui n'a pas été aimé aura très probablement des difficultés à établir des relations affectives solides. Nous verrons dans les pages qui suivent l'impact des facteurs génétiques et environnementaux dans nos vies.

### Qu'arrive-t-il donc au cerveau masculin ?

Pourquoi est-ce que je préfère me taire quand je suis stressé alors qu'elle veut parler à tout prix ? Pourquoi est-ce que j'apprécie la boxe et pas elle ? Pourquoi est-ce que je ne confonds pas le sexe avec l'amour ? Pourquoi est-ce que je vois rouge quand quelqu'un abîme ma voiture ? Pourquoi je ne remarque jamais quand elle change de coiffure ? Est-ce que c'est pareil pour tout le monde ? Est-ce que c'est le propre du cerveau masculin ou est-ce qu'on peut y remédier ? Il y a certes des différences entre les cerveaux masculins et féminins, mais elles varient selon les personnes et on ne doit y voir qu'une tendance due principalement à des facteurs évolutifs : l'éducation, la génétique, les habitudes qui laissent leurs traces dans le cerveau... Beaucoup d'hommes et de femmes ne correspondent que partiellement, voire pas du tout, à ces tendances. Plus encore : dans chaque homme vit une femme et inversement.

➤ *Prenez-vous soin de la femme qui est en vous ?*
Ce ne sont pas seulement des mots, c'est une réalité biologique. Les hommes sont « dérivés », dans le sens où nous « dérivons » tous d'une femme. C'est ce que l'on appelle l'« Ève mitochondriale », puisque la forme biologique par défaut dans la nature est la forme féminine. Le fœtus mâle commence à libérer, à partir de ses minuscules testicules, de fortes doses de testostérone, l'hormone masculine, qui vient imprégner les circuits cérébraux, et cela donne un garçon. Par contre, le cerveau féminin n'est pas exposé à autant de testostérone et les petites filles naissent avec des circuits cérébraux dont certaines zones – celles de l'ouïe ou des émotions, par exemple – sont plus développées que dans le cerveau masculin.

➤ *Le cerveau masculin possède-t-il une zone particulièrement remarquable ?*
L'espace réservé au sexe dans le cerveau masculin peut être deux fois et demi plus grand que chez la femme. D'où la phrase de Groucho Marx : « Ne pensez pas du mal de moi, mademoiselle. L'intérêt que je vous porte est purement sexuel. » Vu que le sexe joue un rôle important dans nos vies, il conviendrait de recevoir une éducation

sur ce qui motive en général notre partenaire. Par exemple, saviez-vous qu'une femme doit être détendue pour jouir sexuellement? C'est une question de cerveau... Helen Fisher, chercheuse à l'université Rudgers du New Jersey, explique que les deux hémisphères du cerveau masculin sont en général moins connectés, ce qui rend les hommes plus capables de se centrer sur une seule chose et les amène à préférer poursuivre un objectif après l'autre. Le cerveau féminin, pour sa part, est capable d'assimiler et de se connecter à plusieurs sentiments à la fois. J'oubliais de dire qu'il a aussi une propension à assimiler plus facilement l'amour au sexe.

➤ *Est-il exact que les femmes se sentent plus à l'aise dans l'univers des émotions?*

La raison de ces différences entre homme et femme est probablement d'ordre évolutif: à l'origine, la femme restait dans le clan pour s'occuper de ses enfants. La communication et l'empathie, le sens des autres, comptaient beaucoup pour elle et elle avait intérêt à connecter tout cela convenablement, en interprétant les signaux subtils émis par son entourage. De son côté, l'homme devait aller chasser, et posséder un instinct plus agressif lui était utile: il faut savoir se déconnecter de certaines émotions ou préoccupations si on s'en va affronter un lion. Ce qui fait qu'un homme peut passer des heures à pêcher, à zapper ou à regarder le foot sans penser à rien de particulier; il dispose de cases mentales bien étanches, tandis qu'il semble plus naturel aux femmes de tout connecter.

➤ *Mais, au fond, hommes et femmes ressentent la même chose, non?*

Absolument. Sauf que nous l'exprimons parfois différemment. Regardons par exemple la façon de raconter des histoires. Imaginez que vous avez fait la fête toute la nuit, sans votre femme. Le lendemain, elle vous demande comment ça s'est passé. Il y a fort à parier que vous n'expliquerez pas grand-chose, ce qui va l'irriter parce qu'elle n'arrivera pas à croire que les bars visités étaient tous aussi semblables; elle n'avalera pas non plus que vous ayez passé douze heures sans parler de choses intéressantes, même si c'est le cas. Pour commencer, le cerveau masculin a tendance à aller droit au but, donc à raconter tout de suite la fin, qui constitue en quelque sorte l'«objectif», sans prendre le temps d'entrer dans les détails. Puis il faut ajouter un débit verbal différent, puisque les femmes prononcent en moyenne 25 000 mots par jour, contre 12 000 pour l'homme.

➤ *Est-ce que parler soulage une femme stressée ?*
Incontestablement. Car elle a besoin d'exprimer ses émotions. D'ailleurs elle produit de la progestérone en parlant, ce qui l'apaise. Il faut aussi prendre en compte l'éducation : depuis leur plus tendre enfance, on inculque aux hommes qu'il ne faut pas exprimer leurs désirs, leurs craintes ou ce qui les rend vulnérables. Or, parler leur donne quelquefois un sentiment de faiblesse.

➤ *Est-ce pour cette raison que les hommes ont besoin de rester seuls quand ils se mettent en colère ?*
C'est là une autre tendance du cerveau masculin. On a observé que, dès leur plus jeune âge, les petits garçons ont généralement besoin de solitude quand ils sont contrariés (on appelle cela «rentrer dans sa grotte»), mais ensuite leur colère s'efface plus vite. Les fillettes, par contre, mettent plus de temps à se fâcher mais la «période réfractaire» , c'est-à-dire le temps nécessaire pour pardonner, est plus importante. Il est donc important de comprendre ces mécanismes pour ne pas les ressentir comme une atteinte personnelle. Votre compagne n'est pas rancunière, c'est seulement que sa période réfractaire dure plus longtemps que la vôtre.

➤ *Le cerveau masculin est-il aussi sociable que le cerveau féminin ?*
On a constaté que si on enferme ensemble un grand nombre d'hommes, ils auront tendance à se disputer. Alors que les femmes

auront tendance à mieux apprécier la situation, car elles parlent et se connectent...

▶ *Pourquoi les hommes prennent-ils souvent comme une attaque personnelle le fait qu'on abîme leur voiture?*

Deux choses peut-être les irritent : la testostérone et leur voiture. D'une part, les hommes sont programmés pour réagir en attaquant ou en prenant la fuite lorsqu'un autre mâle de l'espèce les menace (dans le cas présent, un autre homme dans une voiture). Tous leurs signaux d'alarme se mettent alors à clignoter! D'autre part, les études effectuées indiquent que les hommes s'identifient moins à leur corps que les femmes : ils préfèrent en général les systèmes et les machines, si bien qu'un affront fait à leur voiture les affecte de façon plus intime. Ce que vos compagnes peuvent faire pour vous calmer dans ce genre de situation, c'est vous caresser la nuque en chuchotant : «Quel pignouf, celui-là...», pour manifester leur solidarité et montrer qu'elles ne vous prennent pas pour un cinglé : votre réaction offensée s'explique simplement parce que vous vous identifiez beaucoup à votre voiture.

▶ *Pourquoi les hommes aiment-ils plus que les femmes les sports violents?*

Si vous êtes un homme, le fait de voir votre équipe se battre pour gagner augmente votre taux de testostérone; cela vous aide aussi à vous identifier à des valeurs telles que la domination, la prise de risque, la compétition... En fait, moins un homme est physiquement actif, plus il aura besoin de compenser ce manque d'action par le spectacle d'hommes en action.

Le sexe n'est pas le seul élément à pouvoir conditionner notre façon d'exprimer nos émotions. D'autres nous font devenir ce que nous sommes, l'un des plus inattendus étant certainement l'ordre de naissance dans la fratrie : ce qui semble anodin et fortuit pourrait cependant déterminer en partie notre destinée.

## L'ordre de naissance peut peser sur votre avenir

Savez-vous que les aînés ont tendance à atteindre leurs objectifs plus souvent que leurs frères et sœurs ? Voici un détail curieux illustrant ce phénomène : parmi les 23 premiers astronautes partis dans l'espace, 21 étaient des aînés et les 2 derniers étaient des enfants uniques – autrement dit des super-aînés, ayant donc de grandes probabilités d'atteindre leur but.

➤ *Je suis l'aîné. Comment cela a-t-il pu influer sur ma vie ?*

Les aînés ont tendance à prendre facilement la direction des choses et à faire face. Ils choisissent donc souvent des métiers où ils peuvent se distinguer. Leurs parents ont sans doute fondé de grands espoirs sur ce premier enfant. Ils lui ont consacré plus de temps, tout au moins jusqu'à l'arrivée des autres enfants. Les aînés se sentent d'habitude responsables de leurs frères et sœurs et ils veulent surtout ne pas décevoir leurs parents ; ils manifesteront donc une maturité et un sens des responsabilités exceptionnels pour leur âge.

➤ *Mon frère ne me ressemble en rien, et pourtant nous avons reçu la même éducation. Pourquoi ?*

Nous sommes éduqués dans la même famille que nos frères, mais cela ne veut pas dire que l'on nous traite de la même façon. Quand un deuxième enfant arrive, celui-ci adopte d'habitude le rôle opposé à celui de son aîné. Pensez à votre frère aîné, surtout si vous êtes du même sexe et observez : ne faites-vous pas beaucoup de choses uniquement pour vous démarquer de lui ? Les cadets suscitent d'habitude moins d'admiration et d'intérêt que l'aîné, ils sont aussi plus incités à se débrouiller tout seuls. Quant aux benjamins, on attend moins d'eux et ils échappent également aux comparaisons avec l'aîné, ce qui les incite à prendre des risques et à être ouverts au changement. Comme ils sont souvent les boute-en-train dans la famille, il n'est pas rare qu'ils choisissent des professions plus artistiques ou en lien avec un public.

Quelle que soit notre place dans la fratrie, nous avons tous quelque chose en commun en tant qu'êtres humains : la vie nous pourvoit d'une longue enfance en guise de bagage. Quand un enfant naît, il possède un cerveau dont la taille correspond à peu près à celui d'un chimpanzé adulte. Ce cerveau aux dimensions disproportionnées rend même l'accouchement difficile, ce qui n'arrive à aucune autre espèce que la nôtre. À l'âge adulte, notre cerveau est environ trois fois plus gros qu'à la naissance. Ce long processus de développement nécessite que nous soyons très protégés pendant notre si longue enfance ; aucune autre espèce n'a des petits incapables de prendre soin d'eux-mêmes cinq ans après leur naissance. C'est pourquoi nos deux géniteurs doivent tellement s'impliquer dans notre protection.

Les modèles émotionnels acquis dans l'enfance sont tout-puissants, car ils s'inscrivent inconsciemment et profondément dans notre cerveau, selon un équilibre chimique, électrique et physique complexe. Notre conscience se forme pendant cette période, tout comme les liens affectifs, dont dépendra notre façon de nous relier aux autres, notre capacité à surmonter les obstacles, à comprendre et à gérer nos émotions, à nous motiver et à contrôler nos pulsions… Un exemple de cet apprentissage est illustré par la façon dont les bébés grandissent : leurs deux premières années servent au développement de l'hémisphère droit du cerveau, qui permet d'apprendre à lire les émotions, à les réguler et à interagir avec les autres. La mère ou le père enseignent inconsciemment à leur enfant des techniques d'autorégulation déterminantes pour sa vie future. « Viens mon chéri, tu n'as pas l'air bien. Je crois que tu as pris trop de lait, il te faut ton rot. On va arranger ça, ça va aller mieux. Tu vois, ça y est, tu souris », disent-ils à leur bébé. Cette mère ou ce père viennent d'apprendre au tout-petit tous les aspects d'une émotion. Ils lui ont appris à la nommer (« Tu n'as pas l'air bien »), c'est-à-dire à la reconnaître. Ils lui ont montré que les émotions et les problèmes ont une origine : « Tu as pris trop de lait… », et que d'autres personnes peuvent l'aider : « On va arranger ça… » Ils lui ont enfin prouvé que, lorsqu'on se sent mieux, le sourire revient – donc qu'on peut montrer ses émotions aux autres. Sans le savoir, ces parents ont donné à leur enfant un cours magistral sur la gestion des émotions. Imaginons à l'inverse ce qu'aurait pu apprendre à ce bébé une mère déprimée, irritée ou débordée.

Tous les parents penchent vers un type d'éducation généralement hérité de leurs propres parents. Selon John Gottman, il est aussi nuisible d'abuser d'une méthode autoritaire qui prive l'enfant d'estime de soi que de faire preuve de permissivité, car celle-ci ne donne pas clairement de limites à l'enfant ni ne lui laisse la possibilité de gérer ses émotions face à l'adversité.

Éduquer implique un apprentissage en grande partie imitatif et inconscient, au cours duquel l'enfant absorbe ce que ses parents lui apprennent au quotidien, non par ce qu'ils disent mais par ce qu'ils font. Nous imitons les comportements et nous nous approprions en grande partie le regard de nos parents sur le monde. Pour démonter ou modifier ultérieurement ces modèles à l'âge adulte, notre effort devra être conscient et soutenu. Voici quelques règles empiriques pour aider certains parents à désapprendre leurs modèles négatifs, ce qui fera le bonheur de leurs enfants.

## Huit règles empiriques pour parents d'enfants chanceux[1]

Ces règles découlent de remarques consensuelles et relativement efficaces, basées sur l'expérience pratique. Il n'est pas toujours facile de prendre les bonnes décisions ni de trouver les mots justes pour guider nos enfants au quotidien. Il importe donc de connaître

---

1. Ce paragraphe s'inspire d'un article d'Alice G. Walton, « 12 ways to mess up your kids », *The Atlantic*, 20 octobre 2011.

quelques principes sous-tendant une éducation intelligente sur le plan émotionnel.

*Pensez-vous que l'on puisse trop gâter un bébé?* Contrairement à ce que l'on a longtemps affirmé, il est presque impossible de trop gâter un bébé, tout au moins pendant ses six premiers mois. Certaines études prouvent que plus on entoure et câline un bébé, plus il manifestera d'indépendance et de confiance en lui quand il se mettra à marcher. Les bébés pleurent parce que c'est leur manière de réclamer de l'attention, et l'absence de réponse provoque chez eux une frustration – et développe une image peu rassurante du monde qui les entoure.

▶ SUGGESTION : ne précipitez pas l'accès à l'autonomie d'un enfant ; le changer de lit, le laisser seul, lui supprimer ses couches... ne doit pas être prématuré. Donnez-lui le temps de se sentir rassuré et entouré, et de ce fait aimé.

*Avez-vous quelquefois menacé votre enfant de partir sans lui?* Même s'il peut être terriblement frustrant pour vous de vous attarder au parc ou à un goûter d'anniversaire, et même si vous ne le feriez pas «pour de vrai», la menace d'être abandonné est terriblement perturbante pour l'enfant. Les parents incarnent avant tout pour lui la sécurité et la confiance ; il apprendra d'ailleurs à tisser des liens de confiance et d'affection avec les autres tout au long de sa vie en fonction de ses premiers liens avec ses géniteurs. Il paraît donc essentiel qu'il soit sûr que ses parents ne l'abandonneront pas. L'abandon réveille chez l'enfant le fantasme de la mort et de la mise en danger, ce n'est donc pas une monnaie de négociation valable ni justifiée.

▶ SUGGESTION : les enfants ont toujours du mal à passer à autre chose et à mesurer le temps, il faut donc les avertir de ce qui va se passer ensuite : «Il va être temps d'aller manger», «On va partir dans dix minutes», «Commence à ranger, il manque cinq minutes»... Cela les aide à faire plus facilement la transition entre un moment donné et le suivant. Pour les plus jeunes, un bon truc consiste à tirer parti de leur curiosité et à trouver à les distraire, comme avec la forme d'un nuage ou la couleur d'un camion dans la rue.

*Êtes-vous persuadé que ce qui a bien marché avec votre premier enfant sera tout aussi efficace pour le second ?* David Elkind, de l'université Tufts (États-Unis), a créé un joli adage : « La même eau bouillante qui a servi à durcir un œuf amollira la carotte. » Ce qui indique que le modèle unique ne convient pas aux enfants : non seulement la personnalité diffère selon chaque enfant, mais aussi ses modes d'apprentissage, sa capacité de concentration, ses affects ou sa façon de réagir à la discipline.

▸ SUGGESTION : apprenez à comprendre les besoins de votre enfant, son tempérament, sa façon d'exprimer et de recevoir de l'affection, ses particularités ; adaptez votre système éducatif et votre façon de le motiver en fonction de ses besoins.

*Avez-vous déjà menti à votre enfant ?* Une des règles de base est de ne pas mentir à son enfant, même si c'est pour lui épargner une éventuelle souffrance. Par exemple, vous lui dites que vous avez emmené son animal chéri chez un ami alors qu'il vient de mourir. Détourner une réalité n'est pas une solution acceptable, car vous sapez la confiance qu'a votre enfant dans les personnes auxquelles il croit le plus.

▸ SUGGESTION : il importe que votre explication soit proportionnée à sa capacité de comprendre – s'il est très jeune, il n'a pas besoin de longs commentaires sur la mort ou la maladie. Une autre façon de mentir et de blesser l'estime de soi chez l'enfant consiste à minimiser ses sentiments ou à lui dire que ce qu'il éprouve n'est pas vrai : « Non, tu n'as pas peur d'aller à l'école, tu dis des bêtises. » Les expériences difficiles offrent l'occasion de grandir et de devenir plus fort, le devoir des parents consiste donc à accompagner et soutenir l'enfant jusqu'à ce qu'il puisse affronter ses émotions. Vous pouvez aider l'enfant à reconnaître et à nommer ses émotions, puis lui apprendre comment les gérer[1].

*Avez-vous parfois un comportement relâché, comme si cela n'avait pas d'importance?* Les enfants apprennent par mimétisme. Ce sont des éponges qui s'imbibent de tout ce que vous faites, que ce soit bien ou mal. Par exemple, les enfants de fumeurs ont deux fois plus de chances de fumer que ceux des non-fumeurs. D'autres comportements plus subtils, comme votre façon de vous adresser aux autres, ont aussi de fortes chances d'être imités et considérés par vos enfants comme «normaux».

▶ SUGGESTION : soyez cohérent avec ce que vous dites et souvenez-vous que l'enfant assimilera davantage vos comportements que vos paroles pour les faire siens au cours de sa vie. Si vous voulez qu'il soit respectueux et aimable, montrez-lui que vous l'êtes aussi.

*Punissez-vous ou grondez-vous votre enfant quand il se fâche?* Ignorer les émotions négatives des enfants ne sert à rien; celles-ci constituent pour lui une façon raisonnable de s'exprimer, compte tenu des limites mentales et verbales de cet âge.

▶ SUGGESTION : montrez de l'empathie avec ce qu'il éprouve («Je comprends que tu sois en colère … »), mais limitez ses actes («…mais je ne peux pas tolérer que tu frappes quelqu'un»). Montrez-lui des façons positives et non violentes d'exprimer ses besoins et de résoudre des conflits.

*Perdez-vous votre sang-froid quand votre enfant contrevient aux règles?* S'il est en train de jouer à un jeu vidéo violent ou qu'il fait

---

1. Du conseil pour les parents: *Raising An Emotionally Intelligent Child: The Hearth of Parenting*, de John Gottman

quelque chose d'inattendu, répréhensible à vos yeux, replacez-le dans le contexte : si son entourage et ses activités sont globalement sains, un faux pas n'est jamais catastrophique.

*Négligez-vous les repas pris ensemble ?* De plus en plus d'études associent des repas pris en famille autour d'une table à une meilleure santé physique et mentale. Favorisez autant que possible les déjeuners ou les dîners pris ensemble : ils permettent de parler de ce que chacun a vécu dans sa journée, bon ou mauvais, et d'avoir plaisir à se retrouver. Pas la peine de préparer des petits plats à chaque fois, mais apprenez à vos enfants à manger sainement ; faites en sorte qu'ils puissent trouver dans le frigo des aliments nourrissants et sains, même si cela demande plus de temps que les plats tout prêts.

Pour bon nombre d'experts, dont John Ratey, de l'université Harvard, l'exercice physique contribue aussi indiscutablement à réguler le cerveau émotionnel, qui nous aide à gérer nos émotions, renforce notre motivation, calme notre anxiété, régule notre stress, accroît la capacité d'attention, améliore nos fonctions cognitives et aide à maîtriser certaines pulsions.

Comment expliquer cette influence ? Il y a plus d'un demi-million d'années, nous marchions entre 12 et 18 km par jour, nous soulevions des poids considérables et nous faisions constamment de l'exercice physique. Nos gènes n'ont pas fondamentalement changé depuis et il nous est toujours aussi indispensable de bouger pour être en bonne santé, puisque cette activité est inscrite dans notre cerveau. L'exercice et le jeu stimulent l'activité cellulaire et produisent des neurotransmetteurs, notamment de la dopamine, de la norépinéphrine et de la sérotonine, sans compter des hormones bénéfiques pour la santé physique et mentale.

Les études ont aussi montré que l'exercice contribue à prévenir ou à ralentir le déclin des facultés cognitives lié au vieillissement. Voilà un signal à prendre d'autant plus au sérieux que l'espérance de vie ne cesse d'augmenter dans les pays occidentaux. La *MacArthur Study of Successfull Aging* (étude MacArthur sur le vieillissement réussi), menée dans les années 1980-1990 par une fondation américaine, a mis en valeur trois initiatives capables de différer les prémices du déclin des facultés cognitives. La première consiste à réduire l'ingestion de calories et à maîtriser la masse corporelle ; la deuxième à pratiquer régulièrement une activité intellectuelle, ne serait-ce qu'en faisant des sudokus ou des puzzles, pour entretenir l'activité cérébrale ; la troisième à faire de l'exercice. Les recherches les plus récentes ont confirmé l'intérêt vital de l'exercice physique et d'une alimentation maîtrisée pour conserver la forme.

## Des erreurs qui nous empêchent d'être en forme

La société nous vend un modèle artificiel de perfection physique et nous y croyons, ce qui suscite beaucoup de frustration. Il ne s'agit pas d'être parfaits, mais d'apprendre à prendre soin de nos qualités en leur reconnaissant leur valeur. Il suffit de faire émerger le meilleur de nous-mêmes. Comme disait Michel-Ange à propos de son *David* : « Il a toujours été là, je n'ai eu qu'à enlever le superflu. » Certains comportements permettent d'éliminer le superflu quand d'autres sont nuisibles, malgré tous nos efforts. Par exemple, qu'est-ce qui est, selon vous, réellement important pour garder la forme ?

Tout d'abord, l'envie de retrousser ses manches pour prendre soin de soi. La règle d'or pour y parvenir : apprendre à se servir du pouvoir des mots avant de faire les choses. C'est indispensable. Par exemple, si je me dis : « Bouh ! quelle flemme, il va falloir que je me tape 20 minutes de rameur, ce que j'aimerais le balancer par la fenêtre. Pourvu que ce soit vite fini ! », je conditionne mon cerveau pour qu'il associe exercice et désagrément. Apprenez plutôt à programmer votre cerveau de façon positive ; les activités qui vous font du bien vous coûteront ainsi de moins en moins.

C'est à vous de décider quels sentiments et quelles paroles vous allez associer à chaque activité et à chaque personne. Programmez-vous de façon à penser tout le temps que dure telle ou telle activité : « Ce moment est à moi, voici ce que je fais pour moi. »

► *Combien de temps est-ce que je dois suer pour que ce soit efficace ?*

Voici une autre règle d'or que nous avons tendance à sous-estimer : ce n'est pas la quantité qui compte, mais la qualité. Mieux vaut en faire peu mais de façon intensive que beaucoup et sans vigueur. Il n'est pas question de souffrir ou de se faire mal mais de quitter, dans la mesure de nos possibilités, ce que l'on nomme la « zone de confort ». Une étude récente a montré que les enfants améliorent de 15 % leurs performances à l'école s'ils marchent pendant 20 minutes à 60 % de leur capacité cardio-vasculaire maximale (ce qui correspond à marcher sans transpirer et en bavardant). Si vous menez l'expérience auprès de personnes âgées, vous constatez une amélioration au bout de trois mois, avec d'excellents résultats en matière de capacités cognitives, de gestion de l'anxiété et de socia-bilité, sans compter une amélioration sensible de leur état de santé physique. L'aérobic donne les meilleurs résultats.

► *Et si on bouge entre 70 et 85 % de notre capacité maximale ?*

Vous observez une augmentation du nombre de neurotrans-metteurs ainsi que d'autres bénéfices. Vous brûlez aussi plus de glucose en demandant à vos muscles un effort supplémentaire et vous produisez plus de facteurs de croissance, qui améliorent la circulation et le développement musculaire. Intégrer à une séance d'exercice physique quelques secondes d'un effort bref mais intense agit sur le cerveau : un sprint ou un lever d'haltères de 30 secondes augmente la production de l'hormone de croissance GH, ou hormone antivieillissement, favorise la production d'oxyde nitré, utile dans l'élimination de la plaque d'athérome (responsable d'accidents cardio-vasculaires) et facilite la circulation du glucose et de l'oxygène dans le sang. Mais il faut que l'exercice soit intense : prudence, donc, si vous avez des problèmes de santé.

### ➤ *Est-ce qu'on peut se récompenser ?*

Ceux qui ont pratiqué une activité intense pendant 30 minutes et qui veulent se récompenser peuvent profiter de ce que l'on appelle la «fenêtre de l'opportunité» : il s'agit des 45 minutes qui suivent l'exercice, au cours desquelles tout ce que vous consommerez sera plus vite brûlé. Si vous voulez grignoter, c'est le moment ou jamais.

### ➤ *Comment savoir si j'ai vraiment faim ?*

C'est parfois dur de faire la part des choses. On peut donc adopter la recette de Bob Greene, le coach d'Oprah Winfrey, superstar de la télévision américaine. Je veux parler du thermomètre de la faim, qui va de 1 à 5. Au niveau 1 de ce thermomètre, vous vous sentez bien, vous ne ressentez pas les symptômes physiques de la faim, mais vous vous ennuyez un peu, ou vous venez de vous disputer avec quelqu'un, à moins que vous ne vous sentiez un peu seul, et vous décidez alors de manger. Attention, car si vous mangez en étant au niveau 1 ou 2, vous allez satsifaire un besoin non pas physique mais émotionnel. C'est ce qui se produit quand vous allumez une cigarette, par exemple. La faim n'existe pas au niveau 1 et 2, il s'agit de carences émotionnelles comme la flemme, l'ennui, la peur, la solitude… Demandez-vous quels aspects de votre vie – couple, enfants, travail, finances – ne vont pas bien puisque, à ce stade, vous mangez pour vous consoler.

Parlons maintenant du niveau 3. Comment vous sentez-vous ? Votre estomac gargouille, vous vous sentez légèrement fatigué, mais c'est normal puisque vous n'avez rien mangé depuis quelques heures. Il convient donc de refaire un peu vos forces. Au niveau 3, votre hypothalamus avertit votre cerveau, *via* les neurotransmetteurs, que vous ressentez les symptômes physiques de la faim : votre estomac gargouille parce que vos intestins n'ont que de l'air à brasser ; vous avez aussi un léger coup de pompe. Il va falloir manger à présent. À propos, n'oubliez pas qu'il vaut mieux prendre cinq repas légers que trois très consistants.

Si vous parvenez au niveau 4 sans avoir mangé parce que vous avez ignoré les signaux reçus au niveau 3, vous souffrez certainement d'une baisse de sucre et de sérotonine. Cela peut vous rendre un peu irritable et maladroit.

Maintenant, vous voici au niveau 5 et vous êtes en état d'alerte ! Vous vous sentez très fatigué et vous ne maîtrisez plus votre appétit : vous ne mâchez pas suffisamment et vous négligez le signal de satiété que vous envoie votre cerveau. Quel désastre !

Que faire ? Rappelez-vous la règle du 85 % : il vaut mieux faire quelque chose à 85 % que pas du tout. Donc, si vous oubliez parfois de manger au niveau 3, mais que vous essayez de vous y tenir en général, c'est infiniment mieux que rien.

Prenez soin de vous au quotidien. Nous avons souligné qu'il était important d'associer des paroles et des sentiments positifs aux moments passés à s'occuper de soi. Nous vous avons aussi encouragé à faire un peu d'exercice, mais de façon intense. Et à manger lorsque vous sentez que c'est physiquement nécessaire. Par-dessus tout, vous devez prendre soin de votre corps, car chaque personne est un miracle de la nature, qu'il faut célébrer chaque jour. Donc, n'attendez pas demain.

### Maigrir en trompant son cerveau

Pour le neurologue David Linden, notre rapport aux graisses, sucres et autres aliments caloriques est conditionné par notre cerveau. Or l'évolution de ce dernier ne suit pas le rythme des changements sociaux et culturels, très rapides ces dernières décennies. Ce qui crée des déséquilibres manifestes dans notre mode alimentaire. Nous ne sommes pas préparés, d'un point de vue évolutif, à nos sociétés prospères, puisque nous ne savons pas nous protéger de l'accès illimité à des calories en excès.

Nous sommes les descendants de tribus de chasseurs-cueilleurs qui devaient régulièrement endurer des famines. Dans une telle situation, il fallait manger tout ce qui nous tombait sous la main, même si on devait grossir un peu : en effet, ces réserves de calories pouvaient nous sauver la vie ultérieurement. Mais ce même instinct ne nous est plus très utile dans nos métropoles modernes, où la nourriture abonde. C'est ce qui explique que le poids moyen des individus a augmenté dans les sociétés les plus prospères économiquement ; par exemple, le citoyen américain a pris 12 kg en moyenne entre 1960 et aujourd'hui. Notre profil génétique n'a pas changé, ni les circuits cérébraux régissant l'appétit, mais l'industrie agro-alimentaire a su tirer profit de notre penchant inné pour la nourriture calorique, hérité de nos ancêtres du Paléolithique et du Néolithique ; elle profite aussi de nos difficultés à résister aux tentations. Nous devons donc nous tenir sur nos gardes…

### ➤ Qu'est-ce qui nous attire le plus ?

Ce sont toutes les textures contrastées, comme le salé et le sucré, le doux et le piquant, du croustillant au-dehors et du tendre au-dedans, qui activent nos circuits de récompense. Voilà quelque chose que nous partageons avec d'autres espèces, comme les souris.

Nous sommes sans doute nombreux à avoir essayé de maigrir en suivant des régimes et en avalant toutes sortes de produits miracle ? La plupart du temps, cela n'a servi à rien. Manger et boire activent les centres cérébraux du plaisir ; d'autre part, la combinaison de nos goûts alimentaires hérités du passé avec les pratiques de l'industrie agro-alimentaire, qui élabore des portions excessives de nourriture trop riche en graisses, en sucre et en sel, vient contrecarrer nos efforts d'alimentation saine. Mais il est possible de tromper son cerveau…

Savez-vous que vous hébergez un petit cerveau dans le ventre? Outre sa capacité à gérer la contraction musculaire indispensable à la digestion, notre intestin comporte 100 millions de neurones et de nombreux neurotransmetteurs. C'est comme un vrai cerveau. Vous disposez donc d'un grand cerveau dans la tête et d'un autre, invisible, de la taille d'une cervelle de chat, dans le ventre.

➤ *À quoi bon avoir un cerveau de chat dans mon estomac?*
Votre cerveau de chat, celui qui niche dans votre ventre, est celui qui sait ce qui se passe en bas et qui envoie des signaux au grand cerveau: «Mange!», «Arrête de manger!» Vous vous demandez sans doute pouquoi ces deux cerveaux, le gros de la tête et le petit dans l'estomac, ne se mettent pas d'accord pour dire que ça suffit. C'est parce qu'ils ne s'écoutent pas assez souvent. Quand l'estomac est vide, nous sécrétons une hormone appelée ghréline, qui provoque la sensation de faim. Quand l'estomac se remplit, nous fabriquons de la leptine, l'hormone de la satiété. Voilà les signaux localisés en cet endroit que le cerveau de chat envoie au gros cerveau. Mais la nourriture est tellement délicieuse qu'il est tentant d'ignorer les signaux émis par notre estomac pour annoncer qu'on a suffisamment mangé... Vous devez en faire votre allié. Voici quelques suggestions pour mater un cerveau glouton.

*Le cerveau ne fait pas la distinction entre la réalité et ce qu'il imagine.* C'est pourquoi, si vous imaginez que vous êtes en train de manger quelque chose avant de le faire «pour de vrai», votre cerveau s'intéressera moins ensuite à cet aliment et vous mangerez en moindre quantité. Cela ne marche que si vous visualisez quelque chose que vous allez vraiment manger...

*Vous voilà assis: commencez à manger à votre rythme et ralentissez tout de suite,* c'est-à-dire mangez plus lentement que d'habitude. On a vérifié que cela réduit l'appétit de façon significative, car le cerveau, au bout d'un moment, interprète ce ralentissement comme un signe que vous êtes rassasiés, ce qui diminue la quantité ingérée.

*Si vous prenez vos repas devant la télévision, vous mangerez davantage.* Si vous mangez en bavardant ou en lisant vous mangerez également davantage. La moindre distraction donne une excuse au cerveau glouton pour ne pas écouter les signaux lui signifiant que ça suffit.

*Si vous mangez votre dessert dans une grande coupe avec une grande cuillère,* vous ingérez près de trente pour cent de plus que si vous mangez dans une petite coupe avec une petite cuillère.

*Vous perdrez deux fois plus de poids si vous établissez une liste quotidienne de tout ce que vous mangez.* Il suffit de le noter sur un post-it fixé sur le frigo.

Les circuits de récompense du cerveau incitent toutes les espèces à faire des choses nécessaires à la survie de l'espèce, comme manger ou faire l'amour. Mais nous les humains avons développé des procédés pour renforcer ces circuits ; soit de manière artificielle, notamment avec des drogues psycho-actives comme le cannabis, l'alcool ou la caféine, mais également avec la nourriture, exploitée pour monter à l'assaut de nos circuits du plaisir. Heureusement, grâce à des caractéristiques génétiques que nous partageons avec d'autres primates et peut-être aussi avec les cétacés, nous pouvons stimuler nos circuits du plaisir avec des facteurs sans rapport direct avec les besoins de l'évolution. C'est ce qui fait la spécificité et l'attrait de la vie humaine. Nous pouvons stimuler les circuits de la récompense et du plaisir en nous abstenant d'avoir une activité sexuelle ou en renonçant à manger, si nous y sommes incités par notre appartenance culturelle ou notre croyance religieuse. En quelque sorte, les idées peuvent être plus attrayantes à nos yeux et elles trouvent leur propre récompense dans le cerveau. L'altruisme lui-même peut être gratifiant pour la plupart des gens : ils sentiront les effets de la stimulation des circuits du plaisir en faisant un don, fût-il anonyme, pour un projet caritatif.

Les idées peuvent donc apporter infiniment de plaisir. Réussir à les mobiliser et à en profiter nourrit une vie pleine de sens et de créativité. Voyons donc ce qui peut nous aider à développer notre capacité de rêve et de création.

# 6

## L'école de la chance

*Être créatif, faire tourner la chance*
*et atteindre ses objectifs*

Ce qui m'intéresse le plus dans la vie, c'est tout ce que l'on ne me dit pas, ce qui ne saute pas aux yeux. Par exemple : ceux à qui la vie semble toujours sourire, que font-ils de particulier ? La question vous paraît naïve ? C'est parce que je veux faire exactement comme eux ! Je sais qu'en général on met tout ce qui nous arrive sur le compte de la chance ou de la malchance, mais de nombreux exemples prouvent qu'il est possible d'atteindre des objectifs importants en nageant à contre-courant. Mais comment ? Imaginez trois sœurs très unies, toutes trois auteures à succès. Cela n'évoque-t-il pas la bonne fortune, la réussite et le bonheur ? Regardez maintenant leurs vies à la loupe et voyez ce qu'elles cachent en réalité, comme c'est souvent le cas. En 1821, Charlotte Brontë est à peine âgée de cinq ans lorsque sa mère meurt. On l'envoie dans un internat avec ses deux aînées. Toutes deux sont emportées par la tuberculose. Les années passent. Charlotte et les deux sœurs qui lui restent, Emily et la petite Anne, travaillent comme gouvernantes ou institutrices, deux des rares moyens, pour les femmes de cette époque, de gagner leur vie sans déchoir. Elles décident de retrouver les lieux de leur enfance et d'y fonder une école. Leur initiative semblait courageuse et pleine d'audace : elles avaient un rêve et se donnaient les moyens de le réaliser. Nous aimons tous que nos rêves aboutissent. Quand tout est au point, les sœurs Brontë font passer une annonce dans la presse pour présenter leur nouvelle école à d'éventuelles élèves. Cela aurait pu devenir une réussite venant récompenser la ténacité et le travail bien fait. Elles l'avaient mérité. Mais, jour après jour, le facteur n'apporte aucune réponse à leur annonce. Les trois sœurs doivent alors renoncer à leur rêve. Soudain, en 1847, la publication de leurs livres leur apporte le succès. C'est sans doute à cette époque que Charlotte Brontë a déclaré que « la prospérité ne serait pas autant la bienvenue si l'adversité n'existait pas ».

Le bonheur des trois sœurs aura d'ailleurs été de courte durée : Anne et Emily, qui ont écrit respectivement *Agnès Grey* et *Les Hauts de Hurlevent*, meurent peu après de la tuberculose. Quelques années plus tard, Charlotte, avec l'audace des désespérés, décide de se marier. Elle tombe enceinte à trente-huit ans et profite pendant quelques mois de sa nouvelle prospérité. Mais avant le terme de sa grossesse, elle est victime de la maladie qui a emporté toutes ses sœurs.

Examinons maintenant cette histoire dramatique sous un angle différent... Parsemée de morts tragiques et de frustrations, cette tragique destinée a comblé indirectement d'innombrables lecteurs. Car Charlotte Brontë s'est servie de ses souvenirs d'enfance dans *Jane Eyre*. Ses pages nous rappellent que les gens trouvent souvent la force d'atteindre leurs objectifs dans le dépassement des épreuves. Quelqu'un voudrait-il assumer trente-huit années riches en refus de tous ordres, de tuberculose et de deuils, en échange d'un livre inoubliable ? Nous voulons la réussite et la gloire, mais nous préférerons que le chemin soit plus dégagé, moins pénible. Mais existe-t-il un raccourci ? Vous trouverez des réponses à cette question naïve dans les pages suivantes. Peut-être n'est-elle d'ailleurs pas si naïve que ça. Le prix de la réussite est parfois élevé, mais surmonter obstacles et faux pas en vaut peut-être la peine si la récompense à venir est une parcelle d'éternité, pour soi-même... et pour les autres.

## SEIZIÈME PROMENADE
## RACCOURCIS POUR SAVOIR CHANGER
## ET VAINCRE LA PARESSE

### Nous n'aimons pas changer d'opinion

Entamons notre parcours sur ces sentiers escarpés et laissons émerger une idée pour la transformer en quelque chose de beau ou d'utile. Comment élaborons-nous nos idées et nos croyances ? La réponse à cette question a un énorme impact sur nos vies. Savez-vous que les humains ont plus de mal à changer d'opinion que les chimpanzés ? Je vous demande un effort pour visualiser l'expérience suivante, réalisée par Victoria Horner, de l'université de St. Andrews en Écosse[1]. On apprend à plusieurs enfants à recevoir une surprise en déclenchant le mécanisme d'une boîte carrée ; trois opérations sont nécessaires : d'abord, tirer sur le verrou donnant accès à un trou dans la partie supérieure de la boîte ; ensuite, introduire une tige dans l'orifice en tapant plusieurs fois ; enfin, extraire la surprise par un abattant qui donne accès au distributeur.

Comme la boîte est d'un noir opaque, il est impossible d'y voir la relation de cause à effet, et les enfants ne peuvent pas savoir que les deux premiers gestes, qu'ils font à la demande des chercheurs, sont inutiles. Mais quand on demande à ces enfants de reproduire cet enchaînement de gestes sur une boîte au mécanisme identique mais transparente, ils refont les gestes devenus inutiles sans que cela les dérange, au grand étonnement des chercheurs ; ils devraient pourtant s'apercevoir que les deux premières manipulations ne servent à rien. Autrement dit, il semble que les enfants tendent à reproduire des gestes acquis, même s'ils ne servent à rien.

---

1. La vidéo de cette expérience est accessible sur le site www.nature.com/news/specials/.../behaviour/3°.html

Ces tests, refaits avec des chimpanzés, n'ont pas conduit aux mêmes résultats : les animaux imitaient correctement les opérations avec la boîte noire opaque, mais se montraient capables de sauter les étapes inutiles et d'aller directement à la récompense lorsqu'ils avaient devant eux la boîte transparente.

➤ *Pourquoi les enfants n'ont-ils pas fait appel à la logique ?*

Horner cherchait à vérifier, par ce test, si les chimpanzés et les enfants se servent de l'émulation ou de l'imitation pour apprendre. L'émulation est le processus d'apprentissage axé sur le résultat. Au contraire, l'imitation est la reproduction détaillée de tous les éléments du processus, de la façon de saisir l'objet jusqu'à la position du bras. Il semble qu'il existe une raison évolutive déterminante pour laquelle il nous est tellement difficile de changer : nous autres humains apprenons en imitant ; reproduire des modèles de conduite acquis par imitation, sans les remettre en cause, fait donc partie de notre kit de survie.

Une reproduction à l'identique des comportements présente divers avantages. Ce qui importe, dans la plupart des comportements à connotation sociale, n'est pas tant le résultat que le processus. L'apprentissage de comportements associés à des conventions sociales donne accès à d'importantes connaissances. De plus, une imitation fidèle permet une rapide diffusion de toute innovation auprès d'une population.

En avançant en âge, nous autres humains renonçons aux stratégies d'imitation au profit de manœuvres plus axées sur l'émulation. C'est pourquoi des adultes à qui l'on fait faire le test de la boîte noire ont opté pour des stratégies plus semblables à celle des autres primates (ils sont allés droit au but).

Ce type de recherche montre que le résultat ne suffit pas dans la vie en société : les modalités du processus sont d'une importance capitale, car c'est d'elles que dépend, pour l'individu, d'être accepté ou non par le groupe. Beaucoup de nos actions ont un objectif insignifiant. Ce qui importe, c'est comment nous les faisons et si elles sont en adéquation ou en contradiction avec les normes sociales. Pour cette raison et d'autres encore, nous savons que l'imitation est une stratégie adaptative humaine favorisée par la sélection naturelle ; l'enjeu n'est pas le but atteint mais le chemin parcouru.

Imiter est un mécanisme évolutif d'apprentissage, il est programmé dans notre cerveau. Il nous sécurise et nous rend semblables au reste du troupeau. Nous avons donc tendance à vouloir nous comporter comme les autres. C'est une des raisons pour lesquelles on a du mal à changer d'opinion : « Je l'ai toujours fait comme ça, c'est comme ça que je l'ai appris. »

▶ *N'est-il pas plus efficace de changer d'opinion s'il y a de bonnes raisons de le faire ?*

Les faits ne nous incitent pas forcément à changer d'opinion. Plusieurs expériences conduites en 2005 et 2006 à l'université du Michigan prouvent que les personnes qui en savent le moins sur un sujet donné, surtout si leurs convictions sont très arrêtées, ne changent pour ainsi dire jamais d'opinion, même si on leur fournit des faits objectifs (elles auront même tendance à s'entêter). Une autre étude, menée par Hugo Pardo Kuklinski, suggère que l'on n'obtient rien en essayant de modifier l'opinion des individus à travers les médias ou autres : ils reviennent à leurs convictions à moyen terme. Une étude de 2006 menée à l'université Stony Brook, à New York, indique que les penseurs les plus en vue sont eux aussi réfractaires à une remise en question de leurs opinions : 10 % de leurs théories sont pratiquement définitives, même si elles sont erronées. De nombreux travaux indiquent que les personnes aux opinions politiques les plus ancrées sont en général mal informées. Ce phénomène se retrouve dans tous les domaines : immigration, santé, armée, éducation… C'est le syndrome des Je-sais-tout, et s'il rappelle que la plupart des gens rechignent à changer d'opinion malgré les faits, il prouve aussi que ceux qui auraient le plus besoin d'en changer sont ceux qui le font le moins.

➤ *Pourquoi rechignons-nous à changer d'opinion ?*

Cette résistance est un mécanisme naturel qui nous permet d'éviter ce qu'on appelle la «dissonance cognitive» – penser sur un sujet donné d'une manière qui ne concorde pas avec ce que l'on est. Par exemple, un fumeur n'aime pas savoir que la cigarette est mauvaise pour la santé. Cela produit une dissonance cognitive dont il tente de se débarrasser en cessant de penser au problème ou en niant la réalité («Dire que fumer tue est excessif… Il y a des gens qui meurent et qui ne fument pas… Si je ne fumais pas, je grossirais, ce qui serait tout aussi mauvais pour ma santé…»). Admettre que l'on n'a pas raison constitue une menace. Dans ce cas, le cerveau s'inhibe et préfère ne pas envisager la possibilité de se tromper.

➤ *Nos opinions proviennent-elles de nos convictions ou d'une réalité objective ?*

On aime penser que nos opinions se sont formées au fil du temps, de façon paisible et argumentée. En réalité, nous avons l'habitude de les fonder sur nos convictions, qui malheureusement ont bien peu à voir avec les faits. Ce ne sont pas les faits qui établissent les convictions, mais les convictions qui nous font épingler des faits déterminés. Les recherches montrent que nous avons tendance à interpréter l'information de façon subjective, pour conforter nos opinions. L'explication se trouve dans notre cerveau, qui préfère la cohérence. Nous acceptons passivement les informations qui viennent renforcer ce que nous croyons déjà, mais nous repoussons activement celles qui nous paraissent «hors cadre»; ce mécanisme s'appelle le «raisonnement motivé».

Dans un monde idéal, nous devrions surveiller l'information qui nous parvient, en contrôler les sources et la façon dont elle est traitée par nos cerveaux. Mais se remettre constamment en question demande un effort et finit par être épuisant ; du coup, nous avons bien du mal à changer nos théories une fois qu'elles sont arrêtées.

➤ *Est-il important de rester ouvert à un changement d'opinion en période de crise ?*

Changer d'opinion en période de crise est indispensable pour survivre, qu'il s'agisse de crises économiques ou personnelles. On recommande de changer d'entourage, voire de langue ou de pays pour faciliter les modifications nécessaires qui permettront de s'adapter à la crise, mais c'est exactement le contraire que nous faisons généralement lorsque nous nous trouvons face à une menace : nous nous empressons de réduire la voilure et nous cantonnons en terrain connu. L'environnement familial est celui qui rend le changement le plus difficile : on y a grandi en endossant un rôle déterminé que notre famille veut faire perdurer, par routine ou par instinct de survie, même si cela ne rend heureux ni les uns ni les autres.

➤ *Comment peut-on changer d'opinion ?*

Nous pouvons renforcer l'estime de nous-même et faire tomber nos défenses, générées par la peur. Une étude menée par Brendan Nyhan, professeur au Darmouth College de Hanover (États-Unis), montre que lorsqu'on a proposé un exercice d'affirmation de soi à quelqu'un, il se montre ensuite plus enclin à s'intéresser à une information nouvelle, puisqu'il ne se sent plus menacé ou vulnérable. Les gouvernants populistes ont donc tout intérêt à ce que les gens soient nerveux ou agités : on peut alors mieux les contrôler, les nouveaux défis les rendent craintifs, et ils sont tellement stressés qu'ils n'analysent pas la situation.

Nos cerveaux sont conçus pour emprunter des raccourcis et acquérir des informations qui nous permettent de nous arc-bouter sur nos convictions. Cela nous épargne l'impression désagréable de nous sentir perdus dans un monde très compliqué ; et nous pouvons alors cesser de nous demander quelle est notre place et à quoi nous pouvons croire. Si vous vous sentez pris au piège d'une situation apparemment sans issue, vous avez sans doute peur de perdre quelque chose. Affrontez votre peur : qu'est-ce qui m'effraie autant ? Qu'est-ce que j'ai peur de perdre ? Cherchez des solutions qui vous aideront à sortir du carcan de la peur où vous vous êtes mis vous-même : une amitié ou une relation amoureuse asservissante, par exemple ; si vous regardez vers de nouveaux horizons, en faisant un projet qui vous permette de vous ouvrir au monde extérieur et de vous faire de nouveaux amis, vous vous sentirez libéré.

Vous pouvez aider votre cerveau à ne pas se mentir ni à tromper les autres. Car vous n'êtes pas la somme de vos convictions. Vous êtes bien plus que ça. Osez changer d'opinion, de convictions et de cadre.

## D'où vient notre flemme de relever nos manches ?

On a vaguement l'impression que les gens doivent leur succès aux circonstances ou à la chance. Qu'en pensez-vous ? Même si la chance et la conjoncture peuvent jouer un rôle déterminant, l'immense majorité des hommes vivant dans des pays pauvres mais où ils ont accès aux soins et à l'instruction atteignent leurs objectifs parce qu'ils ont su relever leurs manches et lutter pour obtenir ce qu'ils voulaient.

Le comique américain Jerry Seinfeld, qui a triomphé à la télévision avec sa série[1] (il a même refusé une offre de 98 millions de dollars pour faire une dernière saison), est aussi un bon exemple des efforts

---

1. Jerry Seinfeld a brillé entre 1989 et 1998 dans une des séries les plus populaires aux États-Unis, *Seinfeld*, une comédie racontant les péripéties quotidiennes d'un avatar de Seinfeld et de trois de ses amis à Manhattan.

qu'exige la réussite. Malgré des débuts difficiles, il a réussi à percer grâce à la force de sa volonté. Savez-vous quelle était sa technique ? Comme il avait la flemme de se mettre à écrire chaque matin, mais qu'il raffolait des gâteaux secs, il en posait une boîte bien garnie à côté de sa feuille blanche et s'octroyait une récompense quand il arrivait à écrire.

Si vous avez un objectif à long terme, vous pouvez le fractionner en sous-objectifs et vous récompenser chaque fois que vous bouclez une étape. Une récompense aussi modeste qu'un gâteau peut faire l'affaire.

➤ *Pourquoi avons-nous tellement de mal à nous y mettre ?*
Le cerveau renâcle à commencer une nouvelle activité, il cherche des excuses et en retarde le moment. C'est ce que l'on nomme la procrastination. Environ 24 % des personnes se définissent comme des procrastinateurs. Or un des éléments clés dans la vie consiste à transformer le possible – les rêves, les projets – en réalité. Mais il faut mettre la main à la pâte.

Voyons maintenant pour quelles raisons nous avons du mal à nous atteler à une tâche.

*Vous avez la flemme ?* Ne pas s'y mettre, c'est ne pas se fatiguer. Voilà une raison fréquente.

*Vous êtes trop perfectionniste ?* Nombre de perfectionnistes ne se lancent pas par peur de l'échec.

*Vous manquez de motivation ?* Beaucoup de gens sont démotivés parce qu'ils ne se connaissent pas bien eux-mêmes et qu'ils ont des activités qui les ennuient. Il leur manque la passion pour se mettre en route.

Si vous avez la flemme, que vous avez peur de l'échec ou que vous manquez de motivation, il vous sera difficile de réussir quelque chose. Mais si vous avez un rêve ou un objectif, quelques méthodes efficaces peuvent vous aider à surmonter votre apathie.

➤ *La technique du « Quelques minutes seulement… »*

Très efficace, elle a été mise au point par la psychologue russe Bliuma Zeigarnik. Celle-ci avait remarqué que quand nous commençons une activité, notre esprit ressent une sorte d'anxiété tant que nous n'avons pas terminé, car le cerveau déteste faire les choses à moitié. Par contre, notre esprit pousse un soupir de soulagement quand nous sommes arrivés au bout de ce que nous avions projeté. Donc, ce qui semble le plus difficile, c'est de commencer. Dans ces conditions, comment nous jeter à l'eau en évitant de procrastiner ? Comme ce qui nous décourage réellement est de nous lancer dans une activité que nous imaginons ardue, nous allons penser que nous n'allons y consacrer que quelques instants. Cela semble facile à affronter. Une fois absorbés par cette activité, nous pouvons découvrir qu'elle n'était pas si compliquée, au point de ressentir le besoin d'aller jusqu'au bout. Devant une tâche que nous avons du mal à démarrer, il faut donc tromper notre cerveau en lui disant : « Je vais m'en occuper pendant quelques instants, pas plus… » ; nous pouvons être certains que ces quelques minutes d'activité créeront suffisamment d'anxiété mentale pour vouloir finir ce travail. Essayez ce truc la prochaine fois que vous aurez la flemme de faire quelque chose.

➤ *La technique de la double pensée*

Cette technique, développée par des chercheurs de l'université de Pennsylvanie, part du principe que, pour se mettre au travail, il faut être à la fois légèrement optimiste et légèrement pessimiste.

Notez sur une feuille votre objectif, puis inscrivez les deux bénéfices significatifs que vous apporterait votre projet et les deux obstacles principaux que vous allez rencontrer. Prenons un exemple : vous êtes en dernière année d'école d'infirmières et les examens sont dans deux mois. D'abord, vous allez penser à ce que votre réussite va améliorer dans votre existence : 1) vous allez travailler et gagner votre vie ; 2) vous allez faire le métier qui vous plaît, c'est-à-dire rencontrer et soigner des personnes. Passez maintenant aux inconvénients : 1) vous ne pourrez pas sortir jusqu'à votre examen et vous ne verrez pas beaucoup votre petit(e) ami(e) ; 2) votre travail, une fois l'examen réussi, vous obligera à faire des gardes de nuit. Les études ont montré qu'en procédant ainsi, on obtient de meilleurs résultats que si on se contente de regarder le bon ou le mauvais côté des choses. Il faut parvenir à cet équilibre pour être motivé et ne pas jeter l'éponge dès la première difficulté.

Un des secrets pour concrétiser ses rêves consiste à être capable de les faire exister. Et le plus difficile est de s'y mettre ; aussi, gardez toujours en tête les avantages et les difficultés réels de chacun de vos projets.

## DIX-SEPTIÈME PROMENADE
## ATTEIGNEZ LES SOMMETS DE LA CRÉATIVITÉ

La complexité du cerveau humain nous permet d'être à la fois très flexibles et très vulnérables. C'est pourquoi nous avons tendance à souffrir d'un déséquilibre émotionnel et mental. Nous sommes la seule espèce capable de survivre dans presque tous les écosystèmes terrestres, mais aussi la seule à se servir de sa capacité d'imagination pour ressentir des peurs sans fondement et des stress incontrôlés. Grâce à un cortex cérébral extrêmement développé, nous aimons évoquer le passé et prévoir l'avenir ; mais nous avons également tendance à craindre le pire. Il est donc essentiel d'entraîner notre cerveau à prévoir des circuits constructifs et créatifs qui canaliseront notre immense potentiel.

### Nous sommes tous créatifs

➤ *Où réside notre aptitude au stress et à la créativité ?*
Tous deux ont leur siège principal dans le cerveau, l'organe qui nous sert à ressentir et à penser. Ce cerveau pèse environ 1,5 kg et il

ressemble un peu à une très grosse noix. Il contrôle de nombreuses fonctions automatiques, ainsi que des fonctions cognitives rationnelles, mais également émotionnelles. Aucun animal ne possède autant de cellules cérébrales que les êtres humains – environ 100 000 millions de neurones. Ces neurones communiquent entre eux par impulsions électriques. Les possibilités de connexion en sont énormes : chaque neurone peut avoir entre 100 et 600 synapses ou connexions. Vous disposez donc d'incroyables ressources en matière d'imagination !

➤ *Est-ce que je peux trouver une voie pour mon imagination ?*
On peut utiliser son imagination pour générer des sensations et des émotions positives, à l'opposé des émotions négatives et des craintes. L'imagination peut aussi être un outil de créativité, un moyen d'exprimer la richesse cognitive du cerveau humain.

➤ *Sommes-nous tous créatifs ?*
Expert en éducation et spécialiste de la créativité, Ken Robinson a défini cette dernière comme une élaboration d'idées originales possédant une valeur. Nous appelons aussi ce processus « innovation », une des clés de voûte du XXI$^e$ siècle. La créativité n'est pas un don échu à une élite, mais une qualité que nous partageons tous à un certain degré. Les recherches ouvrent plusieurs pistes sur la manière dont on peut la développer. Longtemps, la créativité a été associée à la notion d'inspiration, aux muses. Depuis une dizaine d'années, l'approche de la créativité évolue. Présenté naguère comme une aptitude en soi, distincte des autres formes de connaissance, on a fini par reconnaître que qu'elle englobait tout un ensemble d'outils cognitifs utilisés différemment, selon nos besoins.

Quels éléments favorisent la créativité ? Nous avons tendance à penser que les « experts » sont les meilleurs créatifs dans leur domaine. Or il semblerait que les « outsiders », c'est-à-dire ceux qui agissent ou interviennent dans un secteur ou une spécialité qui n'est pas la leur, peuvent s'avérer très efficaces, à condition qu'il y ait un minimum de proximité. L'essaimage par d'autres champs d'action peut donc conttribuer amplement à la créativité.

➤ *Quel rapport y a-t-il entre la pensée divergente et la créativité?*
Essentielle pour la créativité, la pensée divergente est une aptitude à trouver des réponses ou des solutions multiples à une question. Par exemple, combien existe-t-il d'utilisations possibles pour un trombone? Les adultes en listent en moyenne une quinzaine. Les personnes douées de pensée divergente et frisant le génie lui en trouvent près de deux cents (ils pensent à en modifier la forme, la longueur ou la matière…).

Ken Robinson a fait ce test sur un groupe de 1 500 enfants. 98 % des enfants testés en maternelle étaient de véritables «génies» de la pensée divergente, chiffre qui tombait à 50 % chez les 8-10 ans et à 12 % chez les 13-15 ans, c'est-à-dire après une dizaine d'années de scolarité[1].

➤ *Les processus créatifs sont-ils toujours les mêmes?*
Non. Les recherches offrent une information intéressante dans ce domaine. Il semble que notre créativité n'emprunte pas toujours les mêmes voies pour parvenir à une réponse. Parfois, c'est l'«inspiration» qui l'emporte, quand d'autres fois il nous faut beaucoup travailler. Mais nous avons besoin des deux.

Commençons par les problèmes les plus épineux, ceux qui nécessitent cette fameuse inspiration. Voyons un exemple concret. En 1974, Arthur Fry, ingénieur chez 3M, aux États-Unis, entendit une présentation d'un autre ingénieur, Spencer Silver, qui avait développé une colle tellement faible qu'elle pouvait à peine faire

---

1. C'est peut-être pourquoi Ken Robinson se permet d'avancer, non sans créer une polémique, que «l'école tue la créativité».

adhérer ensemble deux feuilles de papier. Personne dans l'assistance ne se demanda à quoi pouvait bien servir un adhésif qui ne collait pour ainsi dire pas. Quelques semaines plus tard, Arthur Fry était à l'église et cherchait désespérément dans son missel les textes chantés par la congrégation : ses petits bouts de papier destinés à marquer les pages disparaissaient sans cesse. Pendant le prêche, sans doute mortellement ennuyeux, Fry eut une inspiration et réussit à trouver une utilité à l'invention de Spencer Silver : les Post-it étaient nés.

➤ *Testez votre capacité d'inspiration*

Pour désigner le processus d'inspiration, les Anglo-Saxons utilisent le terme *insight* (littéralement «regard à l'intérieur»). Les scientifiques s'intéressent à ce qui se passe dans le cerveau au moment où une idée semble jaillir du néant, offrant ainsi quelque chose que l'on appelle une vision-puzzle.

Face à une énigme, la réponse peut nous apparaître comme un *flash*. Les professeurs en psychologie Mark Beeman et John Kounios expliquent ainsi ce processus : quelques secondes avant qu'il ne se produise, il y a un pic très fort d'activité dans une zone précise du cerveau, l'hémisphère droit, extrêmement efficace pour mettre en corrélation deux informations distantes – ce qui est précisément nécessaire quand on essaie de résoudre un problème créatif.

➤ *Puis-je améliorer ma capacité à avoir des* insight *?*

D'après les recherches, on améliore de 20 % ses *insights* si l'on rit avant de résoudre le problème (donc à vos DVD pour regarder une bonne comédie !). Un verre de vin, par exemple, pourrait aussi aider : cela permettrait, par exemple, de trouver jusqu'à 30 % de plus d'«associations lointaines», comme disco-cinéma-bois[1].

---

1. Quel mot ou concept est le dénominateur commun de ces trois mots ? La réponse est «thèque» (disco*thèque*, cinéma*thèque* et bois de teck).

➤ *Pourquoi le fait de se détendre peut-il aider au cours de certains processus créatifs ?*

Nous abordons ici l'intérêt qu'il y a à ne pas être attentif. Nous valorisons beaucoup la capacité de concentration, mais elle peut inhiber notre imagination. Nous pouvons aussi nous focaliser sur ce qui n'est pas porteur – c'est ce qui explique que les experts peuvent être par moments moins créatifs que les *outsiders*. Quand on se laisse distraire, on se concentre inconsciemment sur des associations imprévues, hébergées par l'hémisphère droit de notre cerveau. C'est ce qui nous aide quand nous avons besoin d'un *insight* pour avancer dans une tâche créative. Cela nous fait comprendre pourquoi tant de découvertes capitales ont été faites dans des endroits inattendus, comme la baignoire d'Archimède ou la boîte de striptease où Richard Feynman venait griffonner ses équations[1]. Ce qui confirme aussi que Google voit juste en installant des tables de ping-pong dans ses couloirs ; car il peut être très utile de penser à autre chose. Voilà probablement la raison pour laquelle Einstein disait que la créativité est « le résidu du temps perdu ».

➤ *Quelles sont les techniques pour tirer profit de notre créativité ?*

Tous les défis n'ont pas besoin, à l'évidence, de l'instant « Euréka![2] »... Il arrive que travailler dur soit la seule bonne méthode : transpirer, échouer, jeter, essayer, renoncer à de nombreuses idées. Nietzsche appelait cela « le processus du refus ». Car la créativité demande

---

1. Archimède, un des plus grands mathématiciens de l'Antiquité, développa le célèbre principe qui porte son nom en prenant son bain. On raconte aussi que Feynman, prix Nobel de physique en 1965, trouva son inspiration dans des endroits insolites comme ceux que nous indiquons.
2. C'est le cri qu'Archimède aurait poussé dans son bain en découvrant qu'« un corps totalement ou partiellement immergé dans un liquide au repos reçoit une poussée de bas en haut égale au poids du volume du liquide déplacé ». La fameuse poussée d'Archimède !

également beaucoup de travail. Le graphiste Milton Glaser, chargé en 1977 de créer un logo pour réhabiliter l'image de New York, a bossé dur pendant plusieurs semaines avant de proposer le slogan : «I love New York». L'idée plut à tout le monde sauf à lui, qui n'était pas particulièrement enthousiaste. Il continua à ruminer la question. Quelques jours plus tard, dans un taxi, il esquissa sur des bouts de papier qui trainaient dans ses poches un simple gribouillis où seules apparaissaient les initiales de la ville et un cœur rouge à la place de «love» : ainsi est né un des logos les plus imités dans le monde entier.

➤ *Comment savoir quel mode de pensée nous est le plus utile ?*
Pas d'affolement, votre esprit connaît vos besoins. Les chercheurs appellent cela l'«impression de savoir», et cette sensation survient lorsque nous sommes sur les rails et que nous avons l'intuition de pouvoir trouver une solution en persévérant. L'esprit «sait» si vous approchez du «chaud» ou du «froid». Si votre esprit vous souffle que vous n'êtes pas loin de la réponse, continuez à vous donner du mal. S'il vous dit que vous allez droit dans le mur, vous avez sans doute besoin d'un *insight*, qui vous viendra d'autant plus facile-

ment que vous vous détendrez. Si vous voulez être plus créatif, augmentez le volume et la diversité de l'information à laquelle vous êtes exposé.

➤ *Selon Steve Jobs, la créativité «consiste seulement à connecter des choses entre elles». Comment y parvenir?*

Comme nous ignorons d'où vient la réponse à nos interrogations, nous devons nous ouvrir à d'autres champs capables de nous stimuler et de nous inspirer par connexions inattendues. Jobs, par exemple, s'intéressait à la calligraphie. Cherchez la réponse dans des endroits imprévus. Dans une enquête menée auprès de 766 diplômés de la Stanford Business School, ceux qui avaient le plus grand nombre d'amis présentaient un indice de créativité trois fois plus élevé que la moyenne : leurs cercles sociaux étendus leur fournissaient davantage d'idées.

➤ *Qu'est-ce que la restructuration mentale?*

Il existe une solution appelée «restructuration mentale». Google possède un site interne où se créent et s'affichent des centaines de *posts*. Chez 3M, les ingénieurs ne restent jamais longtemps à un poste. Cela donne parfois des résultats impressionnants : leurs ingénieurs ont ainsi appliqué leurs connaissances des adhésifs transparents pour résoudre le problème posé par les batteries d'ordinateurs portables qui se déchargeaient trop rapidement. Ils ont augmenté de 40 % l'économie d'énergie de ces appareils en se servant, pour les écrans, d'un adhésif optique particulier. Il s'agissait dans ce cas de poser des questions qui sortaient du champ de leur pratique, chose que les experts ont plus de mal à faire. Or, les questions inattendues peuvent permettre de résoudre certains problèmes.

➤ *Où rencontrer des personnes créatives?*

Partout, car nous le sommes tous, même si nous ne tirons pas tous parti de cette capacité. Si vous voulez voir la créativité en action, regardez autour de vous : dans la cuisine, la mode, jusque dans la façon de composer un bouquet. Nous autres humains cherchons constamment à faire des choses originales. Nous sommes doués pour la créativité. C'est sur ce principe qu'a été fondé InnoCentive, un site web qui cherche des solutions à des questions scientifiques compliquées. Les entreprises exposent leur problème en proposant une contrepartie financière associée aux résultats ; les problèmes sont classés dans huit domaines différents, portant sur des questions allant de la fabrication d'une fine couche de chocolat peu calorique à la conception d'un ordinateur fonctionnant à l'énergie solaire. C'est incroyablement efficace : en 2007, Karim Lakhami, professeur à la Harvard Business School, assurait que 30 % des problèmes postés sur ce site trouvaient une solution en moins de six mois. Parfois, ils étaient même résolus en quelques jours. Cette réussite s'explique en grande partie par le fait que les inventeurs de ces solutions n'appartiennent pas au milieu professionnel concerné. Ceux qui ont résolu les problèmes chimiques étaient des spécialistes en biologie moléculaire. Ils étaient suffisamment proches du domaine concerné pour pouvoir comprendre le défi, mais suffisamment éloignées pour ne pas se laisser parasiter par les obstacles classiques rencontrés par les experts.

Cette aptitude à s'attaquer à un problème en néophyte, libre de tout préjugé et sans crainte de l'échec, est déterminante dans la créativité.

## Quelques astuces pour être plus créatif et pour en profiter immédiatement

Pourquoi semble-t-il tellement difficile d'être créatif ? Tous les cerveaux ont la capacité de changer et de se transformer, car les artistes ne sont pas les seuls à savoir créer. Malheureusement, être créatif vous amène à faire des choses qui sortent de l'ordinaire, comme refaire la décoration de votre salon, une tâche toute bête en apparence. Dès que l'on sort des sentiers battus, on prend le risque de se tromper et d'être ridicule, ce que beaucoup de gens redoutent.

La première chose à faire est d'accepter que l'échec fasse partie de vos réussites futures. Je citerai Thomas Edison, l'inventeur, entre autres, de l'ampoule électrique : « Je n'ai pas échoué, j'ai seulement trouvé dix mille solutions qui ne menaient à rien. » Nous possédons tous un système de censure dans notre cerveau, qui filtre certaines images, souvenirs, pensées... Avez-vous remarqué qu'à partir du moment où une chose vous a plu, vous commencez à en voir partout ? Ce n'est pas une coïncidence. C'est simplement que notre cerveau y est devenu attentif, qu'il en accepte l'image et se montre prêt à la reconnaître. Pour être plus créatif, c'est-à-dire pour avoir des pensées moins étriquées, vous devez parvenir à désactiver votre système de censure mentale, ce qui laissera la place à de nouveaux stimuli.

➤ *Technique du « Imaginez que... ».*
Si vous voulez booster votre créativité, entraînez-vous à vous poser la question suivante : « Et si j'avais voyagé dans l'espace, et si je refaisais la décoration de mon séjour, et si j'étais une sirène... ? ». Fermez les yeux et imaginez un paysage. Décrivez-le en détail : urbain, rural... Qui l'habite ? Que font ses habitants, qu'est-ce que ça sent ? Faites ensuite la même chose avec un personnage. Quel visage a-t-il, comment bouge-t-il, que dit-il, a-t-il un accent particulier, est-il maigre ou musclé, sa voix est-elle aiguë ou bien grave ? Poursuivez ce jeu de « Et si... ? », puis appliquez-le dans la foulée à un aspect de votre vie.

#### Dix brèves astuces créatives
• La couleur bleue favorise la pensée associative.

• Quand vous êtes moins concentré ou que vous rêvassez, vous pouvez devenir plus créatif.

• Pensez comme un enfant de sept ans : votre pensée divergente s'améliorera considérablement.

• Le sens de l'humour améliore la créativité.

• Vous arriverez mieux à résoudre les problèmes en imaginant qu'ils se trouvent ailleurs, dans une autre ville.

• Si vous disposez d'un autre espace à proximité de chez vous, même sommairement meublé, vous y trouverez davantage de solutions créatives.

• Vivez dans une ville, sinon cherchez des stimuli là où vous habitez : vous augmenterez de 15 % vos capacités à déposer des brevets en étant citadin.

• Changez de perspective : imaginez que vous avez une profession, un âge ou un regard autres que ceux qui vous sont habituels.

• Faites quelque chose de totalement différent de vos activités, vous pourrez vous poser des questions différentes.

• Entourez-vous de nature, même au bureau.

## Mettez vos rêves au travail

Il existe d'autres manières, moins conscientes et délibérées, de développer notre créativité : voyons comment tirer aussi un parti de nos heures de sommeil.

➤ *Nous ne perdons pas autant de temps qu'il y paraît en dormant.*
Rassurez-vous, dormir peut être très utile. Pas seulement pour survivre physiquement – si on ne dort pas, on meurt –, mais aussi pour résoudre certains problèmes. Puisque lorsqu'on dort, on rêve.

➤ *Nos rêves semblent pourtant bien étranges quelquefois...*
C'est exact. On peut rêver que l'on court dans un labyrinthe, un livre à la main pour le donner à son frère, alors qu'à l'arrivée livre et frère ont disparu mais qu'un voisin bizarre apparaît... Et quand on

rêve, on active certaines zones du cerveau en lien avec les émotions profondes, les images visuelles et le mouvement; simultanément, les zones du cerveau liées à la logique et au socialement correct sont inhibées. Si bien que lorsqu'on rêve, on a parfois l'impression de dérailler.

➤ *Mais cela sert-il à quelque chose ?*

Dans les années 1990, on a commencé à découvrir que rêver pouvait améliorer la mémorisation et les apprentissages. On l'a constaté avec des souris de laboratoire: on les met dans un labyrinthe et pendant leur sommeil, leur cerveau répète la même activité cérébrale qu'à l'état de veille; au réveil, les souris savent mieux s'orienter dans le labyrinthe.

Rêver aide aussi à résoudre des problèmes! Car le cerveau ne pense pas seulement de façon rationnelle, et certaines pensées inconscientes peuvent nous livrer un élément connu de notre subconscient mais que nous ne percevons pas. Pour accéder à ce type d'information, il faut avoir recours à son intuition ou à ses rêves. Certains musiciens comme Beethoven ou Paul McCartney ont raconté qu'ils se sont réveillés avec une mélodie dans la tête. Ils ne sont pas les seuls. C'est le cas de beaucoup d'artistes, comme Mary Shelley, qui a créé en rêve le personnage de Frankenstein, ou des scientifiques, comme Mendeleïev, qui conçut son fameux tableau périodique des éléments dans son sommeil, ou le célèbre chimiste Friedrich August Kekulé, qui a imaginé en rêvant la structure du benzène pour la démontrer par la suite. Il y a de plus en plus de preuves que nous pouvons trouver par le rêve des pistes pour résoudre nos problèmes et nos dilemmes. Parce que quand on rêve, on n'est pas bridé par des facteurs logiques ou familiers. On voit des images différentes, on associe autrement les idées, sans suivre la logique quotidienne, ce qui peut nous rendre plus créatifs. Nous savons donc désormais de façon certaine que nous pouvons tirer parti de nos rêves.

➤ *Comment tirer profit de nos rêves pour créer ?*
C'est possible grâce à une technique toute simple, nommée «incubation onirique». Si vous pensez à certains problèmes avant de vous endormir, vous aurez plus de chances de leur trouver une solution.

*Pensez au problème un peu avant d'aller vous coucher.* Écrivez en une phrase courte ce problème sur une feuille que vous poserez près de votre lit, avec un crayon. Vous pouvez également vous entourer d'objets en lien avec ce problème.

*Essayez maintenant de le visualiser sous la forme d'une image concrète, d'un objet :* vous facilitez ainsi la communication avec la partie plus visuelle du cerveau, plus inconsciente. Si vous n'y parvenez pas, ça n'est pas grave. En vous abandonnant au sommeil, dites-vous que vous voulez rêver de ce problème/objet.

*Au réveil, même au milieu de la nuit, restez couché quelques minutes avant de vous lever.* Essayez de vous souvenir de ce que vous avez rêvé, retrouvez peu à peu d'autres détails de votre rêve. Notez-le sur la feuille. Demandez-vous en cours de journée si ce que vous avez noté peut vous aider à trouver la solution.

Notre cortex cérébral est très développé : c'est le siège de nos rêves, de nos élucubrations, de nos inventions ; c'est à partir de là que nous décidons et que nous parlons. Mais c'est également à partir de là que nous avons peur, que nous partageons le monde entre les bons et les méchants, que nous excluons, que nous nous projetons dans un avenir supposé menaçant : c'est ainsi que nous gaspillons notre talent pour la créativité et l'affectivité. Il faut aider le cerveau craintif et réactif à savoir exprimer de façon constructive sa formidable énergie.

## DIX-HUITIÈME PROMENADE
## ACCÈS DIRECT À LA CHANCE ET AUX BUTS POURSUIVIS

### Vous pouvez faire tourner votre chance...

Nous venons de voir comment en finir avec l'idée que nous ne serions pas créatifs, ce qui sous-entendroit que ceux qui réussissent sont tout simplement chanceux. Prenons en exemple le cas d'un homme appelé Barnett Helzberg, propriétaire d'une chaîne de bijouteries lui rapportant quelque 300 millions de dollars par an. Un jour dans la rue, Helzberg entend quelqu'un dire : «Monsieur Buffett!» Il se dit que la personne est sans doute en train de s'adresser à Warren Buffett, l'un des hommes les plus riches et du monde. Il se souvient d'avoir lu quelques mois auparavant un article décrivant le type d'investissements pratiqués par cet homme d'affaires. Et l'idée lui vient que ce dernier pourrait être intéressé par l'achat de ses bijouteries. Il traverse la rue et se présente. Un an plus tard, Buffett rachète la chaîne de bijouteries de Helzberg.

Transposez maintenant cette anecdote à une autre échelle : la même chose se produit cent fois par jour, dans les petites situations qui peuplent notre quotidien : nos connaissances, nos voyages, notre lieu de travail... Les événements fortuits ont un impact énorme sur nos vies, même si nous préférons croire à la chance. Par commodité ou par paresse ? Parce que nous éprouvons un sentiment d'impuissance devant les aléas de la vie alors que la chance nous fournit une explication toute simple ?

#### ➤ *Pourquoi les superstitions existent*
Nous cherchons du réconfort dans des gestes superstitieux comme toucher du bois, éviter le numéro treize ou ne pas passer sous une échelle ; nous essayons ainsi d'échapper au mauvais sort et d'attirer sur nous la bonne fortune. Dans une enquête réalisée aux États-Unis, 75 % des personnes interrogées ont admis qu'elles étaient

plus ou moins superstitieuses. Pourquoi? Nous croyons souvent que la chance ou la malchance peuvent changer radicalement notre vie, ce qui est source d'incertitude et nous pousse à crier à l'injustice. La superstition nous donne l'impression de pouvoir contrôler jusqu'à un certain point le mystérieux facteur chance avec des rites ou de la magie. Mais les gens ont beau croiser des chats noirs, briser des miroirs ou passer sous une échelle, le destin ne les traite ni mieux ni plus mal pour autant. La superstition ne fonctionne pas[1].

➤ *Que pouvons-nous faire pour que la chance nous sourie?*

Le psychologue britannique Richard Wiseman a voulu étudier sur plusieurs années les vies de «chanceux» et de «malchanceux», pour découvrir ce qui se passe dans les deux cas. Il a recruté par annonces 400 volontaires d'âges et de professions divers. Il les a partagés en deux groupes, en fonction de leur parcours: les «chanceux» et les «malchanceux». Dans lequel vous placeriez-vous spontanément? Si vous n'êtes pas sûr de vous, lisez attentivement la suite. Pendant dix ans, chanceux et malchanceux ont tenu un journal, répondu à des questionnaires et ont été soumis à des tests d'intelligence. À la fin, il ressortait clairement que leurs attitudes et leurs pensées justifiaient en grande partie la chance ou la malchance qu'ils disaient avoir eue.

Au cours d'une des expériences les plus convaincantes de cette étude, on a remis à tous une revue dont ils devaient compter le nombre de photos. Les chanceux mettaient quelques secondes à le faire, les malchanceux plusieurs minutes. On lisait en page deux

---

1. Un soir, dans El Hormiguero, j'ai brisé avec un marteau un énorme miroir. J'ai alors craint, s'il m'arrivait quelque chose de mauvais dans les jours suivants, que cette image ne reste dans l'esprit des spectateurs, en confirmant la (fausse) croyance selon laquelle casser un miroir finit par porter malchance.

un encart énorme disant: «Il y a quarante-trois photos dans ce journal. Arrêtez de compter.» Tous l'avaient eu sous le nez mais les chanceux y avaient fait attention, pas les malchanceux.

Un second avertissement apparaissait dans la revue: «Arrêtez de compter. Dites au chercheur que vous avez lu cette annonce et il vous donnera 250 euros.» La plupart des malchanceux n'avaient même pas remarqué cette annonce, car ils étaient obsédés par le comptage des photos.

Nous savons que les gens qui prétendent avoir de la malchance sont plus tendus et anxieux que les autres. Car l'anxiété nous empêche de nous ouvrir au monde, de remarquer l'inattendu. Plus vous vous obstinez à trouver quelque chose de précis et moins vous êtes attentif au reste, car votre cerveau se concentre sur ce que vous cherchez. Vous perdez donc des opportunités. C'est ce qui arrive lorsqu'on se rend à une soirée en voulant à tout prix y trouver la compagne idéale: on ne la trouve pas dans la plupart des cas, mais en plus on n'essaie même pas de se faire des amis. Il serait plus productif d'aller à des fêtes en restant ouvert, certes, à la possibilité d'y rencontrer sa future moitié, mais en étant aussi fermement décidé à prendre du plaisir et à rencontrer des personnes qui pourraient être drôles ou intéressantes. On peut même décider de parler à tous les convives qui portent quelque chose de rouge. Systématisez votre chance, provoquez-là!

➤ *Derrière la chance se cachent quatre grands principes.*
*Ouvrez l'œil et suscitez des opportunités.* Les chanceux cherchent activement des opportunités, ils créent même des conditions pour que quelque chose d'inattendu se produise. Par exemple, s'ils se promènent dans un parc, ils empruntent de temps à autre des allées différentes pour voir ce qu'ils pourront y découvrir. Ceci améliore les chances de trouver la nouveauté sur son chemin. Pensez-y: puisque vous voyez toujours les mêmes personnes, que vous dites les mêmes choses, que vous fréquentez plus ou moins les mêmes

endroits, il est très facile d'épuiser toutes les possibilités de votre vie. Très vite, il ne reste presque plus rien de nouveau pour vous. Mais si vous provoquez des situations différentes, de nouvelles opportunités se présenteront à vous. C'est cela, la chance! Pour avoir de la chance, suscitez des opportunités et soyez attentifs aux possibilités.

*Considérez les choses d'un point de vue optimiste.* C'est le grand classique du verre à moitié plein ou à moitié vide : imaginez-vous dans une banque, un voleur y entre armé d'un revolver et il vous tire dans le bras. Ceux qui n'ont pas de chance tendent à penser que l'événement a été atroce. Les autres se disent qu'ils ont eu de la chance d'avoir été touchés au bras et non pas à la tête ou au cœur. Ils penseront même qu'en se débrouillant bien, ils pourront vendre leur histoire à un journal ou en tirer un scénario. La réalité est la même, mais leur attitude et leurs pensées face à cette réalité font la différence. Les personnes chanceuses sont capables de surmonter les revers de la vie, au lieu d'en être obsédées.

*Les personnes chanceuses prennent des décisions d'instinct.* Pour cela, elles laissent leur cerveau mettre en relation des éléments apparemment disparates, comme l'homme d'affaires Barnett Helzberg avec l'achat des bijouteries, et elles font confiance à leur impulsion.

*Les personnes chanceuses ont des expectatives optimistes.* Elles croient qu'il va leur arriver de bonnes choses et elles ont donc tendance à s'appliquer à les trouver, puis à s'en souvenir en priorité.

➤ *Que faire pour avoir de la chance ou la renforcer?*

Le psychologue Richard Wiseman, a imaginé une autre expérience au cours de ses recherches ; celle-ci s'appelle l'« école de la chance ». Tout le monde peut s'y inscrire. Imaginons que nous nous trouvions dans une salle de classe où l'on nous apprend à avoir plus de chance, c'est-à-dire à penser et à nous conduire comme des gens chanceux. Dans cette expérience, les participants ont appliqué pendant un mois les quatre principes dont nous avons parlé plus haut. Les résultats ont été bluffants : 80 % des participants avaient amélioré leur chance de façon radicale (ceux qui n'avaient pas de chance ont commencé à en avoir, et ceux qui en avaient déjà en ont eu davantage).

Pensez-y : suscitez des situations autres, et de nouvelles possibilités s'offriront à vous. C'est cela, la chance ! Même s'il est plus tentant de laisser les choses arriver d'elles-mêmes, avouons que beaucoup d'entre elles se trouvent entre nos mains. Quelle opportunité avez-vous cherchée et rencontrée aujourd'hui ? Les chances sont dehors, à nous attendre, il ne manque plus que nous les remarquions, que nous leur accordions consciemment de l'importance pour qu'elles nous aident à bâtir une vie meilleure.

## Secrets essentiels pour réaliser vos rêves

Dans une étude portant sur 5 000 individus à qui on a demandé s'ils avaient réalisés leurs rêves, seuls 10 % ont répondu par l'affirmative. Pourquoi si peu ? Tout simplement parce que nous n'avons pas de plan pour nous aider à réussir et aussi parce que nous n'avons pas forcément un rêve. Comment faire pour que ce que nous projetons devienne réalité ?

### ➤ *Quel est votre rêve ?*

Nous sommes programmés pour faire comme tout le monde, et on nous prouve par ailleurs qu'il existe beaucoup de choses que nous sommes incapables de faire. C'est comme un processus d'élimination au cours duquel nous entendons : « Vous n'êtes pas faits pour ça, ni pour ça, ni pour ça… » Nous y croyons, et c'est logique puisque ceux qui en parlent – parents et professeurs – s'efforcent de nous protéger. Pourquoi nous méfier d'eux ? Parce qu'ils ont eux-mêmes subi un discours similaire. Éduquer revient trop souvent à apprendre aux gens à accepter leurs limites, alors que cela pourrait consister, tout au contraire, à aider l'enfant à découvrir et à développer ses talents. Imaginez qu'on nous ait dit, étant petits : « Bonjour, bienvenue sur Terre ! Tu es un être unique, incomparable. Qu'apportes-tu de particulier ? Que vas-tu nous offrir ? Quel est ton rêve ? » Pensez ce que ce serait de vivre et de grandir si cette question restait présente dans nos vies. Pour commencer, on gagnerait du temps : on irait droit au but. Et on apprendrait sans souffrir inutilement : on chercherait sans hésiter ce qui nous convient vraiment, et nous tiendrions notre place avec plus de spontanéité et d'assurance. Nous serions ici et maintenant, bien présents, au lieu de sembler perplexes et résignés.

En réalité, nous sommes souvent comme une bouteille jetée dans le courant, ballotant au hasard : voyons où j'atterris, comment je me débrouille, pourvu que j'aie de la chance et pas trop de bobo. On croit que les rêves sont réservés aux naïfs, aux veinards ou aux héros. Poursuivre un rêve donne en réalité un sens et une énergie à nos vies. C'est un fait avéré : quand une personne est guidée par un rêve, elle est plus heureuse et a plus de chance de réussir son projet. Car cela joue sur le cerveau : quand vous atteignez un objectif, vous sécrétez de la dopamine, hormone du bonheur qui active les circuits du cerveau donnant envie de se fixer de nouveaux défis.

Les buts, et les rêves qui les inspirent, vous ouvrent des perspectives, ils offrent un projet à long terme sans lequel vous risquez de perdre votre temps et de vous perdre vous-même. En un mot, ils aident à être productifs et motivés. Le rêve qui vous porte peut être très modeste, très original ou très banal. Peu importe. Ce qui compte c'est d'en avoir un.

➤ *Si je vois clairement quel est mon rêve, la place que je voudrais occuper dans le monde, est-ce que cela suffit ? Que puis-je faire pour y parvenir ?* Les gens qui réalisent leur rêve et leurs objectifs (cet infime 10 % de la population) emploient en général plusieurs des cinq méthodes suivantes.

*Ils divisent leur rêve en une série d'objectifs intermédiaires, fixés dans le temps et bien concrets.* Cela revient à bâtir un escalier avec vos projets organisés à long terme en guise de marches. Rappelons qu'il faut avoir une méthode pour mener à bien ses rêves, en faire des objectifs palpables et clairs. Les experts précisent qu'il faut au moins 10 000 heures de travail pour acquérir une expertise dans un domaine, jouer correctement d'un instrument, atteindre un bon niveau dans un sport donné,… Réaliser ses rêves est aussi une question de discipline et d'endurance.

*Ils racontent leur projet à leurs amis, à leur famille et à leurs collègues.* Il faut être un peu grande gueule, se trouver un complice, quelqu'un de positif à qui confier son rêve : nous nous donnons plus de mal quand nous avons fait part de nos objectifs à des gens qui comptent pour nous et que nous ne voulons pas décevoir, en sachant qu'ils nous apporteront leur appui.

*Ils évoquent régulièrement les avantages liés à ces objectifs.* Bien qu'ils s'appliquent à gravir une marche après l'autre, ils n'oublient pas le rêve qui les anime.

*Chaque objectif intermédiaire atteint mérite sa récompense, aussi modeste soit-elle.* La morale de cette technique est qu'il est important de prendre du plaisir en chemin.

*Ils mettent par écrit leurs projets,* dans un journal, avec des illustrations ou des schémas qu'ils posent dans un endroit visible comme la porte d'un frigo ou un panneau d'affichage, pour ne pas les oublier.

Nous pouvons donc concrétiser nos rêves[1]. Des milliers d'exemples prouvent qu'une personne peut relever des défis importants contre

---

1. Un cas extrême, présenté sur le plateau d'El Hormiguero, est celui de Nick Vujicic, un Australien né sans bras, sans jambe droite et avec un petit moignon de pied au bout de sa cuisse gauche. Sa vie est une succession d'épreuves. Il a souffert de harcèlement à l'école et pensait au suicide à

vents et marées. Des vies difficiles, parsemées de maladies, de deuils, de solitude… Derrière bien des vies en apparence réussies se cachent des histoires dramatiques, une longue course d'obstacles. Ce sont parfois ces mêmes obstacles qui donnent à la personne la force nécessaire pour les transformer en quelque chose de positif.

---

huit ans. Après avoir constaté que ses succès avaient inspiré beaucoup de personnes, Nick a fondé Life Without Limbs, une organisation pour handicapés. www.lifewithoutlimbs.org

# 7

# Un sac à dos
# pour l'univers

*Codes pour décrypter et transformer votre vie*

Albert Espinosa a écrit un livre dont j'aime beaucoup le titre: *Si tu me dices ven lo dejo todo...pero dime ven*[1]. L'idée lui en est venue grâce à une vieille dame rencontrée dans un magasin: elle l'avait mis en garde contre le danger de laisser la vie s'écouler en la regardant depuis la rive, sans oser plonger dedans. J'aime lorsque quelqu'un d'expérimenté vient confirmer mes convictions: la vie présente sa facture aux indécis et aux timorés.

Pourquoi attendre que les événements viennent à nous au lieu de prendre l'initiative? Je suppose que c'est pour éviter des refus et des humiliations, plutôt que par paresse. Mais une fois ces peurs et ces humiliations évaporées, s'envolent aussi toutes les occasions inattendues et plaisantes, les opportunités et les rencontres inespérées. En un mot, le flux de la vie, qui transfigure tout si nous ne restons pas calfeutrés dans nos abris. Plusieurs études montrent qu'à la fin de notre existence, nous regrettons davantage ce que nous n'avons pas fait que ce que nous avons effectivement osé faire, même si cela

---

1. *Si tu me dis viens, je laisse tout tomber... mais dis-moi viens*, non traduit à ce jour en France.

a mal tourné. Attention, donc, à ne pas accorder trop d'importances aux erreurs et aux refus, au point de vouloir éviter à tout prix leurs petits coups de griffe, comme s'il y allait de notre vie.

Voilà quelque chose qui ne risque pas d'arriver à Tici, ma petite fée Clochette. Avec l'innocence de ses six ans et un sens du ridicule et du danger encore peu développé, elle tombe et se relève plusieurs fois dans la journée, accompagnant souvent sa chute de larmes et de gémissements, mais sans jamais perdre l'irrésistible envie de croquer la vie à belles dents, de la  déchiffrer, de la répertorier, de l'investir. Rien que de très normal chez Tici, car nous avons à la naissance deux missions importantes : développer notre capacité d'aimer et nourrir notre curiosité du monde qui nous entoure. Nous ne vieillissons vraiment, de l'intérieur, que lorsque nous cessons d'aimer et d'être curieux. C'est ce qui se produit si nous nous obstinons à fabriquer laborieusement des réponses toutes faites pour endiguer les débordements de l'existence, si nous renonçons à découvrir, à risquer et à accepter éventuellement l'échec. Vient alors l'angoisse, quand nous nous comparons aux autres en nous plaignant sans cesse. Nous pouvons essayer de soulager nos maux avec des médicaments, mais ce sont de pauvres substituts de l'appétit de vie.

Le grand-père de Tici appelle cela l'extraordinaire talent des gens pour se rendre malheureux. Ce mal n'a pas encore atteint ma fille, qui grimpe dans mon lit à peine réveillée. Elle chantonne et babille à côté de moi, en me bombardant de questions sur les singes et les nationalités, le tout agrémenté d'une version personnelle de la chanson de Bob l'éponge, qu'elle pimente de vers astucieux dédiés à Patrick l'étoile de mer. C'est dimanche, huit heures du matin, et j'ai un peu de mal à la suivre. «Tu sais que Patrick est le plus malin des deux quand il se dispute avec Bob l'éponge ? », affirme-t-elle en haussant les sourcils. J'ai du mal à la croire, mais elle paraît convaincue. Elle a sans doute raison, d'ailleurs : même si la vie fait des embardées, elle a besoin d'élan pour suivre son cours, pour être vraiment la vie et non pas une attente stérile. J'ouvre la bouche pour le lui expliquer, mais ma petite fée Clochette est déjà passée à autre chose, et elle me pose de nouvelles colles. «Sais-tu comment on appelle un gorille avec une banane dans chaque oreille?», me demande-t-elle en me regardant droit dans les yeux. Je risque une réponse, mais je suis décidément trop lente: «Tu peux l'appeler comme tu veux, il ne peut pas t'entendre!», dit-elle en pouffant de rire. J'ai parfois l'impression qu'elle a un don particulier pour parler en apnée – non, on dirait plutôt qu'elle bourdonne, comme ces gros insectes rayés qu'elle affectionne. Serait-ce là son secret?

Quelques secondes de silence – enfin – et sa petite voix reprend: «Comment dit-on "à suivre" en anglais?» « *To be continued*», dis-je avec un soupir de soulagement. Elle me scrute, perplexe, en s'efforçant de retenir dans sa tête le sabir que je viens de prononcer. Au bout de quelques secondes, je lis sur son petit minois qu'elle a renoncé. «Et ben... c'est exactement ce que je voulais dire!», conclut-elle sans trop s'y attarder, en sautant à bas de mon lit, cap sur la vie.

## DIX-NEUVIÈME PROMENADE
## SE FRAYER UN CHEMIN DANS LES BROUSSAILLES

Quand nous grandissons en restant ouverts à ce qui nous entoure, sans peurs excessives et l'intelligence aux aguets, nous nous exposons au feu nourri de la vie, et comme nous y plongeons à cœur perdu, elle peut nous présenter sa facture. Mais nous courons le même risque si nous traînons une existence protégée mais dépourvue d'émotions et d'intensité, déconnectée des autres, si nous estimons que notre travail n'apporte rien au reste du monde, si nous ne prenons pas le temps de vivre nos passions ou si nous avons l'impression de ne pas être aimés et respectés par notre entourage. Tout cela ne fera que développer encore le stress dans nos vies.

Le stress est une réponse physique et émotionnelle à la pression – positive ou négative – du quotidien. En nous stressant face aux événements, nous libérons des substances chimiques qui nous donnent de la force et de l'énergie. Le stress n'est donc pas forcément mauvais : c'est une réponse naturelle à une situation donnée, qui ne devient toxique que si l'on se sent impuissant et vulnérable.

Notre époque voit le stress augmenter partout, pour diverses raisons. La pression constante de ces dernières décennies, un environnement de plus en plus fluctuant et précaire expliquent amplement cette évolution. Pourtant, chaque époque a ses contraintes, et nous ne pouvons nous retrancher derrière la situation actuelle pour justifier les ravages du stress sur notre santé physique et mentale. À nous de changer ces conditions – quand c'est possible, bien sûr. Nous pouvons également intégrer dans nos structures sociales et éducatives des clés permettant d'être mieux armés. Qu'est-ce qui peut nous aider à gérer ce stress ? Analysons certains des gestes et comportements utiles pour nous frayer un chemin entre les écueils d'un environnement trépidant et complexe.

### Gérer le stress

PFinissons-en dès maintenant avec un mythe : impossible de se libérer du stress en malmenant des coussins et en criant. Lorsque vous brisez des objets ou que vous balancez des coussins – selon la méthode de la catharsis, où l'on s'efforce de « cracher » toute sa frustration rentrée, comme si on était un volcan –, vous vous sentirez sans doute mieux dans un premier temps, mais vous renforcerez aussi les sentiments négatifs qui vous ont initialement stressé et augmenterez l'impact de leurs effets chimiques sur votre corps et votre esprit. Telle un serpent qui se mord la queue, la catharsis ne vous aidera pas à sortir de la boucle des émotions négatives, puisqu'elles s'entretiendront d'elles-mêmes[1].

---

1. Voir page 115 pour en finir avec votre mauvaise humeur en 90 secondes.

➤ *J'avoue que j'aime bien être stressé*

Et vous avez raison. J'ai déjà expliqué que le stress est une réaction normale de l'organisme, un tsunami mental et physiologique qui vous permet de vous tenir sur vos gardes pour faire face au danger, par exemple quand vous devez faire attention aux voitures en traversant une rue. Nous avons besoin d'un certain niveau de stress pour rester en éveil.

➤ *Alors, où est le problème ?*

Il est simple : si vous ne savez pas gérer votre stress, vous serez sous sa coupe quand vous n'en aurez pas besoin. Prenons un exemple : imaginons un zèbre broutant paisiblement avec le reste du troupeau dans la savane africaine[1]. Les pâtures vertes et dorées s'étendent jusqu'à l'horizon. Soudain une lionne surgit dans un coin de l'image. Que fait le zèbre ? En toute logique, il s'élance pour s'enfuir, et s'il est en bonne santé et adulte, il saura sans doute échapper à son poursuivant, puisque ce sont les animaux les plus faibles, malades ou trop vieux qui sont pris.

Pendant sa course pour la vie, le zèbre éprouve la même chose que n'importe qui d'entre nous face au danger : il ressent un stress aigu et une décharge de cortisol qui bloque ou ralentit toutes les fonctions corporelles superflues à cet instant : il n'aura pas faim, ne ressentira aucune douleur, sa digestion s'interrompt puisque son sang afflue dans ses muscles pour l'aider à s'enfuir, son taux de sucre et d'adrénaline dans le sang monte pour lui donner de l'énergie, ses muscles se tendent, il halète pour laisser entrer beaucoup d'oxygène, ses pupilles se dilatent et tous ses sens s'aiguisent pour détecter les mouvements de la lionne. Durant quelques minutes le zèbre sera complètement obsédé par cette lionne, ce qui déclenchera un torrent d'adrénaline, de dopamine, de cortisol,

---

1. À voir sur You Tube en tapant « HD : Lioness hunts Zebra ».

de noradrénaline et d'endorphine, indispensables pour pouvoir échapper à la mort. Ce processus physique et émotionnel épuise le corps et l'esprit, mais il est essentiel pour la survie.

➤ *Tout cela est bien gentil, mais qu'est-ce que j'ai en commun avec un zèbre?*

En fait beaucoup de choses. Pour commencer, le mécanisme dont la nature a pourvu tous les êtres vivants pour qu'ils puissent attaquer ou prendre la fuite face au danger.

Les zèbres et les humains ont les mêmes réactions en la matière. Dans la savane face à une lionne, dans la rue devant une voiture qui vous fonce dessus ou nez-à-nez avec un voleur à la tire, vous allez vous aussi partir au galop comme le zèbre, et si vous ne pouvez pas vous enfuir, vous ferez face en résistant de toutes vos forces (au voleur, pas à la voiture…).

Cela peut paraître un réflexe adapté et efficace pour les zèbres, mais la première frayeur passée, nous autres humains n'agissons pas de même. Tout au moins dans nos villes, où nous n'avons pas de lionnes prêtes à bondir sur nous, mais où nous cohabitons tout de même avec des dangers et toutes sortes de menaces : des disputes à la maison, des problèmes au travail, des soucis pour la santé de ceux que nous aimons et le bien-être de nos enfants… Parfois ces préoccupations se justifient, car la vie n'est pas un long fleuve tranquille. Mais ce qui est réellement préoccupant, c'est le fait que nos angoisses, qu'elles soient réelles ou imaginaires, ne disparaissent pas comme la lionne : elles restent tapies dans notre esprit, et elles se manifestent par les modifications physiologiques propres au stress. Quant au zèbre, s'il a sauvé sa peau, après avoir retrouvé son souffle et rejoint son troupeau, il se remettra à brouter placidement jusqu'à la frayeur suivante, c'est-à-dire qu'il retrouvera immédiatement ses fonctions corporelles normales, sans plus penser à la lionne jusqu'à la prochaine attaque.

➤ *Pourquoi ne savons-nous pas, comme les zèbres, nous détendre quand le danger est passé ?*

Nous autres les humains sommes doués d'une extraordinaire capacité d'imagination. Bien canalisée, elle nous permet d'être créatifs, mais si nous la mettons au service du cerveau programmé pour survivre, elle nourrit et démultiplie notre peur, et il est très difficile d'en sortir. Telles sont les deux facettes de l'imagination humaine. Le zèbre, bien peu imaginatif, oublie le danger dès que celui-ci disparaît, tandis que les humains continuent à le redouter même s'il n'est plus visible. Le plus fort reste à venir : Robert Sapolsky, de l'université Harvard, a constaté, au cours de ses recherches sur les effets du stress, que lorsque nous éprouvons de la peur, même imaginaire, nous sommes autant atteints, au physique et au mental, que si ce que nous redoutons arrivait réellement[1].

➤ *Je me fais donc du mal dès que j'imagine un danger ?*

Exactement. C'est pourquoi le stress, qui affecte presque deux personnes sur trois en Europe, est un problème sérieux, aux conséquences dramatiques. Le corps a des ressources limitées. Si on l'accable de soucis et qu'on lui demande trop d'efforts, sur le plan mental comme physique, on l'épuise : il tombe malade et présente différents symptômes : anxiété, irritabilité, migraines, insomnies, sueurs et palpitations, tensions musculaires ou tout autre maladie chronique associée au stress ; tout cela est probablement dû, les recherches le montrent, à une altération du processus inflammatoire causée par une sécrétion excessive de cortisol en situation de stress et qui fragilise encore plus le système immunitaire[2]. Votre qualité de vie se dégradera alors de façon significative.

--------

1. Robert Sapolsky, *Why Zebras don't Get Ulcers ?*
2. Une étude réalisée par une équipe de l'université Carnegie-Mellon, à Pittsburgh, et publiée dans la revue *Proceedings of the National Academy*

➤ *Qu'est-ce qui nous stresse le plus ?*

Souvenez-vous que le stress n'est pas une agression provenant de l'extérieur, comme l'attaque de la lionne sur nos zèbres. C'est une réaction à ce qui nous entoure. Même s'il ne vous est pas possible de changer radicalement l'environnement, du moins pouvez-vous gérer vos réactions. Théoriquement, tout événement est susceptible de nous stresser, mais on a listé et classé les situations typiquement stressantes, capables d'entraîner une pathologie associée dans un délai de deux ans. Si vous avez été stressé par une de ces situations, rappelez-vous comment vous avez réagi, car cela vous permettra d'en savoir beaucoup sur votre aptitude à gérer le stress. Les premières à figurer dans cet inventaire correspondent à quelques-unes des situations les plus stressantes :

– la mort d'un être aimé ;

– un divorce ;

– la prison ;

– une maladie grave ;

– le mariage ;

– souscrire un crédit très cher ;

– ne pas pouvoir rembourser ses crédits ;

– la perte d'un emploi ;

_____

*of Sciences (PNAS)*, indique que beaucoup de maladies sont dues à une altération du processus inflammatoire découlant du stress. Les chercheurs étudiaient depuis un certain temps l'impact du stress sur l'organisme, ils ont démontré qu'il était lié à une augmentation du risque d'attraper un rhume parmi les individus exposés à un virus respiratoire. Selon le professeur Sheldon Cohen, directeur de ces recherches, la conclusion la plus intéressante en est que « en situation de stress, les cellules du système immunitaire sont incapables de réagir au contrôle hormonal, et qu'elles produisent en conséquence des niveaux d'inflammation induisant la maladie ».

— le départ à la retraite ;

— le départ d'un enfant de la maison ;

— des problèmes avec la belle-famille ;

— entrer à l'école ou l'avoir finie ;

— changer d'emploi ;

— avoir des problèmes sexuels ;

— avoir des enfants ;

— avoir des problèmes avec son supérieur hiérarchique ;

— déménager.

De nombreux autres événements, banals et récurrents, comme les réunions de famille au moment de Noël, peuvent également nous stresser (nous l'avons déjà vu plus haut). Jusqu'aux vacances, qui sont parfois sources de tensions nerveuses. Bref : la vie est stressante si on ne se sent pas capable de la gérer. Mais ce qui est le plus terrifiant, ce n'est pas qu'il puisse vous arriver quelque chose de mauvais, mais qu'en le redoutant, en l'imaginant, vous abîmez déjà votre corps et votre esprit.

➤ *Pouvons-nous éviter de stresser inutilement ?*
Bien entendu. J'ai expliqué que c'était une mauvaise idée de devenir agressif si vous êtes en colère ou stressé – c'est-à-dire d'employer la méthode de la catharsis. Par contre, vous pouvez empêcher votre colère de continuer à bouillonner et la laisser refroidir. Combien de temps ? Jusqu'à ce que l'envie de mordre celui qui vous a énervé soit passée. Ne lancez pas d'assiette contre le mur, ne claquez pas les portes, ne criez pas contre vos enfants : vous faites du mal aux autres et vous renforcez vos sentiments agressifs. Une exception pourtant : vous pouvez rugir si vous êtes seul et que cela n'effraie personne ; vous produirez des endorphines, qui servent d'anesthésiant et qui vous apporteront un confort de quelques secondes. Mais ce n'est qu'une sortie de secours, puisque généralement nous ne souhaitons

pas entretenir la chimie du stress ; donc, calmez-vous pour recouvrer une pensée sereine et trouver des issues constructives.

### ➤ *Venons-en au fait et énumérons des issues constructives*
Si votre frustration n'est pas trop forte, vous l'apaiserez en faisant quelque chose d'opposé à votre irritation : allez voir un film comique, jouez avec un chiot, faites de l'exercice, passez l'après-midi avec des amis ou attaquez-vous à des mots croisés difficiles. Il s'agit de remplacer les émotions qui vous stressent par d'autres à l'effet inverse. C'est terriblement efficace : certaines émotions sont incompatibles, comme la colère et la joie, et en suscitant l'une, on neutralise l'autre.

### ➤ *La technique des bénéfices*
Si vous souffrez d'un stress plus prononcé, une technique simple peut vous aider à calmer votre animosité en quelques secondes. Cette méthode a été mise au point à l'université de Miami, on l'appelle la « technique des bénéfices » ; elle a pour but de vous faire découvrir les bienfaits de ce qui vous a dérangé ou blessé. Par exemple, cet épisode vous a-t-il prouvé que vous êtes plus fort ? Appréciez-vous plus qu'avant un aspect de votre vie ? Avez-vous appris à mieux exprimer vos sentiments ? Avez-vous pu vous débarrasser d'une relation toxique ? Êtes-vous devenu plus compatissant ou plus compréhensif ? Avez-vous amélioré votre relation avec la personne qui vous a blessé ?

De nombreuses études prouvent que l'une des façons les plus rapides et fiables de surmonter des expériences pénibles est de leur trouver un sens, de pouvoir les intégrer dans son « scénario » de vie. Essayez, vous verrez que c'est très efficace.

### ➤ *Imaginez une issue constructive*
Nous pouvons aussi utiliser consciemment le potentiel de notre imagination pour créer des sensations et des émotions positives.

L'imagination peut être un vecteur de relaxation et de bien-être, et ses effets thérapeutiques ont été abondamment vérifiés : les battements de cœur et la respiration ralentissent, la consommation d'oxygène baisse de 20 %, le taux de lactose dans le sang diminue (alors qu'il augmente en cas de stress et de fatigue), la résistance épidermique aux courants électriques devient quatre fois plus importante (signe de relâchement) et l'activité alpha du cerveau s'accroît (encore un signe de détente). Fermez les yeux et imaginez quelque chose qui vous fasse vous sentir bien, ou pratiquez la technique de l'ancrage émotionnel positif (voir p. 121).

Un dernier procédé tout simple, basé sur la relation entre le corps et l'esprit : puisque le stress mental se manifeste nettement dans le corps, détendez-vous physiquement avec un simple massage de la mâchoire. Massez avec les quatre doigts de chaque main (laissez tomber les pouces) la zone des tempes en traçant doucement des cercles pendant 1 minute, puis consacrez 1 minute à toute votre mâchoire. Respirez profondément pour relâcher les tensions.

Gérer le monde changeant qui nous entoure est un des grands défis à relever au quotidien. Une autre caractéristique de notre époque, sans doute liée à un environnement stressant, est la vertigineuse démultiplication des choix dans les domaines social, personnel ou professionnel.

## Le paradoxe du choix : plus est moins

Nous avons tendance à penser que si nous disposons d'un plus grand éventail de possibilités, nous sommes plus libres, et que cette sorte de liberté nous rend forcément plus prospères et heureux. Notre époque a démultiplié les choix portant sur la manière dont nous voulons vivre (comment, où et avec qui). C'est pourquoi nous voyons comme une marque de progrès ce que nous renvoient partout les supermarchés, les cinémas, les librairies, les centres commerciaux, les restaurants et même notre vie sentimentale et sociale : plus est mieux.

Il y a quelques années, les gens n'avaient pas le dixième des possibilités de choix qui sont les nôtres aujourd'hui. Et pas seulement parce que leur supermarché ne proposait pas des dizaines de sauces pour assaisonner une salade, mais parce que leur vie s'écoulait dans des cases nettement plus étanches : le couple durait généralement jusqu'à la mort d'un de ses membres, on travaillait souvent toute sa vie dans la même branche, avec des horaires précis, etc. Aujourd'hui, nous pouvons vivre plusieurs vies amoureuses et la technologie nous permet de travailler n'importe où ou presque, et à n'importe quelle heure, puisque nous sommes connectés en permanence. Nous pouvons donc opter pour certains changements immédiats, et autant de fois que nécessaire. Nous avons même pris l'habitude de fragmenter notre attention lorsque nous effectuons une tâche : nous pouvons regarder nos enfants jouer tout en répondant à nos mails ; c'est nous qui décidons dans l'instant si nous voulons le faire et pour combien de temps. Nous sommes passés de l'impossibilité de choisir au choix quasi-permanent.

> ➤ *Est-ce une bonne chose de pouvoir choisir tout le temps?*

Cela devrait l'être, mais il ne faut pas oublier comment réagit le cerveau dans ce cas-là. Prenons un exemple : vous entrez dans une agence de voyages et que vous hésitez entre aller à Paris, à New York ou dans un gîte à la montagne. Chaque choix, une fois arrêté, implique une perte, même les plus insignifiants comme de décider entre un croissant ou une biscotte pour le petit déjeuner. Quand vous choisissez, il est facile de penser à tout ce que vous avez perdu au lieu de vous concentrer sur ce que vous avez gagné : si je veux profiter des gratte-ciel de New York, je renonce aux musées parisiens ; et si je vais à Paris, finie la randonnée en montagne. Et lorsque vous penserez à la destination que vous avez choisie, vous vous demanderez : n'ai-je pas fait le mauvais choix ?

> ➤ *Attention à l'« escalade des expectatives »*

La situation s'aggrave si votre choix finit par ne pas vous apporter le plaisir escompté. Les offres pléthoriques entraînent au moment du choix un danger bien précis, l'escalade des attentes. Barry Schwartz, auteur du *Paradoxe du choix*[1] et chercheur au Swarthmore College aux États-Unis, explique cela par un exemple : s'il n'y a que deux modèles de jeans, comme c'était le cas il y a quelques années, j'essaierai les deux et je choisirai sans état d'âme. Mes espérances seront modestes et mon achat m'apportera facilement satisfaction. Mais si je dois choisir parmi une multitude de coloris, de styles et de coupes différentes, mes attentes grimpent puisque je crois pouvoir trouver le jean parfait pour moi. Après en avoir

---

1. *Le Paradoxe du choix : comment la culture de l'abondance éloigne du bonheur*, Michel Lafon, 2006.

essayé plusieurs, si je pars avec un jean dans lequel je me sens à l'aise mais pas merveilleusement bien, je penserai que c'est de ma faute : j'attendais trop de ce pantalon. Quand vous avez de grandes attentes, la réalité ne peut presque jamais être à la hauteur et vous vous sentez déçu. Par contre, si vos attentes sont modestes, il est probable que la vie réelle pourra les combler.

➤ *Et si je pèse chaque décision, pour ne pas me tromper ?*
Certaines personnes retardent leurs prises de décision, car elles ne supportent pas de se fermer des portes… Le risque est de finir par se laisser porter par les circonstances, sans oser décider pour de bon. Il est sans doute préférable d'apprendre à prendre des décisions en étant efficace.

➤ *Comment prenons-nous nos décisions ?*
Découvrez si vous êtes un maximiseur ou un optimiseur[1]. Nous prenons généralement des décisions de deux façons différentes :

*Les maximiseurs.* Leur devise est : « Je veux le meilleur. » Le meilleur conjoint, le meilleur travail, le meilleur logement, les meilleurs enfants, la meilleure voiture, les meilleures céréales de petit déjeuner, le meilleur jean. En général, leur définition du mieux dépend beaucoup dépend beaucoup du jugement des autres : le travail le mieux rémunéré, la meilleure marque, le plus difficile à trouver.

*Les optimiseurs.* Leur devise est : « Je veux quelque chose de suffisamment bon. » Ils peuvent avoir des aspirations élevées ou modestes, cela dépend de chacun, mais ce qui compte pour eux est d'obtenir quelque chose qui corresponde à leurs besoins précis. Ils veulent une voiture familiale où caser un vélo et qui ne consomme pas trop

---

1. Ces termes ont été inventés par Barry Schwartz (en anglais, *maximizers* et *satisficers*).

d'essence? Quand ils auront trouvé le modèle qui leur convient, ils arrêteront de chercher et de comparer, et ils seront satisfaits de leur choix, sans s'empoisonner la vie en pensant à une meilleure option possible.

Plusieurs études conduites aux États-Unis sur la question de la prise de décision ont montré que les maximiseurs cherchent leur premier emploi avec les plus grandes précautions. Ils veulent «le meilleur travail possible» et consacrent beaucoup d'énergie à cette recherche. Ils mettent plus de temps que les optimiseurs à réviser leur jugement et ils obtiennent un salaire plus élevé. Le problème, c'est qu'ils n'arrêtent pas de se demander si c'était réellement le meilleur emploi. Beaucoup de maximiseurs ont ainsi l'impression de ne pas être à leur place, puisqu'il y a toujours quelque chose de mieux auquel ils pourraient aspirer. Vivre en sentant qu'on n'est pas là où l'on devrait se trouver, que l'on n'appartient à nulle part, est très frustrant. Les maximiseurs ont donc tendance à être moins satisfaits de leur vie, moins optimistes, ils ont également une moins bonne estime d'eux-mêmes. Ils sont aussi souvent plus perfection-nistes, ils regrettent davantage leurs actions et sont plus fragiles face à la dépression. Dans tous les tests psychologiques, ils atteignent de moins bons scores que les optimiseurs.

Les optimiseurs sont-ils des conformistes? Plus d'un maximi-seur les définirait ainsi, mais rien n'est moins vrai: leurs objectifs peuvent être exigeants ou laxistes, leurs attentes modestes ou ambi-tieuses; ils ne se démarquent pas en cela du maximiseur, mais s'en distinguent par leur capacité à se sentir satisfaits de leurs choix, indépendamment de l'opinion des autres. Il faut une personna-lité solide et une bonne estime de soi pour choisir en optimiseur. C'est peut-être pourquoi, quand ils ont fait une erreur de choix, ils ne s'effondrent pas et préfèrent tirer parti de leur expérience en la voyant comme une leçon qui leur permettra de faire mieux la prochaine fois. Autrement dit, leur attitude face à l'adversité est plus constructive que celle des maximiseurs.

Le paradoxe inhérent à tout choix est que la liberté qui l'accompagne peut être bénéfique ou nocive. Les recherches démontrent que si vous n'avez aucune possibilité de choix, la vie est perçue comme difficile. Quand vous n'avez que quelques alternatives, votre vie s'améliore et vous avez bien peu de risques d'être déçus par vos décisions. Mais à mesure que les options se multiplient, les occasions de frustration en font autant. Ce qui veut dire que l'excès de choix se paie très cher ; c'est pourquoi certains experts affirment qu'un éventail de choix trop important est contre-productif.

### ➤ L'abondance ne veut pas dire beaucoup, mais suffisamment

On ne peut éviter cette pléthore de possibilités, elle est l'un des traits marquants de notre société de consommation. Mais une fois encore, nous pouvons choisir de réagir d'une façon ou d'une autre, comme devant n'importe quel événement stressant. Les recherches menées sur la prise de décision nous donnent cette leçon fondamentale : l'abondance ne consiste pas à avoir beaucoup, mais à avoir suffisamment. Ce qui est drôle, c'est que plus on avance en âge, et plus on a de chances de devenir un optimiseur satisfait face aux nombreux choix quotidiens ; telle est la leçon que nous autres humains pouvons retenir.

### ➤ Comment savoir ce qui est suffisant pour moi[1] ?

Dans certaines circonstances de notre vie, nous agissons tous en optimiseurs, même si nous avons plutôt un profil de maximiseur. Pensez à un moment où vous avez fait un choix qui vous a semblé suffire. Rappelez-vous cette sensation et voyez comment vous pouvez l'adapter à d'autres aspects de votre vie.

Renoncez également à tout vérifier par vous-même et faites confiance pour certains choix à des personnes ayant déjà pris ces

---

1. Ce paragraphe est inspiré par Barry Schwartz.

mêmes décisions. La collaboration est importante en termes de gain de temps et d'anxiété provoquée par la prise de décision.

Pour finir, développez votre aptitude à la reconnaissance. Ne déplorez pas le côté négatif des choses, concentrez-vous sur les bons aspects dont vous pouvez profiter. Nous l'avons déjà vu au cours de ces pages : notre cerveau n'est pas doué pour l'insouciance, puisqu'il est programmé pour la survie, mais il est incroyablement gratifiant de parvenir à cet état. Pour entraîner notre cerveau à positiver, revoyez les techniques proposées dans la quatrième promenade.

## VINGTIÈME PROMENADE
## LES RESSOURCES D'UNE NATURE GÉNÉREUSE

Des siècles d'empirisme ont suggéré que la reconnaissance, réaction faite de gratitude et de gaieté, pourrait constituer la voie la plus directe vers le bien-être émotionnel et être un facteur déterminant d'une vie épanouie. De récentes études dirigées par Todd Kashdan, psychologue à l'université George Mason (États-Unis), le confirment. Curieusement, ces travaux démontrent que la gratitude est une émotion légèrement plus naturelle chez les femmes que chez les hommes : ces derniers ont tendance à se sentir plus obligés et moins reconnaissants lorsqu'ils reçoivent un cadeau, surtout s'il provient d'un autre homme. Selon Kashdan, c'est le résultat d'une éducation qui a contraint les hommes à être émotionnellement autonomes, au point de devoir masquer et réprimer leurs émotions.

### Les bienfaits de la reconnaissance

Comment éprouver plus de reconnaissance dans la vie ? Lorsque vous vous conduisez d'une certaine manière, vous préparez le terrain pour qu'affluent certaines émotions désirées. Si vous pratiquez la gratitude pendant plusieurs jours, vous entraînerez votre cerveau à se sentir reconnaissant de ce qui l'entoure. Vous pouvez vous entraîner n'importe quand. Je vous livre ma méthode : juste avant de passer en direct à la télévision ou à la radio, il est rare que je ne me réjouisse pas de pouvoir être utile à mon public ; je remercie le directeur de l'émission de m'avoir invitée ; je suis reconnaissante à l'équipe pour sa présence et son soutien, et si je me sens très nerveuse, je suis reconnaissante envers moi-même d'avoir le courage de prendre des risques pour partager ce qui me tient à cœur. On finit par trouver difficile de ne pas déborder de gratitude lorsqu'on s'y met !

*Soyez reconnaissant de ce qui vous fait plaisir.* Remercier explicitement notre entourage est une autre façon de s'habituer à être reconnaissant : exprimer ouvertement, de vive voix ou par courrier, votre satisfaction devant des choses élémentaires, comme l'amabilité d'un employé de la poste, la patience de votre propriétaire à qui vous avez oublié de régler la facture d'eau, la gentillesse d'une voisine qui vous prend votre courrier.

*Soyez également reconnaissant de ce que vous aimez moins.* La gratitude ne s'applique pas seulement à des réalités forcément plaisantes et positives, comme un cadeau, une preuve de gentillesse ou l'affection des nôtres. Nous pouvons nous sentir reconnaissants d'être fatigués ou découragés, car cela veut dire que nous avons avancé ou essayé de le faire ; nous pouvons être reconnaissants de nos erreurs, car elles sont un enseignement précieux ; des défis à relever, car ils nous rendent plus forts et capables de plus de ressources ; des temps difficiles, car ils nous aident à faire face ; des choses que vous ne connaissez pas, car vous pouvez encore les découvrir.

➤ *La gratitude peut s'appliquer aussi à ce que nous n'avons pas*
Nous nous trouvons parfois dans une impasse et, malgré tous nos efforts, nous ne trouvons pas d'issue. Nous avons déjà vu dans ce livre comment gérer les zigzags et les ornières du chemin. Nous pouvons faire beaucoup face aux petits et aux grands défis de la vie, mais parfois la perte est plus forte que le bénéfice. Lorsque

nous nous engageons dans des conflits où nous refusons de jeter l'éponge, il peut arriver que nous y usions nos forces. Combien de fois ne l'avons-nous pas vécu nous-mêmes ou vu chez nos proches? Se colleter avec la vie nous coûte parfois très cher.

Or une des choses les plus gratifiantes est de lâcher prise, de laisser courir tout ce qui nous résiste, de faire la différence entre l'effort constant et inconditionnel – qui peut remplir une vie – et l'acharnement entêté et débilitant. Tôt ou tard, nous finissons par trouver en nous-mêmes, au milieu du flot d'émotions qui nous guident dans tous nos défis, la certitude qu'il vaut la peine de se battre pour quelque chose ou pour quelqu'un. Mais nous ne pouvons le savoir que si nous nous connectons à nos besoins, en pleine conscience.

## VINGT ET UNIÈME PROMENADE
## VOYAGER LÉGER

L'état normal du cerveau au repos consiste en un flot silencieux de pensées, d'images et de souvenirs, provoqué non par un stimulus extérieur ou un raisonnement mental, mais jaillissant spontanément dans l'esprit. Une étude récente[1] confirme qu'avec une attention vigilante, on peut être plus conscient de cette hyperactivité continuelle de l'esprit, comparable à un programme par défaut servant à connecter entre eux certaines expériences et résidus émotionnels pour les structurer mentalement.

Vivre le présent est pourtant un réel défi dans une société comme la nôtre, dont l'économie et le mode de vie sont basés sur le divertissement chronique – ce qui engendre des troubles de l'attention et une hyperactivité collective. Selon Jon Kabat-Zinn, professeur

---

1. Dirigée par Jim Lagopoulos, chercheur à l'université de Sydney, en Australie, en collaboration avec l'université norvégienne de sciences et de technologie.

de médecine et directeur de la Stress Reduction Clinic à l'université du Massachusetts, nous ne vivons au présent que lors de brefs instants fugaces et successifs ; le passé et l'avenir, qui ne sont que des concepts abstraits, nous distraient pourtant de la réalité de l'instant.

Apprendre à vivre au présent sans essayer de le maîtriser consciemment n'est pas faire injure à la pensée. Cela revient à reconnaître notre besoin de créer des espaces modestes et ouverts, où il nous est permis de mettre de côté notre rationalité, qui devient ainsi impuissante à gêner ou polluer l'intuition, la créativité et l'imagination. Albert Einstein affirmait : « L'intellect occupe bien peu d'espace sur la voie de la découverte. La conscience fait un bond en avant, appelez cela intuition ou ce que vous voudrez, et la solution vient à vous sans que vous sachiez ni comment ni pourquoi. »

L'esprit humain possède un inconscient puissant, programmé dans l'enfance et très dépendant des croyances et des jugements de l'entourage. Pour Freud, l'inconscient est l'endroit dans lequel nous stockons et réprimons des idées socialement inacceptables, des désirs, des souvenirs traumatisants et des émotions douloureuses. Même si nous savons que tout ce qui se passe dans notre inconscient n'est pas forcément négatif, nos vies reflètent la plupart du temps cette programmation inconsciente et, si celle-ci est négative – par exemple, si nous sommes dominés par la peur de ce que les autres pensent de nous, de ne pas être aimés et respectés, etc. –, nous aurons tendance à agir en cohérence avec cette programmation émotionnelle.

> ► *Pouvons-nous sortir du cercle vicieux des programmations inconscientes négatives ?*

C'est possible, mais il faut travailler son mental comme nous avons appris à travailler sur le corps, avec force et détermination ! De même qu'il est nécessaire, mais pas suffisant, de décréter que nous allons faire de l'exercice ou manger sainement pour avoir un corps en bonne santé, prétendre avoir une attitude positive est indispensable mais pas suffisant pour changer les habitudes mentales inscrites dans notre cerveau. Heureusement, certaines techniques, comme la méditation en pleine conscience, permettent de se reprogrammer et d'adopter de nouvelles habitudes, mais il faut persévérer et recommencer autant de fois que nécessaire pour parvenir à changer le réflexe mental. Dans ce sens, les recherches les plus récentes (par exemple celles menées au laboratoire de neurosciences dirigé par Richard Davidson, à l'université du Wisconsin) confirment le pouvoir de la pensée pour changer les structures biologiques du cerveau.

➤ *Comment transformer mon mental ?*
Nous pouvons accéder à une partie de ce que cache notre inconscient et le transformer avec les méthodes classiques proposées par la psychanalyse (par des techniques d'association d'idées, d'analyse des rêves ou des signaux verbalisés et non verbalisés) ou en faisant appel à d'autres formes de thérapies. Mais il est une méthode, vieille de 2 000 ans et qui nous vient d'Orient, qui a fait la preuve de son efficacité, au point d'être devenu un objet d'étude dans de nombreux laboratoires de recherche. Je veux parler de la méditation en pleine conscience.

## Vivre en pleine conscience

➤ *Qu'est-ce que la pleine conscience ?*
C'est la capacité à concentrer son attention sur le présent, en gérant la tendance de notre esprit à vagabonder dans le passé ou l'avenir. Les techniques de pleine conscience sont très nombreuses ; les plus simples, accessibles à toute personne désirant s'en servir, reposent sur la technique de la respiration. Le psychiatre Dan Siegel propose une technique très efficace avant de commencer une séance de pleine conscience : cela consiste à porter son attention sur le centre

de la pièce, avant de l'amener à l'intérieur de soi. Ce simple exercice nous fait prendre conscience que nous pouvons décider de l'orientation de notre attention et éviter qu'elle ne soit prise d'assaut par le premier stimulus extérieur venu. Porter son attention quelque part est un choix. Lorsque vous vous concentrez en pleine conscience, celle-ci agit comme un microscope qui vous permet de focaliser comme un zoom, donc de mieux percevoir le présent.

➤ *Quels sont les avantages de la pleine conscience ?*

Nous pouvons ouvrir de nouveaux circuits neuronaux par le biais de la pleine conscience – ce que l'imagerie magnétique a vérifié. On constate par exemple une modification importante dans les zones du cerveau qui réagissent aux stimuli de la douleur ou dans la zone du système limbique qui contrôle de nombreux processus mentaux et physiques agissant en dessous du seuil de conscience. Les bienfaits physiologiques apportés par ces pratiques de pleine conscience sont multiples : entre autres, une diminution des symptômes de stress, mesurée objectivement après des exercices de méditation ne nécessitant pas un entraînement compliqué.

Ces pratiques modifient aussi la fréquence de nos ondes cérébrales produites par l'activité électrique du cerveau. Quand nous sommes éveillés, notre esprit tend vers l'état bêta, des ondes rapides qui trahissent, en s'accélérant, un plus haut niveau de stress, d'agitation, de préoccupation et de tendance à la négativité. Quand on médite ou que l'on dort, nos ondes cérébrales s'apaisent et atteignent un état alpha, thêta ou delta, dans lesquels il est difficile de se sentir préoccupé ou agité. La méditation stimule aussi les ondes gamma : difficiles à repérer sur un encéphalogramme, ce sont les plus rapides et on les associe à une plus grande activité mentale, produisant des éclats de génie et des intuitions associées à des moments d'intense concentration et d'attention.

➤ *Comment a-t-on vérifié ces effets ?*

Ils font l'objet d'études dans le monde entier, dont les plus connues proviennent du laboratoire de neurosciences dirigé par Richard Davidson. En 2002, Davidson a fait une expérience avec le moine bouddhiste Matthieu Ricard : il a placé 128 électrodes sur son crâne et il lui a demandé de méditer sur la compassion. L'activité gamma du cerveau du moine s'est soudain emballée, en même temps qu'apparaissaient des indices généralement seulement visibles chez des individus sous anesthésie générale. C'était la première fois que des scientifiques rencontraient ce phénomène et ils ont étendu leurs observations à d'autres moines, ainsi qu'à un groupe de contrôle constitué d'étudiants sans expérience de la méditation. L'expérience a permis de vérifier que les moines produisaient des ondes gamma trente fois plus puissantes que celles des étudiants. Ces moines activaient aussi davantage de zones du cerveau, notamment leur cortex préfrontal gauche, qui produit certaines émotions positives comme l'enthousiasme et la gaieté.

Les conclusions de ces études ont permis d'en finir avec cette idée fausse d'un cerveau rigide et inapte au changement. Dans la foulée, de nombreuses recherches ont été conduites sur la plasticité cérébrale, principalement orientées sur la possibilité d'entraîner et de modifier volontairement le cerveau *via* la pensée et le comportement. Depuis une vingtaine d'années, d'autres études avaient déjà montré qu'un entraînement intensif pouvait modifier les structures cérébrales. Chez les violonistes, par exemple, on a découvert que la zone cérébrale correspondant aux doigts lorsqu'ils pressent les cordes du violon est plus importante que la zone qui dirige la main de l'archet.

Et si ce potentiel pouvait être employé pour faire travailler les centres émotionnels du cerveau, comme parviennent à le faire les moines en exprimant certaines émotions comme la compassion ? Peut-on travailler une émotion comme on travaille un muscle ? Un champ incroyablement vaste s'ouvre à nous pour créer des programmes d'éducation et de prévention permettant de faire face aux réponses émotionnelles – négatives et positives.

➤ *Comment transformer la partie inconsciente du mental?*

Une des façons d'approcher l'inconscient est de travailler sur les images qui nous viennent à l'esprit. Choisissez celles qui vous semblent les plus marquantes ; des images anciennes bien connues, qui vous perturbent et qui vous blessent, ou de nouvelles images qui peuvent vous aider à modifier votre programmation mentale. N'oubliez pas que nous pouvons choisir l'objet de notre attention. Les enfants sont spontanément capables de focaliser leur attention sur différentes images, mais nous autres adultes sommes moins habiles. Si nous voulons améliorer notre souplesse, la visualisation peut être très utile, car notre cerveau bénéficie d'un talent surprenant et très poétique : nous pensons par symboles.

➤ *Qu'est-ce que la pensée symbolique?*

C'est la représentation de la réalité au moyen de concepts abstraits, comme des mots, des dessins, des gestes et des chiffres. Grâce à cette capacité, nous pouvons voir un panneau de circulation rond avec un trait horizontal blanc sur fond rouge et comprendre qu'il signifie «sens interdit» ; regarder un drapeau et comprendre qu'il représente «mon pays» ; voir un sac à dos et l'associer à «tout ce que je dois porter».

➤ *À quoi sert de penser par symboles?*

La pensée symbolique nous permet de gérer un univers complexe. Elle nous donne aussi accès à l'inconscient, puisque nous pouvons lui parler par des images renfermant un message que nous ne saurions peut-être pas transmettre explicitement. La pensée symbolique peut vous aider à interpréter par exemple une expérience pénible que vous ne parvenez pas à décrypter à l'aide la pensée rationnelle. Or, pour surmonter les expériences douloureuses, il est indispensable d'en tirer des leçons, afin de pouvoir les inscrire dans le scénario de notre vie.

➤ *Qu'arriverait-il si je me résignais devant tout ce qui m'arrive ou me blesse, et que je cesse d'y penser?*

Ce serait génial, mais ce n'est pas ainsi que les choses se passent : quand vous vous résignez, vous ne faites que stocker dans un endroit secret de votre esprit une expérience qui continuera à vous affecter de façon négative, puisqu'elle suscite de la défiance, de la tristesse ou des préjugés ; vous continuerez à entretenir tout cela en vous, même si vous vous interdisez de l'exprimer. Même si elles se ressemblent en apparence, la résignation et l'acceptation sont totalement différentes. Quand on se résigne, il y a perte de contrôle et tristesse, car on n'a pas pu décider. L'acceptation, par contre, implique de gérer la situation : c'est vous qui décidez, non pas de ce qui vous arrive mais de la façon dont vous allez l'assumer. En acceptant, vous faites un acte volontaire et conscient pour assimiler toute expérience.

Nous sommes parfois déstabilisés par des broutilles, des paroles ou des déceptions que nous trimballons dans notre sac à dos. Mais il est possible d'apprendre à digérer et à évacuer nos expériences négatives, petites ou grandes. Je vous propose d'aider votre cerveau à ne pas se fragiliser avec des expériences et des problèmes sans solution. Nous utiliserons pour cela une méthode simple, adaptée aux adultes comme aux enfants, qui utilise la capacité symbolique du cerveau.

## Un sac à dos pour l'univers

*Imaginez que vous avez un sac à dos.* Vous n'avez pas besoin d'en posséder un, il suffit que vous l'imaginiez, puisque le cerveau ne voit pas bien la différence entre la réalité et la fiction. Donnez-lui la couleur, les dimensions et la forme que vous préférez.

*Pensez à une expérience, des paroles, une déception ou des frustrations qui vous pèsent.* Vous pouvez choisir un objet pour les représenter. Par exemple, si vous avez rompu avec votre chérie et qu'elle porte souvent des gants rouges, vous pouvez penser à une paire de gants rouges pour la symboliser.

*Qu'ai-je appris de cette expérience?* De nombreuses études montrent que tirer une leçon de chaque expérience est un des moyens les plus efficaces pour surmonter la tristesse. Êtes-vous devenu plus sage, plus compatissant, comprenez-vous mieux vos besoins, avez-vous une priorité plus claire pour votre vie, avez-vous appris à pardonner, avez-vous grandi, vous êtes-vous bonifié, d'une certaine façon? Vous pouvez vous faire aider par un professionnel pour faire ce retour sur vous-même.

*Je range mon expérience dans mon sac à dos que je renvoie à l'univers.* Nous rangeons l'objet symbolisant notre expérience à l'intérieur de notre sac à dos imaginaire que nous renvoyons à l'univers. Nous donnons ainsi un ordre clair à notre cerveau: maintenant que j'ai tiré une leçon de cette expérience, je la « laisse aller », je n'ai plus besoin de la revivre, je suis sûr qu'elle m'a permis de grandir et je ne veux plus avoir à la trimbaler partout avec moi.

# Pour conclure

Changer, comprendre et se transformer n'est pas aussi difficile qu'on le craint, même s'il est souvent pénible d'affronter des processus qui effraient notre cerveau, programmé pour survivre et se protéger. Pour ce cerveau craintif, changer implique une perte, même si celle-ci peut nous être nécessaire et utile. C'est pourquoi nous résistons aux changements, car ils réveillent des états d'insécurité que nous cherchons à éviter d'instinct. Les situations de crise sont des moments cruciaux : il s'agit soit de choisir le changement, soit de continuer à souffrir des effets de la crise. Si certains se retranchent derrière leur souffrance, beaucoup d'entre nous parviennent tôt ou tard à assumer des changements vitaux. Nous sommes plus légers et plus souples que nous le croyons, puisque nous sommes programmés pour la conquête et pour la découverte ; cela nous donne une force insoupçonnée pour pallier nos dérives individuelles et collectives.

Einstein a dit qu'un problème ne peut pas être résolu au niveau et selon le point de vue où il a été conçu. De même les crises, malheureusement porteuses d'incertitudes et de bouleversements pour un si grand nombre de personnes, offrent une chance de construire les bases de transformations profondes, difficilement imaginables en période d'accalmie. L'expérience acquise au cours des siècles, dans la nature comme dans les civilisations, montre que les crises accélèrent l'évolution ; de même, des changements perçus comme difficiles, voire impossibles, peuvent survenir, parfois relativement vite. Cependant, nos institutions sociales, politiques, économiques et religieuses, arc-boutées sur leur propre survie, s'opposent en grande partie à ces changements.

L'une des croyances les mieux enracinées est que l'abondance consiste à posséder plus que son voisin ; cette devise brutale implique que l'argent a le droit d'imposer les règles de notre vie en société. Il nous faudra bien accepter, à la lumière des découvertes sur le bien-être physique et émotionnel, que la richesse matérielle occupe une place modeste dans notre bonheur et que les moyens mis en œuvre pour gagner toujours plus d'argent peuvent être incompatibles avec le développement de conditions éducatives, affectives et professionnelles correspondant à nos besoins de base en matière d'amour, de sécurité, de créativité et de bien-être.

Notre siècle se caractérise par la vitesse avec laquelle nous échangeons de l'information et par la facilité avec laquelle les idées collectives et individuelles peuvent voyager et se transmettre. Jamais un individu n'a pu à ce point se faire connaître du jour au lendemain et influencer les autres, maintenant que tout le monde peut se hisser sur une plate-forme digitale et se faire entendre, pour le meilleur et pour le pire. Nous vivons d'ailleurs une démocratisation du savoir qui démultiplie les espaces de créativité dans tous les domaines. C'est parfois difficile à croire, mais les données montrent que nous nous acheminons vers des sociétés plus transparentes, plus pacifiques, plus collaboratives et plus justes, dans lesquelles plus de personnes, éduquées pour gérer un cerveau complexe dont nous découvrons les potentialités, pourront participer activement à l'évolution du monde qui est le nôtre.

Chaque enfant et chaque adulte devrait jouir du miracle d'être né et d'être unique, de pouvoir faire autant de bien que de mal. S'émerveiller des mystères de la physique quantique et des particules qui communiquent mystérieusement entre elles. S'émerveiller de pouvoir se réveiller chaque matin, comme par magie, sur une planète minuscule tapissée d'une vie végétale et traversant l'espace à une vitesse de 30 km à la seconde. S'émerveiller que d'autres êtres puissent apparaître par magie également dans notre vie, nous aimer et nous comprendre. S'émerveiller des fleurs et des fruits qui apaisent notre faim, de l'eau, qui étanche notre soif. S'émerveiller de pouvoir scruter impatiemment l'univers avec d'immenses télescopes pour y chercher plus de vie, de s'interroger sans cesse sur ce qui nous attend après la mort, d'inventer des chansons et de tresser des mots pour en faire des poèmes. Existe-t-il une plus grande merveille que tout ce qui nous entoure au quotidien?

Si nous réussissons à vivre et à éduquer nos enfants en gardant les yeux ouverts sur cette réalité secrète et palpitante, si nous savons leur transmettre ce cadeau qui consiste à baigner dans cette beauté et ce mystère, nous n'aurons pas besoin d'enfermer l'inexpliqué dans l'univers des superstitions et des réponses toutes faites, qui nient la magie autour de nous. Nous n'aurons pas continuellement besoin de distractions ni d'accumuler des biens, des images et des sensations pour jouir de la richesse de la vie. Si nous sommes honnêtes et si nous savons observer, nous saurons que la magie véritable se cache dans cet univers éblouissant que nous parvenons à déchiffrer peu à peu.

# Remerciements

Certains des textes de ce livre proviennent de scénarios que j'ai réalisés ces dernières années pour El Hormiguero et pour l'émission Afectos nocturnos que j'anime à la Radio Nacional de España, ainsi que d'articles que j'ai écrits pour plusieurs revues, dont *Telva*. Sans l'effort d'organisation qu'il a fallu fournir pour donner à connaître mon travail dans les médias et sans l'appui des différentes équipes qui en font partie, ce livre n'aurait sans doute pas vu le jour.

J'aimerais remercier ici mes interlocuteurs chez Destino, mon éditeur, pour la qualité de leur travail, leur disponibilité et leur enthousiasme, et tout particulièrement mon éditeur, Ramón Perelló, dont l'affection et la persévérance ont permis que vous puissiez lire ces pages aujourd'hui.

# Bibliographie

Tal Ben Shahar , *L'Apprentissage de l'imperfection*, Belfond, 2010. — *Apprendre à être heureux. Cahier d'exercices et de recettes*, Belfond, 2010. — *L'Apprentissage du bonheur. Principes, préceptes et rituels pour être heureux*, Belfond, 2008.

Mihali Csikszentmihalyi , *Vivre. La psychologie du bonheur*, Pocket Évolution, 1990. — *La Créativité. Psychologie de la découverte et de l'invention*, Robert Laffont, 2006.

Norman Doidge, *Les Étonnants Pouvoirs de transformation du cerveau*, Pocket, 2010.

Antonio Damasio, *L'Erreur de Descartes : la raison des émotions*, Odile Jacob, 1995. — *Le Sentiment même de soi : corps, émotions, conscience*, Odile Jacob, 1999. — *Spinoza avait raison : joie et tristesse, le cerveau des émotions*, Paris, Odile Jacob, 2003. — *L'autre moi-même : les nouvelles cartes du cerveau, de la conscience et des émotions*, Paris, Odile Jacob, 2010

Daniel Goleman, *L'Intelligence émotionnelle*, J'ai lu, 2003.

Jon Kabat-Zinn, *Méditer : 108 leçons de pleine conscience* (coffret livre + CD), Marabout, 2011.

Sonja Lyubomirsky, *Comment être heureux et le rester*, Flammarion 2008.

Kristin Neff, *S'aimer. Comment se réconcilier avec soi-même*, Belfond, 2013.

David O'Hare et Jean-Marie Field, *Intuitions : apprenez à écouter votre voix intérieure pour prendre des décisions*, Thierry Souccar, 2012.

Daniel Pink, *La Vérité sur ce qui nous motive*, Éditions Leduc, 2011.

Andy Puddicombe, *Mon cours de méditation*, Marabout, 2012.

Eduardo Punset, *101 raisons d'être optimiste*, Les Arènes, 2013.

Ken Robinson, *L'Élément : Quand trouver sa voie peut tout changer*, Play Bac, 2013.

Gretchen Rubin, *Opération bonheur : une année pour apprendre à chanter, ranger ses placards, se battre s'il le faut, lire Aristote... et être heureux*, Belfond, 2011.

Sharon Salzberg, *Apprentissage de la méditation : comment vivre dans la plénitude*, Belfond, 2013.

Martin Seligman, *La Force de l'optimisme. Apprendre à faire confiance à la vie*, Interéditions, 2008.

Tali Sharot, *Tous programmés pour l'optimisme*, Marabout 2012.

Richard Wiseman , *59 secondes pour prendre les bonnes décisions*, Jean-Claude Lattès, 2010 (et Marabout, 2012). — *Notre capital chance*, Jean-Claude Lattès, 2003.

# Table des matières

## 1
### «Je t'aime mais je ne suis pas amoureux de toi»

## 2
### Esclaves sans le savoir

# 3
# Des émotions aussi contagieuses qu'un virus

# 4
## Le langage secret des personnes

# 5
## La balance du bonheur

# 6
## L'école de la chance

# 7
## Un sac à dos pour l'univers